高等院校“十二五”财会类专业规划教材

NASHUI SHIWU YU CHOUHUA

纳税实务与筹划

王丽花 主 编

電子工業出版社
Publishing House of Electronics Industry
北京 · BEIJING

目　　录

第 1 章 熟悉企业涉税流程

理论目标

1．了解税收的含义、特征、作用，以及税收制度的基本要素。
2．明确税收登记流程。
3．了解我国现行税法体系，掌握账簿、凭证管理。

实践目标

掌握税收基础知识和企业纳税申报工作流程。

案例导入

王强于 2011 年自建了两间门面房，并开了家餐馆。没多久，王强因家庭原因需长期外出，于是将餐馆连同营业执照、税务登记证等都转让给刘伟经营，并未办理任何手续。3 年后，刘伟也将餐馆转让了，但一直使用王强的营业执照和税务登记证。王强回家后发现餐馆空无一人。税务部门发现王强在家，通知其限期将所欠税款结清。

思考

1．王强在税务登记流程方面犯了哪些错误？
2．王强应不应该缴纳税款？

1.1 认知税收与纳税筹划

1.1.1 认知税收与税收制度

1．税收的含义

税收是国家为了满足社会共同需要，按照法律规定的标准，由政府专门机构凭借政治权力，向纳税义务人强制地、无偿地征收货币或实物来参与社会产品分配与再分配，它是取得财政收入的一种特殊形式。

税收的定义，可以从 3 方面来理解：① 税收的目的是国家行使其职能。一个国家为了维持自身的存在，就必须建立相应的国家机器，同时还要满足一些公共支出的需要，这些都需要庞大的财政收入做后盾。采用税收作为财政收入的方式之一，已然成为重要的方式，被很多国家采用。现代社会，税收占财政收入的比重最大，随着社会的不断发展，税收收入的地位将越来越重要。② 税收体现特殊的分配关系，以社会产品和国民收入为分配对象。税收就是国家把社会创造的一部分产品强制地变为国家所有的过程，这一过程引起社会成员之间社会产品和国民收入的转移，最终致使社会分配关系发生变化。③ 征税凭借的是国家政治权力。在征税时，国家以法律、法规的形式来实现政治权力，这种政治权力凌驾于财产权利之上，只有以国家的政治权力为依托，征税才能顺利实现。

2. 税收的特征

税收作为国家财政收入的一种形式，本身具有鲜明的特征，分别是强制性、无偿性和固定性。

（1）强制性

税收的强制性是指国家凭借政治权力，通过法律、法规形式，按照一定标准对社会产品进行强制性分配，是国家取得财政收入最可靠和最普遍的形式。强制性是税收的基本保障。

（2）无偿性

税收的无偿性也称不直接偿还性，是指国家征税不需要向纳税人付出任何代价或支付任何形式的直接报酬，也不再直接归还给原纳税人，而且纳税多少与政府提供的公共服务没有直接关系。无偿性是税收区别于其他财政收入形式的最本质特征。

（3）固定性

税收的固定性是指国家以法律形式，在征税之前，预先规定征税对象和征税比例或数额，不经过严格的立法程序，不得随意改变，并按预定的标准征收。固定性既包括时间上的连续性，又包括征收比例的稳定性。税收是一种连续的固定性收入，征纳双方都应遵照法律执行，对双方都有约束力，并保护双方的正当权益。

3. 税收的职能

税收的职能是与生俱来的，主要有经济职能、社会职能和财政职能三大职能。

（1）税收的经济职能

税收的经济职能是作为一种经济杠杆发挥作用的，它能调节经济活动各个主体的利益，从而控制社会经济的正常运行。它主要体现在以下几个方面：调节收入分配、实现资源的优化配置；为国家和企业提供经济信息，对各项经济活动实行监督，实现经济稳定健康增长；维护国家经济权益，促进对外经济交往等。

（2）税收的社会职能

税收的社会职能体现在参与国民收入分配的过程中，矫正社会分配不公的现象，尽量缩小贫富两极差距，以维护社会安定和谐。

（3）税收的财政职能

为了满足财政支出的需要，国家必须筹集大量的资金，即税收的基本职能是凭借国家的政治权力，组织国家财政收入。国家把分散在纳税人手里的部分价值集中起来形成财政资金，实现财政收入并保证财政收入的稳定。

4．税收制度

从法律角度来讲，在一定时期内，一个国家在一定体制下以法定形式规定的各种税收法律、法规的总称，称为税法体系。但从税收工作角度讲，税法体系往往被称为税收制度，也就是说，税法体系就是通常所说的税收制度。

税收制度的内容主要有 3 个层次：一是不同的要素构成税种，这些要素主要有纳税人、征税对象、税目、税率、纳税环节、纳税期限、减免税等；二是不同税种构成税收制度，一般包括所得税和流转税等；三是规范税款征收程序的法律法规，如《税收征收管理法》等。

1.1.2　税收制度的要素

税收的构成要素，也称税法构成要素，是指各种单行税法具有的共同基本要素的总称，一般包括纳税义务人、征税对象、税目、税率、纳税环节、纳税期限、纳税地点和减免税等。其中，纳税义务人、征税对象和税率是构成税收制度的基本要素。

1．纳税义务人

纳税义务人也称纳税主体，是指一切履行纳税义务的自然人、法人及其他组织，是税法中规定的直接负有纳税义务的单位和个人。同时，我国税法还规定了扣缴义务人，因此应注意区分两个与纳税人相关的概念：负税人和扣缴义务人。

（1）负税人

负税人是实际负担税款的单位和个人，也就是税款的最终承担者。纳税人与负税人并非完全一致，当纳税人所缴纳的税款完全由自己负担时，二者是一致的；当税负可以转嫁时，二者发生分离，不再一致。二者一致时税款称为直接税，不一致时税款称为间接税。

（2）扣缴义务人

扣缴义务人是依法负有代扣代缴、代收代缴税款义务的单位和个人，包括代扣代缴义务人、代收代缴义务人和代征代缴义务人。代扣代缴义务人是指依法从持有的纳税人收入中扣除其应纳税款并代为缴纳的企业、单位或个人；代收代缴义务人是指有义务借助经济往来关系，向纳税人收取应纳税款并代为缴纳的单位或个人；代征代缴义务人是指由税法规定，受税务机关委托而代征税款的单位和个人。代征代缴义务人既不持有纳税人收入，也与纳税人无经济业务往来，只是在一定范围内代表税务机关征税款，方便纳税人缴纳税款。

2．征税对象

征税对象又叫纳税客体，是指税法中征纳双方所指向的征税标的物，是国家据以征税的依据。我国现行税收法律、法规都有自己特定的征税对象，它是区别不同税种的主要标志。例如，房产税的征税对象是房屋等，企业所得税的征税对象是企业的生产、经营所得和其他所得。与征税对象紧密相关的概念有计税依据、征税范围和税目。

（1）计税依据

计税依据是指税法规定的计算各种应征税款的依据或标准。计税依据一般有两种表现形态：一是价值形态，即以征税对象的价值为计税依据，这样课税对象和计税依据一般是一致的，如所得税的征税对象是所得额，计税依据也是所得额；二是实物形态，即以征税对象的数量、容积等作为计税依据，这样课税对象和计税依据一般是不一致的，如我国的车船使用税，它的征税对象是各种车辆、船舶，而计税依据则是车船的吨位。

（2）征税范围

征税范围是指法律规定的征税对象和纳税人的具体内容范围，是国家征税的界限，体现征税的广度。

（3）税目

税目是指各个税种所规定的具体征税项目。它是征税对象的具体化，反映具体的征税范围。例如，营业税有 9 个征税项目，也就是 9 个税目。在实际立法中，多以“税目、税率表”的形式将税目、税率统一明确地列示。

3. 税率

税率是应纳税额与征税对象之间的比例，是计算税额的尺度和衡量税负轻重的标志，代表征税的深度，关系着国家收入的多少，因而它是体现税收政策的中心环节。税率主要有两种表现形式：一种是按绝对量形式规定的定额税率，适用于从量计征的税种；另一种是按相对量形式规定的征收比例，分为比例税率和累进税率，适用于从价计征的税种。

（1）定额税率

定额税率，又称为固定税额，是按照征税对象的一定计量单位（如面积、体积、重量、件数等）规定固定的税额。其优点是应纳税额取决于征税对象实物量的大小，不受价格变化的影响，计算简单；缺点是税收收入不能与国民收入同步变化。它适用于从量计征的税种，如城镇土地使用税、资源税、车船税等。

（2）比例税率

比例税率是指对同一征税对象或同一税目，不论数额大小，只规定相同的征收比例，税额与课税对象呈正比例关系。我国现行增值税、消费税、企业所得税等采用的是比例税率。其优点是简单直观、一目了然，计算方便；缺点是不能充分体现税款征收的负担能力原则，收入越高的纳税人，其相对税负越轻。另外，该税率缺乏弹性，适应性不强。因此，比例税率多适用于对商品流转额的课税。在具体运用上，比例税率又可分为以下几种：统一比例税率、差别比例税率、产品比例税率、行业比例税率、地区差别比例税率、幅度比例税率。

（3）累进税率

累进税率是指随着纳税对象数额的增加，征收比例也随之增加的税率，表现为将征税对象按数额大小分为若干等级，不同等级适用由低到高的不同税率。累进税率理论上又分为三种：全额累进税率、超额累进税率、超率累进税率。目前常用的有超额累进税率和超率累进税率两种。

1）超额累进税率。超额累进税率是指按征税对象的绝对额划分征税级距，实行等级递增的税率。表现为将征税对象按照数额大小划分为若干等级，根据等级不同规定由低到高的不同税率。以征税对象的所属等级同时适用几个税率分别计算，将计算结果相加后得出应纳税额。我国的个人所得税中工资、薪金所得采用超额累进税率。

2）超率累进税率。超率累进税率是指按征税对象的相对数额划分为若干级距，分别规定相应的差别税率，相对数额每超过一个级距，对超过的部分就按高一级的税率计算应纳税额。超率累进税率的原理与超额累进税率基本相同。我国的土地增值税采用超率累进税率。

4．纳税环节

纳税环节是指税法规定的征税对象在从生产到消费的流转过程中应当缴纳税款的环节。例如，消费税在出厂环节纳税；增值税在销售环节纳税等。依据纳税环节的多少，可将税收课征划分为一次课征和多次课征。一次课征是指某税种在商品流转的过程中只选择某一环节纳税。例如，资源税就是一次课征。多次课征是指某税种在商品流转的过程中选择两个或两个以上环节纳税。例如，增值税就是多次课征。

5．纳税期限

纳税期限是指按照税法规定，纳税人向国家缴纳税款的期限。我国现行税制的纳税期限有 3 种形式。

（1）按期纳税

按期纳税即根据纳税义务的发生时间，通过确定纳税间隔期，实行按月纳税。纳税间隔期分为 1 日、3 日、5 日、10 日、15 日、1 个月和 1 个季度。纳税人的具体纳税间隔期限由主管税务机关根据纳税人的具体情况分别核定。

（2）按次纳税

按次纳税即根据纳税行为发生的次数来确定纳税期限，如印花税、车辆购置税、关税等。

（3）按年计征，分期预缴或缴纳

例如，企业所得税按规定的期限预缴税款，年度结束后汇算清缴，多退少补；房产税、城镇土地使用税实行按年计算、分期缴纳。分期预缴一般按月或季度预缴。

6．纳税地点

纳税地点主要是指根据各个税种纳税对象的纳税环节，为了有利于对税款的源控制而规定的纳税人（包括代征代扣、代收代缴义务人）的具体纳税地点。我国税法规定的纳税地点大致可分为以下 4 种情况。

1）机构所在地纳税，即纳税人向其机构所在地主管税务机关申报纳税。

2）劳务提供地纳税，即纳税人向劳务提供地主管税务机关申报纳税。

3）进口货物向报关地海关申报纳税。

4）财产、资源所在地纳税。

7．减免税

减免税是指因对某些纳税人或征税对象的鼓励或照顾而采取的减少或免予征收的特殊措施。与减税、免税有直接关系的有起征点和免征额两个要素。减免税是减轻税负的措施，与之相对应的是税收附加和税收加成的措施。附加是地方政府在征税之外，附加征收的一部分税款；加成是对特定纳税人实行的一种加征几成税额的措施。

1.1.3 我国现行税法体系

1．税收实体法

自新中国成立以来，我国经过几次较大的税制改革，逐步演变为现行税制，就其实体法而言，按其性质和作用大致分为 6 类。

1）流转税类。包括增值税、消费税和营业税，主要在生产、流通或服务业中发挥调节作用。

2）资源税类。包括资源税、城镇土地使用税，主要对因开发和利用自然资源差异而形成的级差收入发挥调节作用。

3）所得税类。包括企业所得税和个人所得税，主要在国民收入形成后，对生产经营者的利润和个人的纯收入发挥调节作用。

4）特定目的税类。包括筵席税、城市维护建设税、土地增值税、耕地占用税等，主要对特定对象和特定行为发挥调节作用。

5）财产和行为税类。包括房产税、城市房地产税、车船使用税、印花税、屠宰税、契税等，主要对某些财产和行为发挥调节作用。

6）关税。关税是指主要对进出我国国境的货物、物品征收的一种税。

在税法体系中，上述税种中的关税由海关负责征收管理，其他税种由税务机关负责征收管理。

2．税收程序法

除税收实体法外，我国对税收征收管理使用的法律制度，是按照税收管理机关的不同而分别规定的。

1）由税务机关负责征收的税种，按照全国人大常委会发布实施的《税收征收管理法》执行。

2）由海关负责征收的税种，按照《海关法》及《进出口关税条例》等有关规定执行。

以上税收实体法和税收征收管理程序法的法律制度构成了我国现行税法体系。

1.1.4 纳税人的权利与义务

1．纳税人的权利

纳税人依法享有纳税权利，共 14 项：知情权、保密权、税收监督权、纳税申报方式选择权、申请延期申报权、申请延期缴纳税款权、申请退还多缴税款权、依法享受税收优惠权、委托税务代理权、陈述与申辩权、对未出示税务检查证和税务检查通知书的拒绝检查权、税收法律救济权、依法要求听证的权利和索取有关税收凭证的权利。

2．纳税人的义务

依照宪法、税收法律法规的规定，纳税人在纳税过程中负有 10 项义务：依法进行税务登记的义务，依法设置账簿、保管账簿和有关资料及依法开具、使用、取得和保管发票的义务，财务会计制度和会计核算软件备案的义务，按照规定安装、使用税控装置的义务，按时如实申报的义务，按时缴纳税款的义务，代扣代收税款的义务，接受依法检查的义务，及时提供信息的义务，报告其他涉税信息的义务。

1.1.5　认知纳税筹划

税收与经济生活密切相关，在经济活动中，不仅取得收入要纳税，花钱也要纳税。我国现行税法中的税种有 22 种之多，一般企业常涉及的税种也达十余种，对一个企业来说，整体税收负担占收入总额的 15%左右属于正常现象。如果企业发生亏损，所得税可以不交，但流转税和财产税还是不可避免的。面对这些税负，偷税、欠税和抗税都是不可取的，因为一旦发生这些行为，纳税人不仅会受到严厉的经济处罚，严重的还会受到法律制裁，承担刑事责任。可见，在税制不断完善的今天，税收是不可避免的，而要合理降低税收成本，就必须进行纳税筹划。那么，什么是纳税筹划呢？

1．纳税筹划的含义

纳税筹划常常被称为“合理避税”或“节税”，它来源于 1935 年英国的“税务局长诉温斯特大公”案，当时参与此案的英国上议院议员汤姆林爵士对纳税筹划做了这样的表述：“任何一个人都有权安排自己的事业，如果依据法律所做的某些安排可以少缴税，那就不能强迫他多缴税。”这一观点得到了法律界的认同。经过半个多世纪的发展，纳税筹划的规范化定义逐步形成，即“纳税人在法律规定许可的范围内，通过对经营、投资、理财活动的事先筹划和安排，尽可能实现纳税最小化、企业价值最大化的一种经济行为”。这一定义表明纳税筹划具有以下几个明显的特征。

（1）合法性

合法性是指纳税筹划只能在法律许可的范围内进行，违反法律规定逃避税收业务，属逃税行为。征纳关系是税收的基本关系，税收法律是处理征税纳税关系的共同准绳，纳税义务人要依法纳税，税务机关也要依法征税，这是毫无疑问的。但在现实中，企业在遵守法律的情况下，常常有多种税收负担高低不一的纳税方案可以选择，企业可以通过决策选择来降低税收负担，实现企业价值最大化，纳税筹划便成为可能。

（2）筹划性

筹划性是指事先的规划、设计和安排。在现实经济生活中，纳税义务通常具有滞后性，即企业交易行为发生后，才缴纳流转税；收益实现后，才缴纳所得税；财产取得后，才缴纳财产税，这就在客观上为纳税前做出筹划提供了可能。另外，经营、投资和理财活动是多方面的，税收规定则是有针对性的，纳税人和征税对象不同，税收待遇也往往不同，这就向纳税人表明可以选择较低的税负决策。如果经营活动已经发生，应纳税额已经确定，再去图谋少缴税，就不是纳税筹划，而是偷逃税款了。

（3）目的性

目的性是指要取得节税的税收利益。这有两层意思：一是选择低税负，低税负意味着低税收成本，意味着高资本回收率；二是滞延纳税时间（有别于违反税法规定的欠税行为），纳税期限的推后，也许可以减轻税收负担（如避免高边际税率），也许可以降低资本成本（如减少利息支出），不管哪种，其结果都是税收支付的节约，即节税。

从纳税筹划的起源和定义可以看出，纳税筹划不仅是企业价值最大化的重要途径，也是提高企业经营管理水平的一种方式，更是企业领导决策的重要内容，这也正是纳税筹划活动在西方发达国家迅速发展、普及的根本原因所在。

（4）整体性

纳税筹划不仅仅要着眼于税法上的思考，更重要的是要着眼于总体的管理决策，纳税人在筹划时不能只盯着个别税种税负的轻重。值得注意的是，税款支付的减少不等于企业总体收益的增加，如果有多种纳税方案可供选择，企业要选择自身价值最大化的方案，而不一定是税负最轻的方案。一般来说，企业税负最轻时，税后利润最大，但情况并不总是如此，企业要从全局角度、以整体观念来看待不同方案，而不是把注意力仅仅局限于税收负担的大小上，否则会误导经济行为。

（5）专业性

在社会化大生产、全球经济一体化的情况下，各国税制和经济业务越来越复杂，仅靠纳税人自己进行纳税筹划已经显得力不从心了。因此，作为第三产业的税务代理、税务咨询便应运而生。现在，世界各国尤其是发达国家的税务师事务所、会计师事务所、律师事务所纷纷开辟和发展有关纳税筹划的咨询，这充分说明了纳税筹划向专业化发展的特点。

2. 关于“税务筹划”、“纳税筹划”和“税收筹划”

现有的纳税筹划方面的研究成果对纳税筹划概念的运用不完全相同，有的称为“税务筹划”，有的称为“纳税筹划”，有的则称为“税收筹划”。将英语中的 tax planning 译成“税务筹划”、“纳税筹划”和“税收筹划”等似乎均无不可，而且其实质上也无本质差异。我国 20 世纪 90 年代初引入这一概念，当时大多译为“税收筹划”。但是，在实际筹划中，筹划的主体是纳税人，而且“筹划”是在事前、事中进行的，更看重过程。根据会计理论与实务的划分，既然“税务会计”与“税收会计”是两大类非常明显的会计主体——前者是纳税人的“纳税会计”，后者是税务机关的“税款征收解缴会计”，因此，同是纳税人的筹划，称为“税务筹划”，对纳税人更为合适。至于“纳税筹划”，与“税务筹划”相比，更通俗易懂、主体明确。因此，本书主张将纳税人的这种筹划行为称为纳税筹划。

3. 关于“节税”与“避税”

纳税筹划有狭义和广义之分，狭义的纳税筹划仅指节税；广义的纳税筹划既包括节税，又包括避税，还包括税负转嫁。节税的空间并不大，避税的空间和弹性较大，税负转嫁仅限于间接税，手段比较单一。在企业的筹划实务中，节税、避税、税负转嫁均可采用，因此本书将纳税筹划界定为广义的纳税筹划。

（1）节税

节税是指纳税人在不违背税法立法精神的前提下，利用税法中固有的起征点、免征额、减税、免税等一系列的优惠政策和税收惩罚等倾斜调控政策，通过对企业筹资、投资及经营等活动的巧妙安排，达到少缴税收的目的。这种筹划是纳税筹划的主要内容。节税具有以下特点。

1）合法性。节税是在符合税法的前提下，在税法允许和鼓励的范围内进行的纳税优化选择。

2）符合政策导向性。税收作为有力的宏观调控手段，各国政府大多会根据纳税人谋求利润最大化的心态，有意识地通过税收优惠、鼓励政策，引导投资、消费，这样纳税人在实现节税的同时，政府也实现其政策导向。

3）普遍性。各国的税收制度都强调中性原则，但它在不同纳税人、征税对象、征收期限、地点、环节等方面，总是存在差别，这就为纳税人节税提供了普遍性。

4）多样性。各国税法不同，会计制度和准则也不同，而同一国家不同地区、不同行业之间税法也存在差异。这种差异越大、变动越多，纳税人节税的余地也就越大，形式也多。常用的节税方法有：利用税收照顾性政策、鼓励性政策进行节税；在税法规定的范围内，选择不同的会计政策、会计方法以求节税。

（2）避税

避税是指纳税人在熟知相关税境的税收法规的基础上，在不直接触犯税法的前提下，利用税法等有关法律法规的疏漏、模糊之处，通过对筹资活动、投资活动、经营活动等涉税事项的精心安排，达到规避或减轻税负目的的行为。因此，避税筹划既不违法，也不合法，而是处在两者之间，是一种"非违法"的活动。

对于这种方式的筹划，理论界有一定争议，很多学者认为这是对国家法律的蔑视，应该禁止。但本书认为，这种筹划虽然违背了立法精神，但其获得成功的重要前提是纳税人对税收政策进行了认真研究，并在法律条文形式上对法律予以认可，这与纳税人不尊重法律的偷税、逃税有着本质的区别。对于纳税人的这种筹划，税务机关不应该予以否定，更不应该认定为偷税、逃税并给予法律制裁。国家需要做的是不断地完善税收法律规范，填补空白，堵塞漏洞，使得类似的情况不会再次发生，也就是采取反避税措施加以控制。

【例 1-1】　王某兄弟二人开办了一家私营公司，高薪将其已经退休在家的父母聘为公司的正式员工。如果王某兄弟二人不这样做，则他们要先缴纳巨额个人所得税，然后拿税后所得去赡养老人。现在让其父母"上班"，并获得与其付出不对称的高薪，显然是利用了家族关系，变相地转移了收入。

对于这种情况，在税收检查中是很难发现的。但是这种不符合事实的行为，是不被税法所支持的。所以，针对这种灰色避税行为，虽然避税人应该受到道德的谴责，但更重要的是税务机关在掌握相关证据后，进行反避税的纳税调整。

4．纳税筹划产生的原因

在我国，纳税筹划是企业经营管理的一个新领域。市场经济以后，国有企业"自主"了，集体企业"自负"了，外资企业"引来"了，私营企业"合法"了，大家都在为自己的利益奔忙。税款缴纳多少，成为企业十分关心的事。精明的纳税人往往追求运用种种方法来达到减少纳税的目的，自然地，纳税筹划也就提上了企业的议事日程，成为企业经营决策的一个重要组成部分。因此，纳税筹划并不是自古便有的，它是一定历史时期的特定产物，其产生具有主观和客观两方面的原因。

（1）纳税筹划产生的主观原因

任何纳税筹划行为，其产生的根本原因都是经济利益的驱动，即经济主体为追求自身经济利益的最大化。通过对一部分国有企业和民营企业所做的调查表明，绝大多数企业有到经济特区、开发区及税收优惠地区从事生产经营活动的愿望和要求，其主要原因是税收负担轻，纳税额较少。我们知道，利润等于收入减去成本（不包括税收）再减去税收，在收入不变的情况下，降低企业的费用成本及税收支出，可以获取更大的经济收益。

（2）纳税筹划产生的客观原因

任何事物的出现总有其内在原因和外在刺激因素，纳税筹划的内在动机可以从纳税人尽可能减轻纳税负担的强烈欲望中得到根本性答案。诱使纳税人进行纳税筹划的客观原因如下。

1）当纳税人处于不同经济发展水平条件下，税法规定有相应不同偏重和待遇的内容时，容易造成不同经济发展水平的纳税人利用税收内容的差异进行纳税筹划。例如，对高新技术企业的所得税税收优惠及减免照顾，常常使人们利用这些税收优惠及照顾实现少纳税或不纳税的目的。

2）分属不同纳税对象的联属企业税负轻重不同，联属企业就会根据本联属企业内部分属的纳税圈的税负轻重作为利润转移的导向，税负重者必然会想办法把利润转移到税负轻的兄弟企业去。例如，一个生产、销售的工贸联合体以一个独立法人身份出现，当生产企业享受的税收优惠待遇大于销售企业适用的税收待遇时，该联合体就必然会努力将销售利润转变为生产利润；反之，将生产利润转变为销售利润。

3）税率过高。如果税率较低甚至很低，国家取走税款对纳税人的影响不大，纳税人就不会绞尽脑汁地去进行纳税筹划。只有当税率过高，使纳税人的收入中有较多的部分被政府以税收的形式拿走，才可能引起纳税人的反感和抵触。纳税人通常采取的措施：一是在收入达到一定水平后，不再工作或减少工作的努力程度，以免在增加工作获得的收入中有较多的部分被税收拿走，这一点当纳税人收入水平处在税率变化级距临界点时十分明显；二是进行收入或利润转移，降低自己的应税收入档次，减少纳税额。高税率往往成为导致纳税人避税的加速器，纳税人不堪重负，不得不保护自己的既得利益而开辟各种减轻税负的途径。

4）税法细则在内容上的具体、详细，为纳税者进行筹划创造了条件。为了反避税，各国政府的税法细则越来越详细和具体，然而，税法细则的详细和具体只是相对的，政府只能根据变化了的情况对其进行修订。

5）课税对象的重叠和交叉，使纳税人可以寻找最佳课税对象。例如，企业的经营资本通常由两部分组成——自有资本和借入资本，而税法规定：股息支付不能作为费用列支，只能在缴纳所得税后的收益中分配，利息支付可以作为费用列支，在计算所得税时允许扣除。这时，纳税人就要认真考虑，是多用自有资本好还是多用借入资本好。

6）税法在各国间的差异。虽然国际纳税筹划产生的内在根源一样是纳税人追求利益最大化，但是国际纳税筹划产生的客观条件在于各国税法的差异，主要包括：税收管辖权的差别、课税范围和方式的差别、税率的差别、税基的差别、税收优惠政策的差别、避免国际双重征税方法的差别、反避税方法的差别、征收管理水平的差别等。正是由于这些客观因素的存在，给跨国纳税人提供了纳税筹划的机会。

5. 纳税筹划的原则

（1）合法性原则

合法性是纳税筹划的根本原则。由于纳税筹划不是偷税、骗税，更不是钻政策的空子或打政策的擦边球，纳税人只有深刻理解、准确掌握税法，并具有对纳税政策深层次的加工能力，纳税筹划才有可能成功，否则纳税筹划可能成为变相的偷税，只能是“节税”越多，处罚越重。

（2）前瞻性原则

纳税筹划必须在税法规定的纳税义务发生之前进行，而绝不是在纳税义务已经发生之后的税负调整。由于纳税义务是伴随经济活动的发生而发生的，一旦经济活动发生了，就意味着纳税义务也同时发生了。所以，纳税筹划一定要选择在企业经济活动发生之前的环节进行，即纳税人在开展经营策划过程中，就应该融入纳税筹划。这样一来，企业的经济活动就按照预先制定的含有纳税筹划成分的经营规划进行，就等于按照低税负、晚纳税的方向运行了。当然，纳税义务发生之后也存在筹划的空间，如降低纳税成本和税负转嫁，但是这些内容在实际筹划中占的比例较小，实际效果不太明显。

（3）时机性原则

纳税筹划的成功概率取决于各种相关因素的综合作用，而种种因素都处于变化之中，许多纳税优惠政策也具有很强的时效性。因此，企业只有讲求时效，抓住机会，选准纳税筹划的切入点，才能不失先机，取得成功。

（4）协调性原则

税法强制性和不完备性的特点，决定了税务机关在企业纳税筹划有效性中的关键作用。在实务中，只要是税法没有明确的行为，税务机关都有权根据自身的判断认定是否为应纳税行为，因此，纳税筹划人员应与税务部门保持密切的联系和沟通，多做协调工作，在某些模糊或新生事物的处理上得到税务部门的认可，以增加纳税筹划成功的概率，这一点在纳税筹划过程中尤其重要。

（5）整体性原则

纳税人在进行纳税筹划时，不能只注重个别税种税负的降低，或者某一纳税期限内少缴或不缴税款，而要着眼于整体税负的减轻；不能仅仅着眼于税法的选择，而要着眼于企业总体的管理决策，并与企业的发展战略结合起来，才能真正实现企业整体利益最大化的目的。

总之，随着经济的发展和纳税法制化进程的加快，纳税筹划将逐步成为每个企业的自觉行为，成为企业走向成熟、理性的标志。只要政府及新闻媒介正确宣传、引导，我国企业的纳税筹划意识将会更加强烈，企业和国家都将从中受益。

1.1.6 国内外纳税筹划的发展

纳税人在不违反法律、政策规定的前提下，通过对经营、投资、理财活动的安排和筹划，尽可能减轻税收负担，以获取节税税收利益的行为很早就存在。但是，纳税筹划被社会关注和法律认可，是从 20 世纪 30 年代开始的，至今，纳税筹划在国际上有了很大的发展，其内容从理论到实务均不断丰富。

（1）国外企业纳税筹划的开展和研究情况

从市场经济的国际经验来看，纳税筹划早已有之，在西方有“皇冠上的明珠”之美誉。衡量纳税筹划发展状况的标准有两个：一是纳税人具有纳税筹划意识的程度和在经济活动中运用纳税筹划的程度；二是有关阐述纳税筹划的文献资料的数量和内含质量。由于第一个指标获取难度较大，一般采用第二个指标来说明。从文献资料来看，西方国家的纳税筹划真正得以开展是在 20 世纪 70 年代以后，因为从这一时期起，有关纳税筹划的文献资料开始大量出现。

1）财经类期刊开始登载有关纳税筹划的文章。从20世纪70年代起，国外财经类期刊开始登载有关纳税筹划的文章。例如，20世纪70年代的期刊有《会计师税务》、《评估期刊》、《律师》等；到20世纪80年代以后，期刊的种类和数量都大大增加，主要有《财富（福布斯）》、《纳税筹划》、《财富规划》、《财务世界》、《金钱》、《民族商业》、《税收顾问》、《会计工作》、《有经验的会计师》等。

2）有关纳税筹划的专业书籍不断出现。从20世纪70年代起，出现了不少有关纳税筹划的专业书籍，并且有些书籍是定期进行修订再版的。例如，《税收指导》在20世纪70年代首版后，每年都在修订并再版；《联邦政府税收与管理决策》每隔2～4年修订一次并再版；《在困境中公司的税务筹划》也是每年修订并再版。

（2）我国企业纳税筹划的研究现状

随着我国经济的发展和税收环境的日渐改善，以及纳税人依法纳税意识的增强，纳税筹划开始悄悄地进入人们的生活，企业的纳税筹划欲望在不断增强，筹划意识也在提高。我国图书市场上，从第一本有关纳税筹划的书出版后，已经有不少关于避税和纳税筹划的书籍，《中国税务报》还专门开辟了“筹划周刊”。从我国纳税筹划的内容来看，可以将我国纳税筹划分为两个阶段：第一阶段是在2000年之前以介绍避税为主的纳税筹划的学习与探索阶段，这一阶段的特点是著书的名称多以“避税与反避税”为名，介绍的目的从形式上看主要是防止与反对避税，但实际上也暗含向企业介绍如何进行合法且合理的避税；第二阶段是在2000年之后全面开展纳税筹划的阶段，这一阶段的特点是著书的名称多以“纳税筹划”或“税务筹划”为名，介绍的目的主要是为企业减轻税负、提高效益等，体现了为企业服务的宗旨。

目前，纳税筹划得到了社会的广泛关注，税务师事务所、税务研究机构、财税咨询机构等纷纷开展纳税筹划业务，为纳税人提供纳税筹划的方案。但是，目前国内对纳税筹划的研究仅仅处于探索期，还有许多理论与实务问题有待更深入地研究。

1.2 税务登记

税务登记又称为纳税登记，是税务机关对纳税人实施税收管理的首要环节。其主要内容有：开业税务登记、变更税务登记、停业和复业税务登记、注销税务登记、外出经营报验登记等。

1.2.1 开业税务登记

通常开业税务登记简称为开业登记，是指纳税人经由工商登记而设立或者按照法律、法规的规定成为法定纳税人之时，依法向税务机关办理的税务登记。

1. 开业税务登记的时间

1）从事生产、经营的纳税人自领取营业执照之日起30日内，应当持有关证件向生产经营地或纳税义务发生地的税务机关申报办理税务登记。

2）从事生产、经营的纳税人所属的跨地区的非独立经济核算的分支机构，除由总机构申报办理税务登记外，应当自设立之日起30日内，向所在地税务机关申报办理税务登记。

3）其他纳税人，除国家机关、个人和无固定场所的流动性农村小商贩以外，应当自纳税义务发生之日起 30 日内，持有关证件向所在地的税务机关申报办理税务登记。纳税人办理个人所得税的税务登记由国务院另行规定。

2．开业税务登记所需资料

（1）单位开业税务登记所需资料

单位在办理开业税务登记时，应按照国家税务机关的要求，出示、提供以下相关证件资料。

1）书面申请。

2）营业执照副本或其他核准执业证件原件及复印件 3 份。

3）有关机关部门批准设立的文件及有关合同的原件及复印件 2 份。

4）公司有关章程原件及复印件 2 份。

5）法定代表人（负责人）、财务负责人居民身份、护照或其他证明身份的合法证件的原件及复印件 3 份。

6）组织机构统一代码证书副本原件及复印件 3 份。

7）注册地址及生产、经营场所证明原件及复印件 2 份。

8）税务机关需要的其他证件资料。

（2）个体工商户开业税务登记所需资料

个体工商户在办理开业税务登记时，应按照国家税务机关的要求，出示、提供以下相关证件资料。

1）书面申请。

2）营业执照副本或其他核准执业证件的原件及复印件。

3）居民身份证、护照或其他合法证件的原件及复印件。

4）住所或经营场所证明。

5）税务机关需要的其他证件资料。

3．开业税务登记的程序

1）提出书面申请，提交开业税务登记所需资料，并领取“税务登记表”。

2）填写“税务登记表”。在规定的时间内，纳税义务人应当向税务机关提出申请办理税务登记的书面报告，并如实填写“税务登记表”。

3）审核发证。税务机关对纳税人填报的“税务登记表”、提供的有关证件及资料，应当自收到之日起 30 日内审核完毕。如果符合规定，纳税人缴纳税务登记证工本费，税务机关人员予以登记，并在“税务登记表”上签章，注明受理、核准日期，发放税务登记证件；如果不符合规定，税务机关人员也应当场通知其补正。

1.2.2　变更税务登记

变更税务登记是指纳税义务人在办理税务登记后，因税务登记内容发生重大变化，向税务机关申请将登记内容调整为与实际情况一致的税务登记手续。

1．变更税务登记的内容

变更内容包括：变更名称、变更法定代表人、变更注册资本、变更经济性质或经济类型、变更注册（住所）地址或经营地址、变更隶属关系、变更银行账号、变更生产经营期限、变更生产经营权属、变更纳税人识别号及变更其他税务登记内容。

2．变更税务登记所需材料

不管单位还是个人，在办理变更税务登记时，应如实提交以下证件资料。

1）书面申请。

2）营业执照及工商变更登记表的原件及复印件。

3）有关变更内容的证明文件原件及复印件。

4）承继原纳税人债权债务及账务连续核算证明。

5）税务机关发放的原税务登记证件。

6）税务机关需要的其他资料、证明。

3．变更税务登记程序

1）书面申请。纳税人税务登记内容发生变更时，应在发生变更后 30 日内，持变更税务登记所需材料向原税务机关申报办理变更税务登记。

2）填写“变更税务登记表”。

3）受理。税务登记管理人员审阅纳税人填报的表格、附送资料是否符合要求，如果符合，予以受理。

4）审核发证。税务机关对纳税人填报的“变更税务登记表”、提供的有关证件及资料，应当自受理之日起 30 日内审核完毕。如果符合规定，税务机关按变更后的内容重新核发税务登记证件，并收回原税务登记证；如果不符合规定，税务机关人员也应通知其补正。

1.2.3 停业和复业税务登记

需要停业的实行定期定额征收方式的纳税人，应在停业前 7 个工作日内向税务机关提出停业申请。

纳税人停业期满，准备恢复生产经营的，应在恢复生产经营前 5 个工作日内向税务机关提出复业登记申请。

1.2.4 注销税务登记

注销税务登记是指纳税人发生解散、破产、撤销及其他情形，不能继续履行纳税义务时，向税务机关申请办理终止纳税义务的税务登记管理制度。办理注销税务登记后，该当事人不再接受原税务机关的管理。

1．注销税务登记需提供的相关资料

纳税人办理注销税务登记时应提交如下资料。

1）注销税务登记申请书。

2）上级主管部门批文或董事会、职代会的决议。

3）其他有关资料。

2．注销税务登记的办理程序

1）纳税人向税务机关结清应纳税款、滞纳金、罚款，缴纳发票、税务登记证件和其他税务证件。

2）纳税人填写“注销税务登记申请审批表”及提交相关资料。

3）税务管理部门经稽查、审核后办理注销税务登记手续。

1.2.5 外出经营报验登记

外出经营，也称异地经营，是指在 A 地的纳税人临时到 B 地从事生产、经营活动，在 B 地被税务机关称为外来经营。在外出经营的涉税管理上，税务机关按照一地一征的原则，核发《外出经营活动税收管理证明》（简称《外管证》），《外管证》的有效期限一般为 30 日，最长不得超过 180 天。纳税人首先应当在《外管证》注明地进行生产经营前向当地税务机关报验登记并提交税务登记副本、《外管证》等证明材料。然后到经营所在地税务机关申请办理报验登记，接受税务管理。纳税人外出经营活动结束后，应当向经营地税务机关填报“外出经营活动情况申报表”，并结清税款，缴销发票。

1.3 账簿、凭证管理

1.3.1 账簿、凭证管理的意义

账簿是纳税人用来全面、系统、连续地记载各种经济业务的账册或簿籍；凭证是记载经济业务、明确经济责任的书面证明。从财务会计的角度讲，账簿、凭证主要用于核算企业的经济效益，反映企业的经营成果，强化纳税人的自我核算意识。从税收的角度讲，账簿、凭证是纳税人记载、核算应纳税额和税务机关征收税款的主要数据来源，是纳税人正确履行纳税义务的基础环节，有利于税务机关对纳税人，扣缴义务人进行财务监督和税务检查。

1.3.2 账簿、凭证管理的内容

1. 账簿、凭证的设置

1）从事生产、经营的纳税人应当自领取营业执照之日起 15 日内设置账簿。

2）扣缴义务人应当自扣缴义务发生之日起 10 日内，按照所代扣、代收的税种，分别设置代扣代缴、代收代缴税款账簿。

3）生产经营规模小又确无建账能力的个体，可以聘请注册会计师或经税务机关认可的财会人员代为建账和办理账务；如果聘请以上财务人员还有实际困难，可以经县级以上税务机关批准，根据税务机关的规定，建立收支凭证粘贴簿等。

2. 账簿、凭证的备案

1）从事生产经营的纳税义务人应当自领取税务登记证之日起 15 日内，将其财务、会计制度和具体的财务、会计处理办法报送至税务机关备案。

2）纳税人、扣缴义务人采用计算机记账的，将记账软件、程序和使用说明书及有关资料在使用前报送至主管税务机关备案。

3．账簿、凭证的保管

纳税人、扣缴义务人对各类账簿、会计凭证、报表、完税凭证及其他有关涉税资料应当保存10年，但法律、行政法规另有规定的除外。

1.3.3 发票管理

发票是购销商品、提供或接受服务及从事其他经营活动中，开具、收取的收付款凭证。税务机关是发票的主管机关，负责发票的印制、领购、开具、取得、保管、缴销等环节。以下将对常用的发票管理类项目进行介绍。

1．发票的印制

增值税专用发票由国务院主管部门指定的企业印制；其他发票按照国务院税务主管部门的规定，分别由各省、自治区、直辖市国家税务局、地方税务局指定企业印制。禁止私印、伪造、变造发票。

2．发票的领购

1）已办理税务登记的单位和个人，可以向主管国家税务机关申请领购发票。首先，提出购票申请，并提供税务登记证件，如果购买专用发票，应当提供盖有“增值税一般纳税人”确认专章的税务登记证件、经办人身份证明和其他有关证明，以及财务印章或发票专用章的印模。购票申请报告经国家税务机关审查批准后，持簿（《发票领购簿》或《增值税专用发票购领簿》）购买发票。

2）固定业户到外县（市）销售货物的，应当凭机构所在地国家税务机关填发的《外出经营活动税收管理证明》向经营地国家税务机关申请购领或填开经营地的普通发票。

3）对无固定经营场地或财务制度不健全的纳税人申请领购发票，主管税务机关有权要求其提供担保人；不能提供担保人的，可以视其情况，要求其提供保证金，并限期缴销发票。

3．发票的开具、使用、取得

在购销商品、提供或接受经营服务及从事其他经营活动中，单位、个人应当按照规定开具、使用、取得发票。不符合规定的发票，不得作为财务报销凭证，任何单位和个人有权拒收。对普通发票的开具、使用、取得的管理，应注意以下几点。

1）纳税人进行电子商务必须开具或取得发票。

2）发票要全联一次填开。

3）发票不得跨省、自治区、直辖市使用；领购单位未经批准不得跨规定使用区域携带、邮寄或运输空白发票；禁止携带、邮寄或运输空白发票出入境。

4）开具发票应加盖财务印章或发票专用章。

5）开具发票后，如发生退货需开红字发票，收回原开具的发票，注明“作废”字样；发生折让的，收回原发票，注明作废后，重新开具发票。

6）任何单位和个人不得转借、代开发票；未经税务机关批准不能拆本使用发票；不能自行扩大专用发票的范围。

4．发票的保管

开具发票的单位和个人必须建立严格的发票保管制度，设置发票登记簿，并定期向主管税务机关报告发票使用情况。发票的保管制度主要有专人保管制度、专库保管制度、专账登记制度、保管交接制度、定期保管制度等。

5．发票的缴销

发票缴销包括发票收缴和发票销毁。发票收缴是指用票单位和个人按照规定向税务机关上缴已经使用或未使用的发票；发票销毁是指由税务机关统一将自己或他人已使用或未使用的发票进行销毁。收缴的发票，一般都要按照法律规定保存一定时期后才能销毁。

1.4　申报纳税

1.4.1　纳税申报

纳税申报是指纳税人、扣缴义务人为了履行纳税义务，按照规定的期限和内容就涉税事项向税务机关出具书面报告的一种法定手续。

1．纳税申报的方式

纳税申报方式是指纳税人和扣缴义务人在发生纳税义务和代扣代缴、代收代缴义务后，在其申报期限内，依照税收法律、行政法规的规定到指定税务机关进行申报纳税的形式。目前，主要有直接申报、邮寄申报、数据电文申报和其他申报方式。

（1）直接申报

直接申报，是指纳税人或纳税人的税务代理人直接到税务机关进行申报。根据申报的地点不同，直接申报又可分为直接到办税服务厅申报、到巡回征收点申报和到代征点申报 3 种。

（2）邮寄申报

邮寄申报，是指经税务机关批准的纳税人使用统一规定的纳税申报特快专递专用信封，通过邮政部门办理交寄手续，并以邮政部门收据作为申报凭据的方式。

（3）数据电文申报

数据电文申报，是指经税务机关批准的纳税人通过电话语音、电子数据交换和网络传输等形式办理的纳税申报。电子申报主要有 3 种方式：微机申报、专用报税机申报、电话申报。

（4）其他申报方式

1）代理申报。生产、经营规模小又确无申报能力的纳税人，可委托经批准的、具有税务代理资格的税务代理机构在规定的申报期限内办理纳税申报手续。

2）汇总申报。经国家税务总局批准汇总缴纳企业所得税的企业，年度终了由汇总企业逐级汇总（合并）申报。

2．纳税申报的内容

纳税申报的内容主要包括两个方面，一是纳税申报表或代扣代缴、代收代缴税款报告表；二是与纳税申报有关的资料或证件。

1）纳税人和扣缴义务人在填报纳税申报表或代扣代缴、代收代缴税款报告时，应将税种、税目、应纳税项目或应代扣代缴、代扣代收税款项目，适用税率或单位税额，计税依据，扣除项目及标准，应纳税额或应代扣、代收税款，税款所属期限等内容逐项填写清楚。

2）纳税人办理纳税申报时，要报送如下资料：纳税申报表、财务会计报表、其他纳税资料（如与纳税有关的经济合同、协议书，境内外公证机关出具的有关证件，个人工资及收入证明等）。

1.4.2 税款的缴纳

1．税款缴纳的含义

税款缴纳是指纳税人、扣缴义务人依照国家法律、行政法规的规定实现的税款依法通过不同方式缴纳入库的过程。纳税人、扣缴义务人应按税法规定的期限及时足额缴纳应纳税款，以完全、彻底地履行应尽的纳税义务；若未按规定期限解缴税款的，税务机关除责令限期缴纳外，从滞纳税款之日起，按日加收滞纳税款万分之五的滞纳金。

2．缴纳税款的方式

纳税人应当按照主管国家税务机关确定的征收方式缴纳税款，主要有4种方式。

1）自核自缴，适用于生产经营规模较大、财务制度健全、会计核算准确、一贯依法纳税的企业。

2）申报核实缴纳，适用于生产经营正常，财务制度基本健全，账册、凭证完整，会计核算较准确的企业。

3）申报查定缴纳，适用于财务制度不够健全、账簿凭证不完备的固定业户。

4）定额申报缴纳，适用于生产经营规模较小，确无建账能力或账证不健全，不能提供准确纳税资料的固定业户。

复习思考题

一、单项选择题

1．我国税法构成要素中，能够区别不同类型税种的主要标志是（　　）。

A．纳税人　　B．征税对象
C．税率　　D．纳税期限

2．甲企业生产规模较小，账册不健全，财务管理和会计核算水平也比较低，产品零星，税源分散，应采用的税款缴纳方式是（　　）。

A．定额申报缴纳　　B．申报查定缴纳
C．申报核实缴纳　　D．自核自缴

3．下列税收法律中，属于税收程序法的是（　　）。

A．《中华人民共和国企业所得税法》
B．《中华人民共和国税收征收管理法》
C．《中华人民共和国增值税暂行条例实施细则》
D．《中华人民共和国房产税暂行条例》

4．根据税收征收管理法律制度的规定，从事生产、经营的纳税人应（　　）内，按规定设置账簿。

A．自领取营业执照之日起 30 日

B．自领取税务登记证件之日起 30 日

C．自领取营业执照之日起 15 日

D．自领取税务登记证件之日起 15 日

5．纳税申报的方式不包括（　　）。

A．直接申报　　B．邮寄申报

C．间接申报　　D．数据电文申报

二、多项选择题

1．税收的特征体现为（　　）。

A．无偿性　　B．收益性

C．强制性　　D．固定性

2．中国现行税制中采用的累进税率有（　　）。

A．超率累进税率　　B．全额累进税率

C．超额累进税率　　D．超倍累进税率

3．纳税人、扣缴义务人的权利包括（　　）。

A．对税务机关做出的决定，享有陈述权、申辩权

B．依法享有申请行政复议、提起行政诉讼、请求国家赔偿等权利

C．有权控告和检举税务机关、税务人员的违法违纪行为

D．有权要求税务机关为纳税人、扣缴义务人的情况保密

4．纳税人应办理变更税务登记的情况有（　　）。

A．纳税人改变名称

B．纳税人因改变经营地而改变原主管税务机关

C．纳税人改变隶属关系

D．纳税人银行账号改变

5．下列行为中，符合发票开具要求的是（　　）。

A．按号码顺序填开

B．在发票联和抵扣联加盖单位财务印章或发票专用章

C．外商投资企业同时使用中文和一种外国文字填开发票

D．代其他单位开具发票

6．纳税人办理下列（　　）事项时，必须提供或出示税务登记证。

A．开立银行账户

B．申请办理延期申报、延期缴纳税款

C．领购发票

D．申请减税、免税、退税

7．纳税人在注销税务登记前，应当向税务机关（　　）。

A．结清应纳税款、滞纳金、罚款

B．提供清缴欠税的纳税担保

C．缴纳不超过 10 000 元的保证金

D．缴销发票和其他税务证件

三、判断题

1．纳税期限就是纳税义务发生时间。(　　)

2．下岗职工王某开办了一家商品小卖部，按规定享受一定期限内的免税优惠，他认为免税就不需要办理税务登记。(　　)

3．任何单位和个人不得转借、转让、代开发票。(　　)

4．临时到本省、自治区、直辖市以外地区从事经营活动的单位或个人，凭所在地税务机关证明，可向经营地税务机关申请领购经营地的发票。(　　)

5．纳税人发生解散、破产、撤销，依法终止纳税义务的，应当自工商行政管理机关办理注销之日起 30 日内，持有关证件向税务登记管理机关申报办理注销税务登记。(　　)

四、案例分析题

1．瑞鑫电脑咨询公司为集体企业，注册资本 50 万元，2010 年 2 月成立，主要从事技术咨询服务及对电脑操作人员的培训业务，兼营销售电脑软件。2014 年 6 月 1 日，该公司决定改名为中宇电脑软件公司，增加注册资本 60 万元。业务改以生产、销售电脑软件为主，兼做技术咨询服务。请问，该公司在税务登记方面应做什么处理？具体涉及哪些项目？

2．小刘是刚入学的大学生，他认为在税收征收管理法律关系中，税务机关只享有征收税款的权利，没有义务；而纳税人只有纳税义务，不享受权利。请问，小刘的观点是否正确？并说明理由。

第2章 增值税实务与筹划

理论目标

1. 理解增值税的含义和特点。
2. 熟悉增值税的纳税义务人、征税对象和税率。
3. 掌握增值税的计算方法。

实践目标

1. 正确计算增值税应纳税额并进行申报缴纳。
2. 能根据实际进行一般的增值税纳税筹划。

案例导入

某食品厂为增值税一般纳税人，2014年6月发生如下经济业务：购进一批用于生产的面粉，取得的增值税专用发票上注明的增值税额为8 500元；向某商场销售点心取得收入20 000元；购置电脑10台，取得的增值税专用发票上注明的价款是80 000元。上述各项进销货物的税率为17%。

思考

食品厂当月应缴纳的增值税额是多少？

2.1 认知增值税

2.1.1 增值税的含义、特点及类型

1. 增值税的含义

增值税是对纳税人在生产经营过程中实现的增值额征收的一种税。在我国，增值税是指对在中国境内销售货物或提供加工、修理修配劳务及进口货物的单位和个人，以其实现

的增值额为征税对象征收的一种税。

所谓增值额是指在从事工业制造、商业经营和提供劳务过程中新创造的那部分价值。可以从以下几方面理解。

（1）从理论上分析增值额

根据马克思的劳动价值理论，增值额是指人类通过劳动新创造的价值额。它相当于商品价值 C+V+M 中的 V+M 部分。其中，C 是消耗掉的生产资料部分，在产品销售后作为成本收回，用于购买生产资料，维持再生产的正常进行，因此它不是税收的征税对象；V 是劳动者创造的必要价值部分，它与 M 同属于劳动者新创造的价值，即国民收入。V+M 就是理论上作为增值税征税对象的增值额。

（2）从商品生产经营全过程分析增值额

从商品的生产经营全过程看，一件商品最终实现消费时的最后销售总值，相当于该商品从生产到流通各个经营环节的增值额之和。

（3）从生产经营单位分析增值额

就一个生产经营单位而言，增值额是这个单位的商品销售额或经营收入额扣除非增值性项目后的余额。从理论上讲，非增值性项目主要是转移到商品价值中去的原材料、辅助材料、燃料、动力和固定资产折旧等。但在现实生活中，国家基于特定的社会经济、财政状况及其税收政策考虑，所规定的非增值性项目可以与理论概念一致，也可以略有差别。

2．增值税的特点

增值税与其他税种相比具有如下特点。

（1）税不重征

增值税只对增值额征税，也就是按照货物和劳务销售收入额中新创造而未征过税的那部分销售额征税，能有效地排除传统流转税重复征税和税负不平等的弊端，解决了由于生产流通环节多少不同而造成的税负不同的矛盾。

（2）道道征税

增值税就各个生产流通环节道道征税，是一种多环节连续性课征的税种。它的征收范围可以延伸到生产、流通的各个领域，体现了普遍征收的原则。同时，一种商品从生产到最后进入消费，每经过一道环节就征一道税，因此从生产经营的全过程看，增值税具有道道征税的特点。

（3）同一产品同税负

增值税税负不受商品生产经营环节和结构变化的影响，即一种商品只要最后销售价格相同，不论它经过生产、经营环节的多与少，其所纳的增值税额总是相同的，即售价相同、税负相同，体现了公平税负原则，有利于平等竞争。

（4）实行价外计征

增值税实行价外税，即税金不包含在销售价格内，把税款同价格分开，使企业的成本核算不受税收的影响。货物或应税劳务的增值税税款，由纳税人向购买方收取，可以更鲜明地体现增值税的转嫁性质。同时，实行价外计征，为使用专用发票注明税款抵扣制奠定了基础。

3．增值税的类型

（1）生产型增值税

生产型增值税是指在征收增值税时，只能扣除属于非固定资产项目的那部分生产资料的税款，不扣除固定资产的价值。就整个社会而言，该类型增值税的征税对象大体上相当于国民生产总值，所以称为生产型增值税。

（2）收入型增值税

收入型增值税是指在征收增值税时，不仅能扣除属于非固定资产项目的那部分生产资料的税款，还允许扣除固定资产折旧部分，未提折旧部分不得计入扣除项目金额。就整个社会而言，该类型增值税的征税对象大体上相当于国民收入，所以称为收入型增值税。

（3）消费型增值税

消费型增值税是指在征收增值税时，不仅能扣除属于非固定资产项目的那部分生产资料的税款，还允许扣除固定资产的价值。就整个社会而言，生产资料都排除在征税范围之外。该类型增值税的征税对象仅相当于社会消费资料的价值，所以称为消费型增值税。

2.1.2　增值税纳税人

1．增值税纳税人的含义

根据《增值税暂行条例》的规定，凡在中华人民共和国境内销售货物或提供加工、修理修配劳务，以及进口货物的单位和个人，为增值税的纳税义务人。

（1）单位

一切从事销售或进口货物，提供应税劳务的单位都是增值税纳税人，包括国有企业、集体企业、私有制企业、股份制企业、其他企业和行政单位、事业单位、军事单位、社会团体及其他单位。

（2）个人

凡从事货物销售或进口，提供应税劳务的个人都是增值税纳税人，包括个体经营者及其他个人。

（3）进口货物的纳税人

申报进入中华人民共和国境内的货物均应缴纳增值税。进口货物的收货人或办理报关手续的单位和个人，为进口货物增值税的纳税义务人。

（4）承租人和承包人

企业租赁或承包给他人经营的，以承租人或承包人为增值税纳税人。

（5）扣缴义务人

中华人民共和国境外的单位或个人在境内提供应税劳务，在境内未设经营机构的，以其境内代理人为扣缴义务人；在境内没有代理人的，以购买方为扣缴义务人。

2．增值税纳税人的分类

从理论上讲，所有纳税人都应当实行规范化的增值税计算方法，即发票扣税法。凭发票注明税款抵扣进项税额制度的实行范围越广，就越能充分发挥增值税的优越性。规范增值税的计算方法要求有健全的会计核算，但在实践中，有许多纳税人由于会计核算不健全，难以实行计税方法的规范化，这部分纳税人主要是小企业和个体户。为了既有利于增值税的推行，又便于简化征收、加强征管，我国增值税法规定纳税人分为小规模纳税人和一般纳税人。

（1）小规模纳税人

根据《增值税暂行条例》及其实施细则的规定，小规模纳税人的认定标准如下。

1)从事货物生产或提供应税劳务的纳税人，以及以从事货物生产或提供应税劳务为主，兼营货物批发或零售的纳税人，年应征增值税销售额（以下简称应税销售额）在80万元以下（含本数，下同）的。

以从事货物生产或提供应税劳务为主，是指纳税人的年货物生产或提供应税劳务的销售额占年应税销售额的比重在50%以上。

2）对上述规定以外的纳税人，年应税销售额在80万元以下的。

小规模纳税人会计核算健全，能够提供准确税务资料的，可以向主管税务机关申请认定为一般纳税人，不作为小规模纳税人。会计核算健全，是指能够按照国家统一的会计制度规定设置账簿，根据合法、有效凭证核算。

小规模纳税人实行简易征税办法，并且一般不使用增值税专用发票，但基于增值税征收管理中一般纳税人与小规模纳税人之间客观存在的经济往来的实情，小规模纳税人可以到税务机关代开增值税专用发票。

（2）一般纳税人

一般纳税人是指年应税销售额超过《增值税暂行条例实施细则》规定的小规模纳税人标准的企业和企业性单位（以下统称企业）。

下列纳税人不属于一般纳税人：

1）年应税销售额未超过小规模纳税人标准的企业。

2）个人（除个体经营者以外的其他个人）。

3）非企业性单位。

4）不经常发生增值税应税行为的企业。

其中，年应税销售额超过小规模纳税人标准的其他个人按小规模纳税人纳税，非企业性单位、不经常发生应税行为的企业，按小规模纳税人纳税。

一般纳税人须向税务机关办理认定手续，以取得法定资格。对于被认定为一般纳税人的企业，可以使用增值税专用发票，并实行税款抵扣制度。

除国家税务总局另有规定外，纳税人一经认定为一般纳税人后，不得转为小规模纳税人。

（3）一般纳税人的认定办法

一般纳税人须向税务机关办理认定手续，以取得法定资格。

1）凡一般纳税人，均应依照《增值税一般纳税人申请认定办法》（国税明电［1993］第052号）向其企业所在地主管税务机关申请办理一般纳税人认定手续。

一般纳税人总分支机构不在同一县（市）的，应分别向其机构所在地主管税务机关申请办理一般纳税人认定手续。

2）企业申请办理一般纳税人认定手续，应提出申请报告，并提供下列有关证件、资料。

① 营业执照。

② 有关合同、章程、协议书。

③ 银行账号证明。

④ 税务机关要求提供的其他有关证件、资料。

3）主管税务机关在初步审校企业的申请报告和有关资料后，发给《增值税一般纳税人申请认定表》，企业应如实填写该表（一式两份），该表经审批后一份交基层征收机关，一份退企业留存。

4）对于企业填报的《增值税一般纳税人申请认定表》，负责审批的县级以上税务机关应在收到之日起 30 日内审校完毕。符合一般纳税人条件的，在其《税务登记证》副本首页上方加盖“增值税一般纳税人”确认专章，作为领购增值税专用发票的证件。

5）新开业的符合一般纳税人条件的企业，应在办理税务登记的同时申请办理一般纳税人认定手续。

6）年应税销售额未超过标准的商业企业以外的其他小规模企业，会计核算健全，能准确核算并提供销项税额、进项税额的，可申请办理一般纳税人认定手续。纳税人总分支机构实行统一核算，其总机构年应税销售额超过小规模企业标准，但分支机构是商业企业以外的其他企业，年应税销售额未超过小规模企业标准的，其分支机构可申请办理一般纳税人认定手续。在办理认定手续时，须提供总机构所在地主管税务机关批准其总机构为一般纳税人的证明。

7）已开业的小规模企业，其年应税销售额超过小规模纳税人标准的，应在次年 1 月底以前申请办理一般纳税人认定手续。

对于被认定为一般纳税人的企业，由于其可以使用增值税专用发票，实行税款抵扣制度，因此，必须对一般纳税人加强管理，进行税务检查。

8）由于加油站偷逃税款的案例屡屡发生，国家为了彻底堵住这个漏洞，加强对加油站成品油销售的增值税征收管理，2001 年 12 月 3 日，国家税务总局颁发《关于加油站一律按照增值税一般纳税人征税的通知》（国税函[2001]第 882 号）。从 2002 年 1 月 1 日起，从事成品油销售的加油站，无论年应税销售额是否超过 180 万元，一律按一般纳税人缴税。

2.1.3　增值税的征税范围

1．现行增值税的征税范围

（1）销售的货物

货物是指除土地、房屋和其他建筑物等不动产之外的有形动产，包括电力、热力、气体在内，即包括除不动产之外的所有用于销售的商品。企业、单位和个人凡在中国境内销售货物，即销售货物的起运地在中国境内，不论从受让方取得货币还是获得货物或其他经济利益，都应视做有偿转让货物的销售行为，该货物就属于增值税的课税范围。

（2）提供加工、修理修配劳务

纳入增值税范围的劳务是指加工、修理修配劳务。加工是指受托加工货物，即委托方提供原料及主要材料，受托方按照委托方的要求制造货物并收取加工费。经加工形成的货物，其所有权仍归委托方。修理修配是指受托方对损伤和丧失功能的货物进行修复，使其恢复原状和功能。但单位或个体经营者聘用的员工为本单位或雇主提供的加工、修理修配劳务，不在征税之列。

（3）进口货物

进口货物是指申报进入中国关境内的货物。在报关进口环节，除了依法缴纳关税之外，还必须缴纳增值税。

增值税的征税范围总体来讲，包括上述三大项，但对于实务中某些特殊项目或行为是否属于增值税的征税范围，还需要具体确定。

2. 属于征税范围的特殊项目

1）货物期货（包括商品期货和贵金属期货），应当征收增值税，在期货的实物交割环节纳税。

2）银行销售金银的业务，应当征收增值税。

3）典当业的死当销售业务和寄售业的代委托人销售物品（包括居民个人寄售的物品在内）业务，均应征收增值税。

4）集邮商品（如邮票、首日封、邮折等）的生产、调拨，以及邮政部门以外的其他单位和个人销售的集邮商品，均征收增值税。

5）邮政部门发行报刊，征收营业税；其他单位和个人发行报刊，征收增值税。

6）电信单位单独销售无线寻呼机、移动电话，不提供有关的电信劳务服务的，应征收增值税。

7）缝纫业务，应征收增值税。

8）对经中国人民银行和商务部批准经营融资租赁业务的单位以外的其他单位所从事的融资租赁业务，租赁货物的所有权转让给承租方的，征收增值税。

9）基本建设单位和从事建筑安装业务的企业附设的工厂、车间生产的水泥预制构件、其他构件或建筑材料，用于本单位或本企业建筑工程的，在移送使用时，征收增值税。

3. 视同销售货物行为

单位或个体经营者的下列行为，视同销售货物。

1）将货物交付他人代销。

2）销售代销货物。

3）设有两个以上机构并实行统一核算的纳税人，将货物从一个机构移送至其他机构用于销售，但相关机构设在同一县（市）的除外。

4）将自产或委托加工的货物用于非应税项目。

5）将自产、委托加工或购买的货物作为投资，提供给其他单位或个体经营者。

6）将自产、委托加工或购买的货物分配给股东或投资者。

7）将自产、委托加工的货物用于集体福利或个人消费。

8）将自产、委托加工或购买的货物无偿赠送他人。

上述 8 种行为确定为视同销售货物行为，均要征收增值税。

4. 混合销售行为

根据《增值税暂行条例实施细则》的规定，一项销售行为如果既涉及货物又涉及非增值税应税劳务，为混合销售行为。非增值税应税劳务，是指属于应缴营业税的交通运输业、建筑业、金融保险业、邮电通信业、文化体育业、娱乐业、服务业税目征收范围的劳务。

混合销售行为具有以下的特征：在同一次交易中发生；涉及的是同一个纳税人（销售方）；涉及的是同一个消费者；交易的内容既涉及货物，又涉及非增值税应税劳务。例如，某家电超市向张某销售壁挂式空调一台，价格 2 800 元，同时为张某提供上门送货服务（非增值税应税劳务），收取运费 60 元，则该家电超市的这次销售行为就属于混合销售行为。

纳税人的下列混合销售行为，应当分别核算货物的销售额和非增值税应税劳务的营业额，并根据其销售货物的销售额计算缴纳增值税，非增值税应税劳务的营业额不缴纳增值税；未分别核算的，由主管税务机关核定其货物的销售额。

1）销售自产货物并同时提供建筑业劳务的行为。

2）财政部、国家税务总局规定的其他情形。

除上述规定外，从事货物的生产、批发或零售的企业、企业性单位和个体工商户，以及以从事货物生产、批发或者零售为主，兼营非增值税应税劳务的单位和个体工商户的混合销售行为，视为销售货物，应当缴纳增值税；其他单位和个人的混合销售行为，视为销售非增值税应税劳务，不缴纳增值税；国家税务总局另有规定的除外。

5. 兼营行为

兼营行为，是指纳税人的经营中既包括销售货物和应税劳务，又包括提供建筑业等非增值税应税劳务的行为。例如，某大型商场既从事商品销售，又从事餐饮服务，则该商场的经营行为就属于兼营行为。

根据《增值税暂行条例实施细则》的规定，纳税人兼营非增值税应税项目的，应分别核算货物或应税劳务的销售额和非增值税应税项目的营业额；未分别核算的，由主管税务机关核定货物或应税劳务的销售额。

兼营行为与混合销售行为既有相同之处，又有不同之处。它们的相同之处是：纳税人在生产经营活动中都涉及货物销售和非增值税应税劳务。不同之处是：混合销售行为是在同一项（次）销售业务中同时涉及货物销售和非增值税应税劳务，货物销售款和劳务价款同时从同一个客户处收取，这两种款项在财务上难以分别核算，兼营行为是纳税人兼有销售货物和非增值税应税劳务两类业务，并且这种经营活动并不发生在同一项（次）业务中，收取的两种款项在财务上可以分别核算。

2.1.4　增值税的税率、征收率

1. 税率

税率是指应征税额和课税对象之间的比例，一般用百分比表示。增值税税率是增值税整体税额与计税依据的比例，是计算增值税的尺度。其高低直接影响销售货物或提供应税劳务者的税收负担。我国增值税采用比例税率，分为基本税率、低税率和零税率三档，适用于一般纳税人；小规模纳税人采用简易征收率。

（1）基本税率

一般纳税人销售或进口货物，提供加工、修理修配劳务，除低税率适用范围和销售个别旧货适用征收率外，税率一律为 17%，这就是通常所说的基本税率。

（2）低税率

一般纳税人销售或进口下列货物，按低税率计征增值税，低税率为 13%。

1）粮食、食用植物油。

2）自来水、暖气、冷气、热水、煤气、石油液化气、天然气、沼气、居民用煤炭制品。

3）图书、报纸、杂志。

4）饲料、化肥、农药、农机（不包括农机零部件）、农膜。

5）国务院规定的其他货物。

另外，根据国务院的决定，农业产品、金属矿采选产品、非金属矿采选产品的增值税税率也为 13%。

这里需要说明的是，农业产品，其具体产品品目应按照财政部、国家税务总局财税字[1995]52 号文《关于印发〈农业产品征税范围注释〉的通知》执行，包括种植业、养殖业、林业、牧业、水产业生产的各种植物、动物的初级产品。除农业生产者销售自产农业产品予以免征增值税外，一切单位和个人销售外购农业产品或外购农业产品生产、加工后销售的仍然属于注释所列农业产品的，应按规定税率征税。金属矿采选产品包括黑色和有色金属矿采选产品。非金属矿采选产品包括除金属矿采选产品以外的非金属矿采选产品和煤炭。

（3）零税率

零税率就是纳税人销售货物的适用税率是零，并且允许其抵扣进项税额。适用零税率的纳税人不仅不需要缴纳本阶段原应缴税额，而且可以抵扣已支付的以前环节的增值税。纳税人出口货物，一般都适用零税率。主要包括两类情况：一是报关出境货物；二是销往海关管理的保税工厂、保税仓库和保税区的货物。

对于国务院另有规定的少数出口货物（到目前为止包括纳税人出口的原油、援外出口货物），国家禁止出口的货物（包括天然牛黄、麝香、铜及铜基合金、白金等）和糖，不适用零税率，应按照内销货物的规定征收增值税。

2．征收率

小规模纳税人采用简易办法征收增值税，征收率为 3%。一般纳税人在特殊情况下，也按简易办法分别依照 3%、4%和 6%的征收率计算缴纳增值税。具体的适用范围如下。

1）一般纳税人销售自己使用过的符合《增值税暂行条例》第十条规定，不得抵扣且未抵扣进项税额的固定资产，按简易办法依 4%征收率减半征收增值税。

2）一般纳税人销售自己使用过的其他固定资产应区分不同情形征收增值税。

① 销售自己使用过的 2009 年 1 月 1 日以后购进或自制的固定资产，按照适用税率征收增值税。

② 2008 年 12 月 31 日以前未纳入扩大增值税抵扣范围试点的纳税人，销售自己使用过的 2008 年 12 月 31 日以前购进或自制的固定资产，按照 4%征收率减半征收增值税。

③ 2008 年 12 月 31 日以前已纳入扩大增值税抵扣范围试点的纳税人，销售自己使用过的在本地区扩大增值税抵扣范围试点以前购进或自制的固定资产，按照 4%征收率减半征收增值税；销售自己使用过的在本地区扩大增值税抵扣范围试点以后购进或自制的固定资产，按照适用税率征收增值税。

3）一般纳税人销售自己使用过的除固定资产以外的物品，应当按照适用税率征收增值税。

4）小规模纳税人（其他个人除外，下同）销售自己使用过的固定资产，减按 2%征收率征收增值税。

小规模纳税人销售自己使用过的除固定资产以外的物品，应按 3%的征收率征收增值税。

5）纳税人销售旧货，按照简易办法依照 4%征收率减半征收增值税。旧货，是指进入二次流通的具有部分使用价值的货物（含旧汽车、旧摩托车和旧游艇），但不包括自己使用过的物品。

6）一般纳税人销售自产的下列货物，可选择按照简易办法依照 6%征收率计算缴纳增值税，选择简易办法计算缴纳增值税后，36 个月内不得变更。

① 县级及县级以下小型水力发电单位生产的电力。小型水力发电单位，是指各类投资主体建设的装机容量为 5 万千瓦以下（含 5 万千瓦）的小型水力发电单位。

② 建筑用和生产建筑材料所用的砂、土、石料。

③ 以自己采掘的砂、土、石料或其他矿物连续生产的砖、瓦、石灰（不含黏土实心砖、瓦）。

④ 用微生物、微生物代谢产物、动物毒素、人或动物的血液或组织制成的生物制品。

⑤ 自来水（对属于一般纳税人的自来水公司销售自来水按简易办法依照 6%征收率征收增值税，不得抵扣其购进自来水取得增值税扣税凭证上注明的增值税税款）。

⑥ 商品混凝土（仅限于以水泥为原料生产的水泥混凝土）。

7）一般纳税人销售货物属于下列情形之一的，暂按简易办法依照 4%征收率计算缴纳增值税：

① 寄售商店代销寄售物品（包括居民个人寄售的物品在内）。

② 典当业销售死当物品。

③ 经国务院或国务院授权机关批准的免税商店零售的免税品。

2.1.5　增值税专用发票的使用和管理

增值税实行凭国家印发的增值税专用发票注明的税款进行抵扣的制度。专用发票不仅是纳税人经济活动中的重要凭证，而且是兼记销货方销项税额和购货方进项税额进行税款抵扣的凭证，对增值税的计算和管理起着决定性的作用。因此，正确使用增值税专用发票是十分重要的。

1. 专用发票领购使用范围

增值税专用发票只限于一般纳税人领购使用，小规模纳税人和非增值税纳税人不得领购使用。目前，一般纳税人应通过增值税防伪税控系统使用专用发票。

一般纳税人有下列情形之一者，不得领购使用专用发票。

1）会计核算不健全，即不能按会计制度和税务机关的要求准确核算增值税的销项税额、进项税额和应纳税额者。

2）不能向税务机关准确提供增值税销项税额、进项税额、应纳税额数据及其他有关增值税税务资料者。

3）有以下行为，经税务机关责令限期改正而仍未改正者。

① 私自印制专用发票。

② 向个人或税务机关以外的单位买取专用发票。

③ 借用他人专用发票。

④ 向他人提供专用发票。

⑤ 未按规定开具专用发票。

⑥ 未按规定保管专用发票。

⑦ 未按规定申报专用发票的购、用、存情况。

⑧ 未按规定接受税务机关检查。

4）销售的货物全部属于免税项目者。

国家税务总局规定，纳税人当月购买专用发票而未申报纳税的，税务机关不得向其发售专用发票。

2. 专用发票开具范围

一般纳税人销售货物（包括视同销售货物在内）、应税劳务，根据增值税细则规定应当征收增值税的非应税劳务（以下简称销售应税项目），必须向购买方开具专用发票。下列情形不得开具专用发票。

1）向消费者销售应税项目。

2）销售免税项目。

3）销售报关出口的货物，在境外销售应税劳务。

4）将货物用于非应税项目。

5）将货物用于集体福利或个人消费。

6）提供非应税劳务（应当征收增值税的除外），转让无形资产或销售不动产。

向小规模纳税人销售应税项目，可以不开具专用发票。

另外，国家税务总局还规定，自1995年7月1日起对商业零售的烟、酒、食品、服装、鞋帽（不包括劳保专用的部分）、化妆品等消费品不得开具专用发票；对生产经营机器、机车、汽车、轮船、锅炉等大型机械、电子设备的工商企业，凡直接销售给使用单位的，应开具普通发票，如购货方索取增值税专用发票，销货方可开具增值税专用发票。

3. 专用发票开具要求

专用发票必须按下列要求开具。

1）字迹清楚。

2）不得涂改。

3）项目填写齐全。

4）票、物相符，票面金额与实际收取的金额相符。

5）各项目内容正确无误。

6）全部联次一次填开，上、下联的内容和金额一致。

7）发票联和抵扣联加盖财务专用章或发票专用章。

8）按照规定的时限开具专用发票。

9）不得开具伪造的专用发票。

10）不得拆本使用专用发票。

11）不得开具票样与国家税务总局统一制定的票样不符合的专用发票。

根据《增值税暂行条例》的规定，小规模纳税人不得领购、使用专用发票，这是为了加强专用发票的管理，堵塞偷税漏洞。但是，由于一般纳税人向小规模纳税人购进货物不能取得专用发票，无法抵扣进项税额，因此，此项规定对于小规模纳税人的销售产生了一定影响。鉴于这种影响主要存在于小规模纳税人中的企业及企业性单位（以下简称小规模企业），为了既有利于加强专用发票的管理，又不影响小规模企业的销售，国家税务总局下发了《国家税务总局关于由税务所为小规模企业代开增值税专用发票的通知》。

税务机关代开专用发票除加盖纳税人财务专用章或发票专用章外，必须同时盖税务机关代开增值税专用发票专用章。凡未加盖上述专用章的，购货方一律不得作为扣税凭证。

4. 专用发票开具时限

专用发票开具时限规定如下。

1）采用预收货款、托收承付、委托银行收款结算方式的，为货物发出的当天。

2）采用交款提货结算方式的，为收到货款的当天。

3）采用赊销、分期付款结算方式的，为合同约定的收款日期的当天。

4）将货物交付他人代销，为收到受托人送交的代销清单的当天。

5）设有两个以上机构并实行统一核算的纳税人，将货物从一个机构移送其他机构用于销售，按规定应当征收增值税的，为货物移送的当天。

6）将货物作为投资提供给其他单位或个体经营者，为货物移送的当天。

7）将货物分配给股东，为货物移送的当天。

一般纳税人必须按规定时限开具专用发票，不得提前或滞后。对已开具专用发票的销售货物，要及时足额计入当期销售额计税。凡开具了专用发票，其销售额未按规定计入销售账户核算的，一律按偷税论处。

5. 开具专用发票后发生退货或销售折让的处理

销售货物并向购买方开具专用发票后，如发生退货或销售折让，应视不同情况分别按以下规定办理。

1）购买方在未付货款并且未做账务处理的情况下，须将原发票联和税款抵扣联主动退还销售方。销售方收到后，如果未将记账联做账务处理，应在该发票联和税款抵扣联及相应的存根联、记账联上注明“作废”字样，并依次粘贴在存根联后面，将该联发票作废即可。如果销售方已将记账联做账务处理，可开具相同内容的红字专用发票，将红字专用发票的记账联撕下作为扣减当期销项税额的凭证，存根联、抵扣联和发票联不得撕下，将从购买方处收到的原抵扣联、发票联粘贴在红字专用发票联后面，并在上面注明原发票记账联和红字专用发票记账联的存放地点，作为开具红字专用发票的依据。收到购买方退还的专用发票前，销售方不得扣减当期销项税额。属于销售折让的，销售方应按折让后的货款重开专用发票。

2）在购买方已付货款，或者货款未付但已做账务处理，发票联及抵扣联无法退还的情况下，购买方必须取得当地主管税务机关开具的进货退出或索取折让证明单（以下简称证明单）送交销售方，作为销售方开具红字专用发票的合法依据。销售方在收到证明单以前，不得开具红字专用发票；收到证明单后，根据退回货物的数量、价款或折让金额向购买方开具红字专用发票。红字专用发票的存根联、记账联作为销售方扣减当期销项税额的凭证，其发票联、税款抵扣联作为购买方扣减进项税额的凭证。

购买方收到红字专用发票后，应将红字专用发票所注明的增值税额从当期进项税额中扣减。如不扣减，造成不纳税或少纳税的，属于偷税行为。

进货退出或索取折让证明单的基本联次为三联：第一联为存根联，由税务机关留存备查；第二联为证明联，交由购买方送销售方作为开具红字专用发票的合法依据；第三联由购货单位留存。

证明单必须由税务机关开具，并加盖主管税务机关印章，不得将证明单交由纳税人自行开具。

2.1.6 “营改增”相关知识

2011 年，经国务院批准，财政部、国家税务总局联合下发营业税改征增值税试点方案。从 2012 年 1 月 1 日起，在上海交通运输业和部分现代服务业开展营业税改征增值税试点。至此，货物劳务税收制度的改革拉开序幕。自 2012 年 8 月 1 日起至年底，国务院将扩大营改增试点至 10 省市，北京或 9 月启动。截至 2013 年 8 月 1 日，“营改增”范围已推广到全国试行。国务院总理李克强 2013 年 12 月 4 日主持召开国务院常务会议，决定从 2014 年 1 月 1 日起，将铁路运输和邮政服务业纳入营业税改征增值税试点，至此交通运输业已全部纳入营改增范围。自 2014 年 6 月 1 日起，将电信业纳入营业税改征增值税试点范围。

1. “营改增”的背景

增值税自 1954 年在法国开征以来，因其有效地解决了传统销售税的重复征税问题，迅速被世界其他国家采用。目前，已有 170 多个国家和地区开征了增值税，征税范围大多覆盖所有货物和劳务。我国 1979 年引入增值税，最初仅在襄樊、上海、柳州等城市的机器机械等 5 类货物上试行。1984 年国务院发布《增值税条例（草案)》，在全国范围内对机器机械、汽车、钢材等 12 类货物征收增值税。1994 年税制改革，将增值税征税范围扩大到所有货物和加工修理修配劳务，对其他劳务、无形资产和不动产征收营业税。2009 年，为了鼓励投资，促进技术进步，在地区试点的基础上，全面实施增值税转型改革，将机器设备纳入增值税抵扣范围。

当前，我国正处于加快转变经济发展方式的攻坚时期，大力发展第三产业尤其是现代服务业，对推进经济结构调整和提高国家综合实力具有重要意义。按照建立健全有利于科学发展的财税制度要求，将营业税改征增值税，有利于完善税制，消除重复征税；有利于社会专业化分工，促进三次产业融合；有利于降低企业税收成本，增强企业发展能力；有利于优化投资、消费和出口结构，促进国民经济健康协调发展。

2. “营改增”时间表

按照国家规划，我国“营改增”分为三步走。

第一步，在部分行业部分地区进行“营改增”试点。上海作为首个试点城市，于 2012 年 1 月 1 日已经正式启动“营改增”。

第二步，选择部分行业在全国范围内进行试点。这一阶段在 2013 年 8 月 1 日开始，交通运输业及 6 个部分现代服务业率先在全国范围内推广。

第三步，在全国范围内实现“营改增”，即取消营业税。

按照规划，我国最快有望在“十二五”（2011—2015 年）期间完成“营改增”。

3. “营改增”试点内容

试点地区从事交通运输业和部分现代服务业的纳税人自新旧税制转换之日起，由缴纳营业税改为缴纳增值税。在现行增值税 17%和 13%两档税率的基础上，新增 11%和 6%两档低税率：交通运输业适用 11%税率；部分现代服务业中的研发和技术服务、信息技术服务、文化创意服务、物流辅助服务、鉴证咨询服务适用 6%税率；部分现代服务业中的有形动产租赁服务适用 17%税率。

财政部和国家税务总局 2013 年 12 月 11 日联合印发《关于将铁路运输和邮政业纳入营

业税改征增值税试点的通知》，明确纳税人提供的铁路运输服务或邮政业服务适用 11%税率，提供的快递服务，就其交通运输部分适用 11%税率，就其收派服务适用 6%税率；规定铁路国际运输服务、航天运输服务适用零税率，为出口货物提供的邮政业服务和收派服务免征增值税。

2.2　增值税的计算

2.2.1　一般纳税人增值税的计算

一般纳税人，采用税款抵扣制，应纳税额等于当期销项税额减当期允许抵扣的进项税额。一般纳税人当期应纳税额的多少，取决于当期销项税额和当期允许抵扣的进项税额两个因素。

1．销项税额的计算

销项税额是指纳税人销售货物或提供应税劳务，按照销售额或应税劳务收入和规定的税率计算并向购买方收取的增值税税额。销项税额的计算公式为：

销项税额=销售额×适用税率

（1）一般销售方式下的销售额

正确计算应纳增值税额，需要首先准确核算作为增值税计税依据的销售额。销售额是指纳税人销售货物或提供应税劳务向购买方收取的全部价款和价外费用，但不包括收取的销项税额。

价外费用是指价外向购买方收取的手续费、补贴、基金，集资费、返还利润、奖励费、违约金（延期付款利息）、包装费、包装物租金、储备费、优质费、运输装卸费、代收款项、代垫款项及其他各种性质的价外收费。但下列项目不包括在内。

1）向购买方收取的销项税额。

2）受托加工应征消费税的消费品所代收代缴的消费税。

3）同时符合以下条件的代垫运费：承运者的运费发票开具给购货方；纳税人将该项发票转交给购货方。

凡随同销售货物或提供应税劳务向购买方收取的价外费用，无论其会计制度如何核算，均应并入销售额计算应纳税额。

税法规定各种性质的价外收费都要并入销售额计算征税，目的是防止以各种名目的收费减少销售额逃避纳税的现象。但是应当注意，根据国家税务总局规定，对一般纳税人向购买方收取的价外费用和逾期包装物押金，应视为含税收入，在征税时换算成不含税收入再并入销售额。

（2）特殊销售方式下的销售额

在销售活动中，为了达到促销的目的，有多种销售方式。不同销售方式下，销售者取得的销售额会有所不同。税法对以下几种销售方式分别做了规定。

1）采取折扣方式销售。常见的折扣方式销售有折扣销售、销售折扣、销售折让。

折扣销售是指销货方在销售货物或应税劳务时，因购货方购货数量较大等原因而给予购货方的价格优惠。由于折扣是在实现销售时同时发生的，因此，税法规定，如果销售额和折扣额在一张发票上分别注明的，可按折扣后的余额作为销售额计算增值税；如果将折扣额另开发票，不论其在财务上如何处理，均不得从销售额中减去折扣额。

销售折扣（现金折扣）是指为鼓励购买者及早还款而给予的一种折扣优惠。因销售折扣发生在销售之后，属融资性理财费用，故不得从销售额中减去。

销售折让是指货物销售后，由于其品种、质量等原因，购货方未予退货，但销货方需给予购货方的一种价格折让。销售折让与销售折扣相比较，虽然都是在货物销售后发生的，但因为销售折让是由于货物的品种和质量引起销售额的减少，因此，对销售折让可按折让后的货款为销售额。

【例 2-1】 某电视机厂以折扣方式向某公司销售彩电 5 万台，出厂单价每台 2 000 元，折扣率为 5%，并开具红字发票入账。

【分析】

因折扣另开具红字发票，故折扣额不能从销售额中扣除。

所以，销售额=5×2 000=10 000（万元）

2）采取以旧换新方式销售。以旧换新是指纳税人在销售自己的货物时，有偿收回旧货物的行为。根据税法规定，采用以旧换新方式销售货物的，应按新货物同期的销售价格确定销售额，不得扣减旧货物收购价格。对金银首饰以旧换新业务，可以按销售方实际收取的不含增值税的全部价款征收增值税。

【例 2-2】 某冰箱生产厂生产新型冰柜，每台不含税的单价为 5 000 元。本月采用以旧换新方式销售冰柜 50 台，每台按上述不含税单价折抵 1 000 元。

【分析】

销售额=5 000×50=250 000（元）

3）采取还本方式销售。还本方式销售是指纳税人在销售货物后，到一定期限由销售方一次或分次退还给购货方全部或部分价款。这种方式实际上是一种筹集资金的方式，是以货物换取资金的使用价值，到期还本不付息的方法。税法规定，采取还本方式销售货物，其销售额就是货物的销售价格，不得从销售额中减去还本支出。

4）采取以物易物方式销售。以物易物是一种比较特殊的购销活动，是指购销双方不是以货币结算，而是以同等价款的货物相互结算，实现货物购销的一种方式。税法规定，以物易物双方都应做购销处理，以各自发出的货物核算销售额并计算销项税额，以各自收到的货物按规定核算购货额并计算进项税额。

【例 2-3】 接【例 2-1】，电视机厂采用以物易物方式向某显像管厂提供彩电 2 000 台，显像管厂向本企业提供显像管 4 000 只（不含税单价为 1 000 元），双方均已收到货物，并商定不再进行货币结算。

【分析】

电视机厂的销售额与购进金额分别如下。

销售额=2 000×2 000=4 000 000（元）

购进金额=4 000×1 000=4 000 000（元）

5）混合销售行为销售额的确定。依照《增值税暂行条例》的规定，混合销售行为应当缴纳增值税的，其销售额为货物的销售额与非增值税应税劳务营业额的合计。

6）兼营行为销售额的确定。纳税人兼营不同税率的货物或应税劳务的，应当分别核算不同税率货物或应税劳务的销售额；未分别核算销售额的，从高适用税率。

7）包装物押金。包装物是指纳税人包装本单位货物的各种物品。一般情况下，销货方向购货方收取包装物押金，购货方在规定时间内返还包装物，销货方再将收取的包装物押金返还。根据税法规定，纳税人为销售货物而出租、出借包装物收取的押金，单独记账核算，且时间在 1 年以内，又未过期的，不并入销售额征税；但对因逾期未收回包装物不再退还的押金，应按所包装货物的适用税率计算增值税款。实践中，应注意以下具体规定。

① 逾期是指按合同约定实际逾期或以 1 年为期限，对收取 1 年以上的押金，无论是否退还均并入销售额征税。

② 包装物押金是含税收入。在并入销售额征税时，需要先将该押金换算为不含税的收入，再计算应纳的增值税。

8）对视同销售货物行为的销售额的确定。《增值税暂行条例实施细则》规定了 8 种视同销售货物行为，这 8 种视同销售行为一般不以资金的形式反映出来，因而会出现无销售额的情况。在此情况下，主管税务机关有权按照下列顺序核定其销售额。

① 按纳税人最近时期同类货物的平均销售价格确定。

② 按其他纳税人最近时期同类货物的平均销售价格确定。

③ 按组成计税价格确定。其计算公式为：

$$组成计税价格=成本\times(1+成本利润率)$$

征收增值税的货物，同时又征收消费税的，其组成计税价格中应包含消费税税额。其计算公式为：

$$组成计税价格=成本\times（1+成本利润率）+ 消费税税额$$

或

$$组成计税价格=成本\times（1+成本利润率）\div(1-消费税税率)$$

上述 3 个公式中的成本分两种情况：销售自产货物的，为实际生产成本；销售外购货物的，为实际采购成本。公式中的成本利润率为 10%，但属于应从价定率征收消费税的货物，其组成计税价格公式中的成本利润率，为《消费税若干具体问题的规定》中规定的成本利润率。

纳税人销售货物或提供应税劳务的价格明显偏低并无正当理由的，由主管税务机关按照上述方法核定其销售额。

9）含税销售额的换算。为了符合增值税作为价外税的要求，纳税人在填写进销货和纳税凭证、进行账务处理时，应分项记录不含税销售额、销项税额和进项税额，以正确计算应纳增值税额。然而，在实际工作中，常常会出现一般纳税人将销售货物或应税劳务采用销售额和销项税额合并定价收取的方法，这样就会形成含税销售额。在计算应纳税额时，如果不将含税销售额换算为不含税销售额，就会导致增值税计税环节出现重复纳税的现象，甚至出现物价非正常上涨的局面。因此，一般纳税人销售货物或应税劳务取得的含税销售额在计算销项税额时，必须将其换算为不含税的销售额。

将含税销售额换算为不含税销售额的计算公式为：

不含税销售额=含税销售额÷(1+税率)

【例 2-4】 某商场为增值税一般纳税人，月初从羊绒衫厂购进 1 000 件羊绒衫，不含税单价 380 元，当月批发给几个个体商店 700 件，价税合并的单价是 550 元，商场零售 200 件，价税合并单价是 600 元。该商场当月销售羊绒衫应纳增值税税额计算如下（小数点后保留两位，下同）。

商场当月销项税额= [550÷(1+17%)×700+600÷(1+17%)×200]×17%=73 376.07（元）

商场当月进项税额=380×1 000×17%=64 600（元）

商场当月应纳增值税额=73 376.07−64 600=8 776.07（元）

2．进项税额的计算

纳税人购进货物或接受应税劳务所支付或负担的增值税额为进项税额。

进项税额是与销项税额相对应的一个概念。在开具增值税专用发票的情况下，它们之间的对应关系是：销售方收取的销项税额，就是购买方支付的进项税额。对于任何一个一般纳税人而言，由于其在经营活动中，既会发生销售货物或提供应税劳务，又会发生购进货物或接受应税劳务，因此，每个一般纳税人都会有收取的销项税额和支付的进项税额。增值税的核心就是用纳税人收取的销项税额抵扣其支付的进项税额，其余额为纳税人实际应缴纳的增值税税额。

这样，进项税额作为可抵扣的部分，对于纳税人实际纳税多少就产生了举足轻重的作用。然而，需要注意的是，并不是纳税人支付的所有进项税额都可以从销项税额中抵扣。当纳税人购进的货物或接受的应税劳务不是用于增值税应税项目，而是用于非应税项目、免税项目或用于集体福利、个人消费等情况时，其支付的进项税额就不能从销项税额中抵扣。

税法对不能抵扣进项税额的项目做了严格的规定，如果违反税法规定，随意抵扣进项税额，将以偷税论处。

（1）准予从销项税额中抵扣的进项税额

根据税法的规定，准予从销项税额中抵扣的进项税额，限于下列增值税扣税凭证上注明的增值税税额和按规定的扣除率计算的进项税额。

1）从销售方取得的增值税专用发票上注明的增值税额。

2）从海关取得的海关进口增值税专用缴款书上注明的增值税额。

3）购进农产品，除取得增值税专用发票或海关进口增值税专用缴款书外，按照农产品收购发票或销售发票上注明的农产品买价和 13%的扣除率计算的进项税额。其计算公式为：

进项税额=买价×扣除率

4）购进或销售货物及在生产经营过程中支付运输费用的，按照运输费用结算单据上注明的运输费用金额和 7%的扣除率计算的进项税额。其计算公式为：

进项税额=运输费用金额×扣除率

运输费用计算进项税额抵扣时要注意以下具体规定：

① 购买或销售免税货物（购进免税农业产品除外）所发生的运输费用，不得计算抵扣进项税额。

② 准予计算进项税额抵扣的货物运费金额是指运输费用结算单据上注明的运输费用（包括铁路临管线及铁路专线运输费用）、建设基金，不包括装卸费、保险费等其他杂费。

③ 采取邮寄方式销售、购买货物所支付的邮寄费，不允许计算进项税额抵扣。

④ 一般纳税人取得的国际货物运输代理业发票和国际货物运输发票，不得计算抵扣进项税额。

【例 2-5】　某企业将本企业生产的产品 400 台用于销售，并支付发货运费等费用 15 万元，运输单位开具的发票上注明运费 10 万元，建设基金 0.5 万元，装卸费 2 万元，保险费 0.5 万元，服务费 2 万元。

【分析】

准予抵扣的进项税=(10+0.5)×7%=0.735（万元）

（2）不得从销项税额中抵扣的进项税额

按照《增值税暂行条例》及其实施细则的规定，下列项目的进项税额不得从销项税额中抵扣。

1）用于非增值税应税项目、免征增值税项目、集体福利或个人消费的购进货物或应税劳务。

购进货物，不包括既用于增值税应税项目（不含免征增值税项目）也用于非增值税应税项目、免征增值税项目、集体福利或个人消费的固定资产。个人消费包括纳税人的交际应酬消费。

非增值税应税项目是指提供非增值税应税劳务、转让无形资产、销售不动产和不动产在建工程。

2）非正常损失的购进货物及相关的应税劳务。非正常损失，是指管理不善造成被盗、丢失、霉烂变质的损失。

3）非正常损失的在产品、产成品所耗用的购进货物或应税劳务。

4）国务院财政、税务主管部门规定的纳税人自用消费品。纳税人自用的应征消费税的摩托车、汽车、游艇，其进项税额不得从销项税额中抵扣。

5）上述 4 项规定的货物的运输费用和销售免税货物的运输费用。

6）纳税人购进货物或应税劳务，取得的增值税扣税凭证不符合法律、行政法规或国务院税务主管部门有关规定的，其进项税额不得从销项税额中抵扣。

7）一般纳税人按照简易办法征收增值税的，不得抵扣进项税额。

（3）进项税额抵扣期限的规定

1）一般纳税人取得 2010 年 1 月 1 日以后开具的增值税专用发票、公路内河货物运输业统一发票和机动车销售统一发票，应在发票开具之日起 180 日内到税务机关办理认证，并在认证通过的次月申报期内，向主管税务机关申报抵扣进项税额。一般纳税人取得 2010 年 1 月 1 日以后开具的增值税专用发票、公路内河货物运输业统一发票、机动车销售统一发票及海关进口增值税专用缴款书（以下简称海关缴款书），未在规定期限内到税务机关办理认证、申报抵扣或申请稽核比对的，不得作为合法的增值税扣税凭证，不得计算进项税额抵扣。

2）实行海关缴款书“先比对后抵扣”管理办法的一般纳税人，取得2010年1月1日以后开具的海关缴款书，应在开具之日起180日内向主管税务机关报送《海关完税凭证抵扣清单》（包括纸质资料和电子数据）申请稽核比对。未实行海关缴款书“先比对后抵扣”管理办法的一般纳税人，取得2010年1月1日以后开具的海关缴款书，应在开具之日起180日后的第一个纳税申报期结束以前，向主管税务机关申报抵扣进项税额。

3. 应纳税额的计算

【例2-6】 某工业企业（增值税一般纳税人）2014年3月购销业务情况如下。

(1) 购进一批生产原料，取得的增值税专用发票上注明的价、税款分别为23万元、3.91万元，已验收入库；另支付运费（取得发票）3万元。

(2) 购进钢材20吨，已验收入库，取得的增值税专用发票上注明的价、税款分别为8万元、1.36万元。

(3) 直接向农民收购一批用于生产加工的农产品，经税务机关批准的收购凭证上注明的价款为42万元。

(4) 以托收承付方式销售一批产品，货物已发出并办妥银行托收手续，但贷款未到，向买方开具的增值税专用发票上注明销售额42万元。

(5) 将本月外购的20吨钢材及库存的同价钢材20吨移送本企业修建产品仓库。

(6) 期初留抵进项税额0.5万元。

要求：计算该企业当期应纳增值税税额。

【分析】

销项税额=42×17%=7.14（万元）

进项税额=3.91+3×7%+1.36+42×13%−2×1.36−0.5=7.72（万元）

应纳增值税税额=7.14−7.72=−0.58（万元）

所以，当期不用缴纳增值税，下期可以继续冲抵0.58万元。

2.2.2 小规模纳税人增值税的计算

由于小规模纳税人在销售货物或应税劳务时，只能开具普通发票，取得的销售收入均为含税销售额。为了符合增值税作为价外税的要求，小规模纳税人在计算应纳税额时，必须将含税销售额换算为不含税的销售额后才能计算应纳税额。小规模纳税人含税销售额的换算公式为：

$$不含税销售额=含税销售额÷（1+征收率）$$

$$应纳税额=不含税销售额×征收率$$

【例2-7】 某企业为小规模纳税人，2014年6月发生如下业务。

(1) 将5月购进的服装销售给某服装店，取得含税的销售额2 400元，开具普通发票。

(2) 购进洗衣粉，共付款13 500元；当月销售洗衣粉取得销售额8 600元，未开发票；销售给某一般纳税人仪器两台，取得不含税的销售额38 500元，已由税务所代开专用发票。

该企业6月应纳增值税计算如下。

应纳增值税=[2 400÷(1+3%)+8 600÷(1+3%)+38 500] ×3%=1 472.39（元）

2.2.3　进口货物增值税的计算

1．应纳税额的计算

纳税人进口货物，按照组成计税价格和《增值税暂行条例》规定的税率计算应纳税额，不得抵扣任何税额。组成计税价格和应纳税额的计算公式是：

组成计税价格=关税完税价格+关税+消费税

应纳税额=组成计税价格×税率

需要注意的是，进口货物增值税的组成计税价格中包括已纳关税税额，如果进口货物属于消费税应税消费品，其组成计税价格中还要包括已纳消费税税额。

按照《海关法》和《进出口关税条例》的规定，一般贸易下进口货物的关税完税价格以海关审定的成交价格为基础的到岸价格作为完税价格。所谓成交价格，是一般贸易项下进口货物的买方为购买该项货物向卖方实际支付或应当支付的价格；到岸价格，包括货价，加上货物运抵我国关境内输入地点起卸前的包装费、运费、保险费和其他劳务费等费用构成的一种价格。特殊贸易下进口的货物，由于进口时没有“成交价格”可作依据，为此，《进出口关税条例》对这些进口货物制定了确定其完税价格的具体办法。

【例 2-8】　某进出口公司当月进口 120 辆小轿车，每辆到岸价格为 7 万元（人民币，下同）。该公司当月售出其中的 110 辆，每辆价税合计销售价为 23.4 万元。已知小轿车的关税税率为 110%，消费税税率为 5%，该公司当月应纳增值税税额计算如下。

进口关税=7×110%×120=924（万元）

进口消费税=(7×120+924)÷(1−5%)×5%=92.84（万元）

进口增值税=(7×120+924+92.84)×17%=315.66（万元）

当月销项税=23.4÷(1+17%)×110×17%=374（万元）

当月应纳的增值税额=374−315.66=58.34（万元）

2．征收管理

进口货物，增值税纳税义务发生时间为报关进口的当天；其纳税地点应当由进口人或其代理人向报关地海关申报纳税；其纳税期限应当自海关填发税款缴纳证的次日起 7 日内缴纳税款；进口货物的增值税由海关代征。

进口货物增值税的征收管理，依据《税收征收管理法》、《海关法》、《进出口关税条例》和《进出口税则》的有关规定执行。

2.2.4　增值税出口货物退（免）税的计算

我国的出口货物退（免）税是指在国际贸易业务中，对我国报关出口的货物退还或免征其在国内各生产和流转环节按税法规定缴纳的增值税和消费税，即对增值税出口货物实行零税率，对消费税出口货物免税。

增值税出口货物的零税率，从税法上理解有两层含义：一是对本道环节生产或销售货物的增值部分免征增值税；二是对出口货物前道环节所含的进项税额进行退付。当然，由于各种货物出口前涉及征免税情况有所不同，而且国家对少数货物有限制出口政策，因此，对货物出口的不同情况国家在遵循“征多少、退多少”、“未征不退和彻底退税”基本原则的基础上，制定了不同的税务处理办法。

1．出口货物退（免）税基本政策

世界各国为了鼓励本国货物出口，在遵循 WTO 基本规则的前提下，一般都采取优惠的税收政策。我国则根据本国的实际，采取出口退税与免税相结合的政策。鉴于我国的出口体制尚不成熟，拥有出口经营权的企业还限于少部分须经国家批准的企业，并且我国生产的某些货物，还不能满足国内的需要，因此，对某些非生产性企业和国家紧缺的货物采取限制从事出口业务或限制该货物出口，不予出口退（免）税。

我国的出口货物税收政策分为以下 3 种形式。

（1）出口免税并退税

出口免税是指对货物在出口销售环节不征增值税、消费税，这是把货物出口环节与出口前的销售环节都同样视为一个征税环节；出口退税是指对货物在出口前实际承担的税收负担，按规定的退税率计算后予以退还。

（2）出口免税不退税

出口免税与上述第（1）项含义相同。出口不退税是指适用这项政策的出口货物因在前一道生产、销售环节或进口环节是免税的，因此，出口时该货物的价格中本身就不含税，也无须退税。

（3）出口不免税也不退税

出口不免税是指对国家限制或禁止出口的某些货物的出口环节视同内销环节，照常征税；出口不退税是指对这些货物出口不退还出口前其所负担的税款。

适用这项政策的主要是税法列举限制或禁止出口的货物，如天然牛黄、麝香、白银等。

2．出口货物退（免）的适用范围

《出口货物退（免）税管理办法》规定：对出口的凡属于已征或应征增值税、消费税的货物，除国家明确规定不予退（免）税的货物和出口企业从小规模纳税人购进并持普通发票的部分货物外，都是出口货物退（免）税的货物范围，均应予以退还已征增值税和消费税或免征应征的增值税和消费税。

（1）下列企业出口的货物，除另有规定外，给予免税并退税

1）生产企业自营出口或委托外贸企业代理出口的自产货物。

2）有出口经营权的外贸企业收购后直接出口或委托其他外贸企业代理出口的货物。

3）下列特定出口的货物。

① 对外承包工程公司运出境外用于对外承包项目的货物。

② 对外承接修理修配业务的企业用于对外修理修配的货物。

③ 外轮供应公司、远洋运输供应公司销售给外轮、远洋国轮而收取外汇的货物。

④ 企业在国内采购并运往境外作为在国外投资的货物。

⑤ 利用外国政府贷款或国际金融组织贷款，通过国际招标由国内企业中标的机电产品。

⑥ 对境外带料加工装配业务所使用的出境设备、原材料和散件。

⑦ 利用中国政府的援外优惠贷款和合资合作项目基金方式下出口的货物。

⑧ 对外补偿贸易及易货贸易、小额贸易出口的货物。

⑨ 对港澳台贸易的货物。

（2）下列企业出口的货物，除另有规定外，给予免税，但不予退税

1）属于生产企业的小规模纳税人自营出口或委托外贸企业代理出口的自产货物。

2）外贸企业从小规模纳税人购进并持普通发票的货物出口，免税但不予退税。但对规定列举的 12 类出口货物考虑其占出口比重较大及其生产、采购的特殊因素，特准退税。

3）外贸企业直接购进国家规定的免税货物（包括免税农产品）出口的，免税但不予退税。

（3）下列出口货物，免税但不予退税

1）来料加工复出口的货物，原材料进口免税，加工自制的货物出口不退税。

2）避孕药品和用具、古旧图书，内销免税，出口也免税。

3）出口卷烟：有出口卷烟权的企业出口国家出口卷烟计划内的卷烟，在生产环节免征增值税、消费税，出口环节不办理退税；其他非计划内出口的卷烟照章征收增值税和消费税，出口一律不退税。

4）军品及军队系统企业出口军需工厂生产或军需部门调拨的货物免税。

5）国家规定的其他免税货物，如农业生产者销售的自产农业产品、饲料、农膜等。

（4）除经批准属于进料加工复出口贸易以外，下列出口货物不免税也不退税

1）国家计划外出口的原油（自 1999 年 9 月 1 日起国家计划内出口的原油恢复按 13%的退税率退税）。

2）援外出口货物（自 1999 年 1 月 1 日起，对一般物资援助项下出口货物，仍实行出口不退税政策；对利用中国政府的援外优惠贷款和合作项目基金方式下出口的货物，比照一般贸易出口，实行出口退税政策）。

3）国家禁止出口的货物，包括天然牛黄、麝香、铜及铜基合金（出口电解铜自 2001 年 1 月 1 日起按 17%的退税率退还增值税）、白银等。

3．出口货物的退税率

出口货物的退税率，是出口货物的实际税额与退税计税依据的比例。它是出口退税的中心环节，体现了某类货物在一定时期税收的实际征收水平。

我国目前对不同的出口货物主要有 17%、13%、11%、8%、6%、5%六档退税率。

4．出口货物退税的计算

出口货物只有在适用既免税又退税的政策时，才会涉及如何计算退税的问题。由于各类出口企业对出口货物的会计核算办法不同，有对出口货物单独核算的，有对出口和内销的货物统一核算成本的，为了与出口企业的会计核算办法相一致，我国《出口货物退（免）税管理办法》规定了两种退税计算办法：第一种办法是“免、抵、退”办法，主要适用于自营和委托出口自产货物的生产企业；第二种办法是“先征后退”办法，目前主要用于收购货物出口的外（工）贸企业。

（1）“免、抵、退”税计算方法

按照财政部、国家税务总局财税《关于进一步推进出口货物实行免抵退税办法的通知》的规定，自 2002 年 1 月 1 日起，生产企业自营或委托外贸企业代理出口自产货物，除另有规定外，增值税一律实行免、抵、退税管理办法。

实行免、抵、退税管理办法的免税，是指对生产企业出口的自产货物，免征本企业生产销售环节增值税；抵税，是指生产企业出口自产货物所耗用的原材料、零部件、燃料、

动力等所含应予退还的进项税额，抵顶内销货物的应纳税额；退税是指生产企业出口的自产货物在当月内应抵顶的进项税额大于应纳税额时，对未抵顶完的部分予以退税。

1）具体计算方法与计算公式。

① 当期应纳税额的计算：

当期应纳税额=当期内销货物的销项税额–(当期进项税额–当期免抵退税不得免征和抵扣税额)

② 免抵退税额的计算：

免抵退税额=出口货物离岸价×外汇人民币牌价×出口货物退税率–免抵退税额抵减额

- 出口货物的离岸价以出口发票计算的价格为准。出口发票不能如实反映实际离岸价的，企业必须按实际离岸价向主管国税机关申报，同时主管税务机关有权依照《税收征收管理法》、《增值税暂行条例》等有关规定予以核定。
- 免抵退税额抵减额=免税购进原材料的价格×出口货物的退税率。

免税购进原材料包括从国内购进免税原材料和进料加工免税进口料件，其中进料加工免税进口料件的价格为组成计税价格。

进料加工免税进口料件的组成计税价格=货物到岸价+海关实征关税和消费税

③ 当期应退税额和免抵税额的计算：

- 如当期期末留抵税额≤当期免抵退税额，则：

当期应退税额=当期期末留抵税额

当期免抵税额=当期免抵退税额–当期应退税额

- 如当期期末留抵税额＞当期免抵退税额，则：

当期应退税额=当期免抵退税额

当期免抵税额=0

④ 免抵退税不得免征和抵扣税额的计算：

免抵退税不得免征和抵扣税额=出口货物离岸价×外汇人民币牌价×(出口货物征税率–出口货物退税率）–免抵退税不得免征和抵扣税额抵减额

免抵退税不得免征和抵扣税额抵减额=免税购进原材料价格×(出口货物征税率–出口货物退税率)

2）企业免、抵、退税计算实例。

【例 2-9】 某自营出口的生产企业为增值税一般纳税人，出口货物的征税税率为 13%。2014 年 4 月的有关经营业务为：购进原材料一批，取得的增值税专用发票注明价款 300 万元，外购货物准予抵扣的进项税额 51 万元，货已验收入库；上月末留抵税款 5 万元；本月内销货物不含税销售额 100 万元；收款 117 万元存入银行；本月出口货物的销售额折合人民币 300 万元。则该企业当期的免抵退税额计算如下。

当期免抵退税不得免征和抵扣的税额=300×(17%–13%)=12（万元）

当期应纳税额=100×17%–(51–12)–5=–27（万元）

出口货物免抵退税额=300×13%=39（万元）

按规定，如当期末留抵税额≤当期免抵退税额时，当期应退税额=当期期末留抵税额，即该企业当期应退税额 27 万元。

当期免抵税额=当期免抵退税额−当期应退税额=39−27=12（万元）

【例 2-10】 某自营出口的生产企业为增值税一般纳税人，出口货物的征收率为 15%。该企业 2014 年 6 月有关经营业务为：购进原材料一批，取得的增值税专用发票注明价款 200 万元，外购货物准予抵扣进项税额 34 万元，货已验收入库；上月末留抵税款 3 万元；本月内销货物不含税销售额 100 万元，收款 117 万元存入银行；本月出口货物销售额折合人民币 200 万元。则该企业当期的“免、抵、退”税额计算如下：

当期免抵退税不得免征和抵扣税额=200×(17%−15%)=4（万元）

当期应纳税额=100×17%−(34−4)−3=−16（万元）

出口货物“免、抵、退”税额=200×15%=30（万元）

按规定，如当期末留抵税额≤当期免抵税额时，当期应退税额=当期期末留抵税额，即该企业当期应退税额 16 万元。

当期免抵税额=当期免抵退税额−当期应退税额=30−16=14（万元）

（2）“先征后退”税计算办法

1）外贸企业及实行外贸企业财务制度的工贸企业收购货物出口，其出口销售环节的增值税免征；其收购货物的成本部分，因外贸企业在支付收购货物的同时也支付了生产经营该类商品的企业已纳的增值税款，因此，在货物出口后按收购成本与退税率计算退税退还给外贸企业，征、退税之差计入企业成本。

外贸企业出口货物增值税的计算应依据购进出口货物增值税专用发票上所注明的进项金额和退税率计算。

应退税额=外贸收购不含增值税购进金额×退税率

2）外贸企业收购小规模纳税人出口货物增值税的退税规定。

① 凡从小规模纳税人购进持普通发票特准退税的抽纱、工艺品等 12 类出口货物，同样实行销售出口货物的收入免税，并退还出口货物进项税额的办法。由于小规模纳税人使用的是普通发票，其销售额和应纳税额没有单独计价，小规模纳税人应纳的增值税也是价外计征的，这样必须将合并定价的销售额先换算成不含税价格，然后据以计算出口货物退税。其计算公式为：

应退税额=[普通发票所列（含增值税）销售金额]÷（1+征收率）×6%（或 5%）

对出口企业购进小规模纳税人特准的 12 类货物出口，提供的普通发票应符合《中华人民共和国发票管理办法》的有关使用规定，否则不予办理退税。

② 凡从小规模纳税人购进税务机关代开的增值税专用发票的出口货物，按以下公式计算退税：

应退税额=增值税专用发票注明的金额×6%（或 5%）

3）外贸企业委托生产企业加工出口货物的退税规定。外贸企业委托生产企业加工收回后报关出口的货物，按购进国内原辅材料的增值税专用发票上注明的进项金额，依原辅材料的退税率计算原辅材料应退税额。支付的加工费，凭受托方开具货物的退税率，计算加工费的应退税额。

4）外贸企业“先征后退”计算实例。

【例 2-11】 某进出口公司 2014 年 3 月出口美国平纹布 1 000 米，进货增值税专用发票列明单价 30 元/平方米，退税率 15%，其应退税额为：

1 000×30×15%=4 500（元）

【例 2-12】 某进出口公司 2014 年 4 月购进某小规模纳税人抽纱工艺品 200 打（套）全部出口，普通发票注明金额 6 000 元；购进另一小规模纳税人西服 500 套全部出口，取得税务机关代开的增值税专用发票，发票注明金额 5 000 元，该企业的应退税额为：

6 000÷(1+6%)×6%+5 000×6%=639.62（元）

2.3 增值税的纳税申报

2.3.1 增值税纳税义务发生时间

销售货物或提供应税劳务的纳税义务发生时间，按销售结算方式的不同分为以下几种。

1）采取直接收款方式销售货物，不论货物是否发出，均为收到销售款或取得索取销售款的凭据，并将提货单交给买方的当天。

2）采取托收承付和委托银行收款方式销售货物，为发出货物并办妥托收手续的当天。

3）采取赊销和分期收款方式销售货物，为按合同约定的收款日期的当天。

4）采取预收货款方式销售货物，为货物发出的当天。

5）委托其他纳税人代销货物，为收到代销单位销售的代销清单的当天。

6）销售应税劳务，为提供劳务同时收讫代销售额或取得销售额的凭据的当天。

7）纳税人发生视同销售货物行为，为货物移送的当天。

8）进口货物的，为报关进口的当天。

2.3.2 增值税的纳税地点

1. 固定业户

固定业户应当向其机构所在地主管税务机关申报纳税。固定业户到外县（市）销售货物的，应当向其机构所在地主管税务机关申请开具《外出经营活动税收管理证明》，向其机构所在地主管税务机关申报纳税；未持有其机构所在地主管税务机关核发的《外出经营活动税收管理证明》，到外县（市）销售货物或者提供应税劳务的，应当向销售地或劳务发生地主管税务机关申报纳税；未向销售地或劳务发生地的主管税务机关申报纳税的，由其机构所在地的主管税务机关补征税款。

2. 非固定业户

非固定业户销售货物或应税劳务，应当向销售地或劳务发生地的主管税务机关申报纳税；未向销售地或劳务发生地的主管税务机关申报纳税的，由其机构所在地或居住地的主管税务机关补征税款。

3．进口货物

进口货物，应当向报关地海关申报纳税。

4．扣缴义务人

扣缴义务人应当向其机构所在地或居住地的主管税务机关申报缴纳其扣缴的税款。

2.3.3　增值税的纳税期限

根据《增值税暂行条例》及其实施细则的规定，增值税的纳税期限分别为 1 日、3 日、5 日、10 日、15 日、1 个月或 1 个季度。

纳税人的具体纳税期限，由主管税务机关根据纳税人应纳税额的大小分别核定；不能按照固定期限纳税的，可以按次纳税。以 1 个季度为纳税期限的规定仅适用于小规模纳税人。小规模纳税人的具体纳税期限，由主管税务机关根据其应纳税额的大小分别核定。

纳税人以 1 个月或 1 个季度为 1 个纳税期的，自期满之日起 15 日内申报纳税；以 1 日、3 日、5 日、10 日或 15 日为 1 个纳税期的，自期满之日起 5 日内预缴税款，于次月 1 日起 15 日内申报纳税并结清上月应纳税款。

扣缴义务人解缴税款的期限，依照上述规定执行。

纳税人进口货物，应当自海关填发进口增值税专用缴款书之日起 15 日内缴纳税款。

2.3.4　增值税纳税申报表的填制

自 2013 年 8 月 1 日“营改增”在全国试点开始后，增值税纳税申报表也相继替换成“营改增”后的纳税申报表。

1．小规模纳税人纳税申报表的填制

小规模纳税人纳税申报表及附列资料分别如表 2-1 和表 2-2 所示。

表 2-1　增值税纳税申报表（适用于增值税小规模纳税人）

（2012 版营改增后适用）

纳税人识别号：□□□□□□□□□□□□□□□□□□□□

纳税人名称（公章）：　　　　金额单位：元（列至角分）

税款所属期：　　年　月　日至　　年　月　日　　　　填表日期：　　年　月　日

	项　　目	栏　　次	本期数		本年累计	
			应税货物及劳务	应税服务	应税货物及劳务	应税服务
一、计税依据	（一）应征增值税不含税销售额	1				
	税务机关代开的增值税专用发票不含税销售额	2				
	税控器具开具的普通发票不含税销售额	3				
	（二）销售使用过的应税固定资产不含税销售额	4（4≥5）		—		—

续表

	其中：税控器具开具的普通发票不含税销售额	5		—		—
	（三）免税销售额	6（6≥7）				
	其中：税控器具开具的普通发票销售额	7				
	（四）出口免税销售额	8（8≥9）				
	其中：税控器具开具的普通发票销售额	9				
二、税款计算	本期应纳税额	10				
	本期应纳税额减征额	11				
	应纳税额合计	12=10−11				
	本期预缴税额	13			—	—
	本期应补（退）税额	14=12−13			—	—

纳税人或代理人声明： 此纳税申报表是根据国家税收法律的规定填报的，我确定它是真实的、可靠的、完整的。	如纳税人填报，由纳税人填写以下各栏： 办税人员（签章）： 财务负责人（签章）： 法定代表人（签章）： 联系电话： 如委托代理人填报，由代理人填写以下各栏： 代理人名称： 经办人（签章）： 联系电话： 代理人（公章）：

受理人： 受理日期： 年 月 日 受理税务机关（签章）：

本表为A3竖式一式三份，一份纳税人留存，一份主管税务机关留存，一份征收部门留存。

表2-2 增值税纳税申报表（适用于增值税小规模纳税人）附列资料

税款所属期： 年 月 日至 年 月 日 填表日期： 年 月 日

纳税人名称（公章）： 金额单位：元（列至角分）

应税服务扣除额计算			
期初余额	**本期发生额**	**本期扣除额**	**期末余额**
1	2	3（3≤1+2之和，且3≤5）	4=1+2−3
应税服务计税销售额计算			
全部含税收入	**本期扣除额**	**含税销售额**	**不含税销售额**
5	6=3	7=5−6	8=7÷1.03

2．一般纳税人纳税申报表的填制

假设某企业（增值税一般纳税人）从事计算机硬件及软件产品（符合即征即退政策）的销售业务，不兼营应税服务。

2014年6月发生如下业务。

（1）期初留抵税额

业务一：2014年5月30日，“一般货物或劳务”列第13栏“留抵税额”100万元。

（2）一般计税方法的销售情况

业务二：2014年6月10日，销售PC机一批，开具防伪税控增值税专用发票3份，销售额100万元，销项税额17万元。

（3）一般计税方法进项税额的情况

1）业务三：2014年6月15日，购进PC机一批，取得防伪税控增值税专用发票，金额10万元，税额1.7万元。

2）业务四：2014年6月15日，接受苏州市某货物运输企业提供的交通运输服务，取得纳税人自开的“货物运输业增值税专用发票”一张，“合计金额”栏5 000元，“税率”栏“11%”，“税额”栏550元。

3）业务五：2014年6月15日，接受上海市某货物运输企业提供的交通运输服务，取得税务机关代开的“货物运输业增值税专用发票”一张，票面左上角注明“代开”字样，“合计金额”栏5 000元，“税率”栏为“***”，“税额”栏为“***”。

4）业务六：2014年6月15日，购进固定资产一台，取得防伪税控“增值税专用发票”，金额1万元，税额1 700元，专用于一般货物。

（4）进项税额转出

1）业务七：2014年6月16日，由于退货，作为购货方到税务机关办理了“开具红字增值税专用发票通知单”一张，税额为1 000元。

2）业务八：2014年6月16日，到税务机关办理了留抵税额抵减欠税1 000元。

（5）简易计税业务

业务九：2014年6月10日，销售2011年1月1日以前购进的固定资产一台，售价2 080元，开具增值税普通发票。

（6）即征即退货物业务

1）业务十：2014年6月15日，销售软件产品，开具防伪税控增值税专用发票，销售额10万元，销项税额1.7万元。

2）业务十一：2014年6月2日，购进用于制作软件产品的光盘一批，取得防伪税控增值税专用发票，金额500元，税额85元。

（7）本期应补（退）税额的计算

1）一般计税方法业务计算过程。

销项税额=业务二=170 000（元）

进项税额=业务三+业务四+业务五+业务六=17 000+550+5 000×7%+1 700=19 600（元）

上期留抵税额=业务一=1 000 000（元）

进项税额转出=业务七+业务八=1 000+1 000=2 000（元）

应抵扣税额合计（本月数）=进项税额+上期留抵税额−进项税额转出=19 600+1 000 000−2 000=1 017 600（元）

实际抵扣税额（本月数）=170 000（元）

实际抵扣税额（本年累计）=0（元）

一般计税方法的应纳税额＝销项税额−实际抵扣税额（本月数）−实际抵扣税额（本年累计）=170 000−170 000−0＝0（元）

期末留抵税额=应抵扣税额合计（本月数）−实际抵扣税额（本月数）=1 017 600−

170 000=847 600（元）

一般计税方法的应纳税额=业务一至业务八=0（元）

2）简易计税方法业务计算过程。

简易计税方法的应纳税额=业务九=2 080÷1.04×4%=80（元）

减征额=80÷2=40（元）

简易计税方法的应纳税额=80–40=40（元）

一般货物栏本期应补（退）税额=应纳税额合计–预缴税额=40–0=40（元）

3）即征即退货物业务计算过程。

即征即退货物的销项税额=业务十=17 000（元）

即征即退货物的进项税额=业务十一=85（元）

即征即退货物的应抵扣税额合计（本月数）=85（元）

即征即退货物的实际抵扣税额（本月数）=85（元）

即征即退货物的应纳税额＝即征即退货物的销项税额–即征即退货物的实际抵扣税额（本月数）=17 000–85=16 915（元）

即征即退货物的本期应补（退）税额=应纳税额合计–预缴税额=16 915–0=16 915（元）

4）纳税申报表及其附表填制如表 2-3～表 2-7 所示。

表 2-3 增值税纳税申报表

（适用于增值税一般纳税人）

根据《中华人民共和国增值税暂行条例》和《交通运输业和部分现代服务业营业税改增值税试点实施办法》的规定制定本表。纳税人不论有无销售，均应按主管税务机关核定的纳税期限按期填报本表，并向当地税务机关申报。

税款所属时间：自 年 月 日至 年 月 日 填表日期： 年 月 日 金额单位：元至角分

纳税人识别号				所属行业：			
纳税人名称	（公章）	法定代表人姓名		注册地址		营业地址	
开户银行及账号			企业登记注册类型			电话号码	

	项目	栏次	一般货物及劳务和应税服务		即征即退货物及劳务和应税服务	
			本月数	本年累计	本月数	本年累计
销售额	（一）按适用税率征税销售额	1	1 000 000		100 000	
	其中：应税货物销售额	2				
	应税劳务销售额	3				
	纳税检查调整的销售额	4				
	（二）按简易征收办法征税销售额	5	2 000			
	其中：纳税检查调整的销售额	6				
	（三）免、抵、退办法出口销售额	7			—	—
	（四）免税销售额	8			—	—
	其中：免税货物销售额	9			—	—
	免税劳务销售额	10			—	—

续表

税款计算	销项税额	11	170 000		17 000	
	进项税额	12	19 600		85	
	上期留抵税额	13	1 000 000	0		—
	进项税额转出	14	2 000			
	免、抵、退应退税额	15			—	—
	按适用税率计算的纳税检查应补缴税额	16			—	—
	应抵扣税额合计	17=12+13–14–15+16	1 017 600	—	85	—
	实际抵扣税额	18（如果 17<11，则为 17，否则为 11）	170 000	0	85	
	应纳税额	19=11–18	0		16 915	
	期末留抵税额	20=17–18	847 600	0	0	—
	简易征收办法计算的应纳税额	21	80			
	按简易征收办法计算的纳税检查应补缴税额	22			—	—
	应纳税额减征额	23	40			
	应纳税额合计	24=19+21–23	40		16 915	
税款缴纳	期初未缴税额（多缴为负数）	25				
	实收出口开具专用缴款书退税额	26			—	—
	本期以缴税额	27=28+29+30+31				
	①分次预缴税额	28	0	—	0	—
	②出口开具专用缴款书预缴税额	29		—	—	—
	③本期缴纳上期应纳税额	30				
	④本期缴纳欠缴税额	31				
	期末未缴税额（多缴为负数）	32=24+25+26–27				
	其中：欠缴税额（≥0）	33=25+26–27		—		
	本期应补（退）税额	34=24–28–29	40	—	16 915	
	即征即退实际退税额	35	—	—		
	期初未缴查补税额	36			—	—
	本期入库查补税额	37			—	—
	期末未缴查补税额	38=16+22+36–37			—	—
授权声明	如果你已委托代理人申报，请填写下列资料： 为代理一切税务事宜，现授权 （地址）　　为本纳税人的代理申报人，任何与本申报报表有关的往来文件，都可寄予此人。 授权人签字：			申报人声明	此纳税申报表是根据《中华人民共和国增值税暂行条例》的规定填报的，我确定它是真实的、可靠的、完整的。 声明人签字：	
	以下由税务机关填写： 收到日期：			接收人：	主管税务机关盖章：	

表 2-4 增值税纳税申报表附列资料（一）

（本期销售情况明细）

纳税人名称：（公章） 税款所属时间： 年 月 日至 年 月 日 金额单位：元至角分

项目及栏次				开具税控增值税专用发票		开具其他发票		未开具发票		纳税检查调整		合计			应税服务扣除项目本期实际扣除金额	扣除后	
				销售额	销项（应纳）税额	销售额	销项（应纳）税额	销售额	销项（应纳）税额	销售额	销项（应纳）税额	销售额	销项（应纳）税额	价税合计		含税（免税）销售额	销项（应纳）税额
				1	2	3	4	5	6	7	8	9=1+3+5+7	10=2+4+6+8	11=9+10	12	13=11−12	14=13÷（100%+税率或征收率）×税率或征收率
一、一般计税方法征税	全部征税项目	17%税率的货物及加工修理修配劳务	1	1 100 000	187 000							1 100 000	187 000	—	—	—	—
		17%税率的有形动产租赁服务	2											—		—	
		13%税率	3														
		11%税率	4														
		6%税率	5														
	其中：即征即退项目	即征即退货物及加工修理修配劳务	6	—	—	—	—	—	—	—	—	100 000	17 000	—	—	—	—
		即征即退应税服务	7	—	—	—	—	—	—	—	—						
二、简易计税方法征税	全部征税项目	6%征收率	8							—	—						
		5%征收率	9							—	—						
		4%征收率	10			2 000	80			—	—	2 000	80	—	—	—	—
		3%征收率的货物及加工修理修配劳务	11							—	—						
		3%征收率的应税服务	12							—	—						
	其中：即征即退项目	即征即退货物及加工修理修配劳务	13	—	—	—	—	—	—	—	—			—	—	—	—
		即征即退应税服务	14	—	—	—	—	—	—	—	—						
三、免抵退税	货物及加工修理修配劳务		15	—	—		—		—	—	—		—	—	—	—	—
	应税服务		16	—	—		—		—	—	—		—				—
四、免税	货物及加工修理修配劳务		17				—		—	—	—		—	—	—	—	—
	应税服务		18	—	—		—		—	—	—		—				—

表 2-5　增值税纳税申报表附列资料（二）

（本期进项税额明细）

税款所属时间：　　年　月　日至　　年　月　日

纳税人名称：（公章）　　　　　　　　　　　　　　　　　　　金额单位：元至角分

一、申报抵扣的进项税额				
项　　目	栏　　次	份　　数	金　　额	税　　额
（一）认证相符的税控增值税专用发票	1=2+3	4	120 500	19 685
其中：本期认证相符且本期申报抵扣	2	4	120 500	19 685
前期认证相符且本期申报抵扣	3			
（二）其他扣税凭证	4=5+6+7+8			
其中：海关进口增值税专用缴款书	5			
农产品收购发票或销售发票	6			
代扣代缴税收通用缴款书	7		—	
运输费用结算单据	8			
	9	—	—	—
	10	—	—	—
（三）外贸企业进项税额抵扣证明	11	—	—	
当期申报抵扣进项税额合计	12=1+4+11	4	120 500	19 685

二、进项税额转出额		
项　　目	栏　　次	税　　额
本期进项税转出额	13=14 至 23 之和	2 000
其中：免税货物用	14	
非应税项目用、集体福利、个人消费	15	
非正常损失	16	
简易计税方法征税货物用	17	
免抵退税办法出口货物不得抵扣的进项税额	18	
纳税检查调减进项税额	19	
红字专用发票通知单注明的进项税额	20	1 000
上期留抵税额减欠税	21	1 000
上期留抵税额退税	22	
其他应做进项税额转出的情形	23	

三、待抵扣进项税额				
项　　目	栏　　次	份　　数	金　　额	税　　额
（一）认证相符的税控增值税专用发票	24	—	—	—
期初已认证相符但未申报抵扣	25			
本期认证相符且本期未申报抵扣	26			

续表

期末已认证相符但未申报抵扣	27			
其中：按照税法规定不允许抵扣	28			
（二）其他扣税凭证	29=30至33之和			
其中：海关进口增值税专用缴款书	30			
农产品收购发票或销售发票	31			
代扣代缴税收通用缴款书	32		—	
运输费用结算单据	33			
	34			
四、其他				
项　目	**栏　目**	**份　数**	**金　额**	**税　额**
本期认证相符的税控增值税专用发票	35			
代扣代缴税额	36	—	—	

表 2-6　增值税纳税申报表附列资料（三）

（应税服务扣除项目明细）

税款所属时间：　年　月　日至　年　月　日

纳税人名称：（公章）　　　　金额单位：元至角分

项目及栏次	本期应税服务价税合计额（免税销售额）	应税服务扣除项目				
		期初余额	本期发生额	本期应扣除金额	本期实际扣除金额	期末余额
	1	2	3	4=2+3	5（5≤1 且 5≤4）	6=4−5
17%税率的有形动产租赁服务						
11%税率的应税服务						
6%税率的应税服务						
3%征收率的应税服务						
免抵退税的应税服务						
免税的应税服务						

表 2-7　固定资产进项税额抵扣情况

纳税人识别号：　　　　　　　　纳税人名称（公章）：

填表日期：　　年　月　日　　　　　　　　　　　　　　　　　　　　金额单位：元至角分

项　目	当期申报抵扣的固定资产进项税额	当期申报抵扣的固定资产进项税额累计
增值税专用发票	1 700	1 700
海关进口增值税专用缴款书		
合计	1 700	1 700

2.4　增值税纳税筹划经典措施

2.4.1　纳税人身份的选择

《增值税暂行条例》规定，在中华人民共和国境内销售货物或提供加工、修理修配劳务及进口货物的单位和个人，为增值税的纳税义务人。不同的纳税人，其计税方法和征管要求不同。

1．两类纳税人的税负比较

从购进来看，一般纳税人进项税额可以抵扣，小规模纳税人的进项税额计入成本，这时一般纳税人要比小规模纳税人获得更多优惠；从销售来看，由于增值税是价外税，销货方销售时除了价款外，还要向购买方收取增值税，一般纳税人收取的这笔增值税款的数额比小规模纳税人收取的要多，这时小规模纳税人比一般纳税人获得更多优惠。那么，企业该如何选择呢？

【例 2-13】　某企业为增值税一般纳税人，当期从一般纳税人处购进不含税价格为 10 000 元的原材料，加工成不含税价格为 20 000 元的产品。假设该产品当期全部销售出去，并将购货时所支付的 1 700 元进项税和销售产品应纳的 1 700 元增值税都加在产品价格中，以 23 400 元的价格销售给消费者。则：

当期收益=23 400–10 000–1 700–1 700=10 000（元）

若该企业为小规模纳税人，同样，当期从一般纳税人处购进不含税价格为 10 000 元的原材料，加工成不含税价格为 20 000 元的产品。假设该产品当期全部销售出去，并将购货时所支付的 1 700 元进项税和销售产品应纳的 600 元增值税都加在产品价格中，以 22 300 元的价格销售给消费者。则：

当期收益=22 300–10 000–1 700–600=10 000（元）

例 2-13 中，两类纳税人都转嫁了税负，收益不受影响。但是很明显，小规模纳税人的售价要比一般纳税人的售价低，故销量会有所增加，固定成本将会被稀释，总体税后利润会有所增加。

2．两类纳税人的筹划选择

在现实工作中，人们往往认为，小规模纳税人的税负重于一般纳税人。从税负上看，由于增值税是间接税，税负预期会转嫁给最终的消费者。所以，在增值税完全可以转嫁出去的情况下，两类纳税人的税负是一样的，仅仅从税负的角度考虑的话不存在选择的问题。只有当增值税不能全部转嫁出去时，才存在纳税人身份选择的问题，筹划的空间才产生。

举例说明如下。

假设某商品零售企业年应纳增值税销售额为 300 万元（不含税），会计核算制度比较健全，符合作为一般纳税人的条件，适用 17%的增值税率，但该企业能够从销项税额中抵扣的进项税额较少，只占销项税额的 50%。在这种情况下，企业应纳增值税额为 25.5 万元（300×17%–300×17%×50%）。如果将该企业分设成两个零售企业，各自作为独立核算单位，假定一分为二后两个单位的年应税销售额分别为 140 万元和 160 万元，都符合小规模纳税人条件。在这种情况下，缴纳的增值税分别为 4.2 万元（140×3%）和 4.8 万元（160×3%），合计 9 万元。很明显，这个商业零售企业划小核算单位后，作为小规模纳税人，可较一般纳税人减轻税负 16.5 万元。并且由于该企业是直接面对消费者的商业零售企业，这样做以后还将避免使用增值税专用发票的麻烦。

那么，企业选择哪种纳税人身份对自己有利呢？这要视情况而定。下面介绍两种常用的判别方法。

（1）增值率判别法

增值额是指纳税人在生产经营过程中新创造的价值，是商品价值扣除生产经营过程中消耗的生产资料的转移价值之后的余额，即销售商品价款与购进货物价款之间的差额。增值率则是增值额与销售商品价款之比，其计算公式为：

$$增值率=\frac{销售商品价款-购进货物价款}{销售商品价款}\times 100\%=\frac{销项税额-进项税额}{销项税额}\times 100\%$$

假定纳税人销售商品的增值率为 Rva，销售商品价款为 S，购进货物价款为 P，一般纳税人适用的税率为 T_1，小规模纳税人的征收率为 3%，则 $\text{Rva}=\frac{S-P}{S}\times 100\%$。一般纳税人应纳增值税税额$=S\times T_1-P\times T_1=\text{Rva}\times S\times T_1$，小规模纳税人应纳税额$=S\times 3\%$。当两类纳税人应纳增值税额相等时，$S\times 3\%=\text{Rva}\times S\times T_1$，则 $\text{Rva}=3\%\div T_1$。

因此，增值税两类纳税人的税负平衡点增值率为 Rva。当实际增值率等于 Rva 时，小规模纳税人与一般纳税人的税负相等；当实际增值率小于 Rva 时，小规模纳税人的税负要重于一般纳税人的税负；当实际增值率大于 Rva 时，小规模纳税人的税负要轻于一般纳税人的税负。

上述是在假设不含税的情况下计算的增值率，如果含税，同样的道理，计算如下。

假定纳税人的增值率为 Rva，销售商品含税价款为 S，购进货物含税价款为 P，一般纳税人适用的税率为 T_1，小规模纳税人的征收率为 3%，则 $\text{Rva}=\frac{S-P}{S}\times 100\%$。一般纳税人应纳增值税税额$=(S\times T_1-P\times T_1)\div(1+T_1)=\text{Rva}\times S\times T_1\div(1+T_1)$，小规模纳税人应纳税额$=\frac{S}{1+3\%}\times 3\%$。当两类纳税人应纳增值税额相等时，$\text{Rva}\times S\times T_1\div(1+T_1)=\frac{S}{1+3\%}\times 3\%$，则 $\text{Rva}=(1+T_1)\times 3\%\div(1+3\%)\times T_1$。

根据上述推理计算，一般纳税人的税率有 17%和 13%两个，则两类纳税人税负平衡点的增值率如表 2-8 所示。

表 2-8　两类纳税人税负平衡点增值率

一般纳税人税率	小规模纳税人征收率	不含税平衡点增值率	含税平衡点增值率
17%	3%	17.65%	20.05%
13%		23.08%	25.32%

【例 2-14】　某生产企业年含税销售额在 40 万元左右，可抵扣含税购进金额 20 万元左右（含 17%）的增值税，这时为小规模纳税人。该企业会计核算健全，有条件被认定为一般纳税人。若为增值税一般纳税人，该企业产品的增值税适用税率为 17%。请问，该企业是否应选择为一般纳税人？

【分析】

$\text{Rva}=\dfrac{40-20}{40}\times 100\%=50\%>20.05\%$作为小规模纳税人，应纳增值税为 1.165 万元；作为一般纳税人，应纳增值税为 2.906 万元。选择小规模纳税人可以节税 1.741 万元。因此，选择小规模纳税人合适。

（2）抵扣率判别法

抵扣额是指纳税人在生产经营过程中消耗的生产资料的转移价值，即符合增值税抵扣条件的购进货物价款。抵扣率即购进货物价款与销售商品价款之比，其计算公式为：

$$抵扣率=\frac{购进货物价款}{销售商品价款}\times 100\%=\frac{进项税额}{销项税额}\times 100\%=1-增值率$$

假定纳税人购进货物的抵扣率为 Rd，销售商品价款为 S，购进货物价款为 P，一般纳税人适用的税率为 T_1，小规模纳税人的征收率为 3%，则 $\text{Rd}=\dfrac{P}{S}\times 100\%$。一般纳税人应纳增值税税额$=S\times T_1-P\times T_1=S\times T_1-S\times \text{Rd}\times T_1=S\times(1-\text{Rd})\times T_1$，小规模纳税人应纳税额$=S\times 3\%$。当两类纳税人应纳增值税额相等时，$S\times(1-\text{Rd})\times T_1=S\times 3\%$，则 $\text{Rd}=(T_1-3\%)\div T_1$。

因此，增值税两类纳税人的税负平衡点增值率为 Rd。当实际增值率等于 Rd 时，小规模纳税人与一般纳税人的税负相等；当实际增值率大于 Rd 时，小规模纳税人的税负要重于一般纳税人的税负；当实际增值率小于 Rd 时，小规模纳税人的税负要轻于一般纳税人的税负。

同样，上述是在假设不含税的情况下计算的增值率，如果含税，同样的道理，计算如下。

假定纳税人的增值率为 Rd，销售商品含税价款为 S，购进货物含税价款为 P，一般纳税人适用的税率为 T_1，小规模纳税人的征收率为 3%，则 $\text{Rd}=\dfrac{P}{S}\times 100\%$。一般纳税人应纳增值税税额$=(S\times T_1-P\times T_1\div(1+T_1)=(1-\text{Rd})\times S\times T_1\div(1+T_1)$，小规模纳税人应纳税额$=\dfrac{S}{1+3\%}\times 3\%$。当两类纳税人应纳增值税额相等时，$(1-\text{Rd})\times S\times T_1\div(1+T_1)=\dfrac{S}{1+3\%}\times 3\%$。则 $\text{Rd}=(T_1-3\%)\times 3\%\div(1+3\%)\times T_1$。

根据上述推理计算，一般纳税人的税率有 17%和 13%两个，则两类纳税人税负平衡点的抵扣率如表 2-9 所示。

表 2-9 两类纳税人税负平衡点抵扣率

一般纳税人税率	小规模纳税人征收率	不含税平衡点抵扣率	含税平衡点抵扣
17%	3%	82.35%	79.95%
13%		76.92%	74.68%

【例 2-15】 某科研所为非企业性单位，所研制的产品科技含量较高，当年预计不含税销售额 2 000 万元，购进不含税的原材料价款为 800 万元，该科研所该如何进行纳税人身份的筹划？

【分析】

税法规定，年应税销售额超过小规模纳税人标准的个人、非企业性单位、不经常发生应税行为的企业，视同小规模纳税人。但该科研所可以通过注册一个独立核算的企业来进行筹划，享受一般纳税人（17%）的税款抵扣。是否注册要看该科研所的抵扣率与平衡点的关系。

$$科研所的预计抵扣率=\frac{800}{2000}\times 100\%=40\%<82.35\%$$

若为一般纳税人，整体应纳的增值税=(2 000−800）×17%=204（万元）

若为小规模纳税人，应纳的增值税=2 000×3%=60（万元）

选择小规模纳税人可以节税 144 万元。因此，该科研所作为小规模纳税人比较合适，不必单独注册企业。

2.4.2 采购环节的选择

1. 购货渠道的选择

(1) 一般纳税人购货渠道的选择

增值税一般纳税人的扣税法原理中，最基本的部分就是取得增值税专用发票扣税。假定在购入货物的价格、质量等一切外在因素相同时，根据税法规定：从一般纳税人处采购可以索取增值税税率为 17%或 13%的专用发票，能抵扣的进项税额最大；从小规模纳税人处采购，如果取得其主管税务机关代开的税率为 3%的专用发票，其进项税额能抵扣一部分；若不能取得专用发票，则进项税额一点都不能抵扣。因此，从一般纳税人处购货，就成为纳税人购货渠道的首选。但是，小规模纳税人为了生存，必然降低其销售价格。那么，小规模纳税人的价格降到什么程度，就会产生市场竞争力呢？这里，存在一个价格折让临界点。

价格折让临界点的确定方法，有净利润分析法、现金流量分析法等。这里不考虑资金的时间价值，以会计学上的现金流量分析原理来测定临界点。

假定一般纳税人某货物的含税销售额为 E（适用 17%的税率），该货物的采购情况分别为取得 17%或 3%的专用发票与不能取得专用发票，含税购进额分别为 A、B、C，城市维护建设税率为 7%，教育费附加率为 3%，企业所得税率为 25%。另外，3 种情况的采购费用、货物质量均相同。这样，根据现金流计算原理分别计算 3 种情况下各自的现金流如下。

1）索取 17%增值税专用发票情况下的现金流。

现金净流量=现金流入量−现金流出量

现金流入量=含税销售额=E

现金流出量=含税购进额+应纳增值税+应纳城建税+应纳教育费附加+应纳所得税

$$=A+\frac{E-A}{1+17\%}\times17\%+\frac{E-A}{1+17\%}\times17\%\times(7\%+3\%)+\left[\frac{E-A}{1+17\%}-\frac{E-A}{1+17\%}\times17\%\times(7\%+3\%)\right]\times25\%$$

则现金净流量=$0.6301(E-A)$

2）索取 3%增值税专用发票情况下的现金流。

同理，可以推出在索取 3%增值税专用发票情况下的现金流：

现金净流量=$0.6301E-0.726B$

3）不能索取增值税专用发票情况下的现金流。

同理，可以推出在不能索取增值税专用发票情况下的现金流：

现金净流量=$0.6301E-0.75C$

现在，令 $0.6301(E-A)=0.6301E-0.726B$，可以得出：$\frac{B}{A}$=86.79%。因此，当一般纳税人选择购货渠道，只要小规模纳税人(能从税务机关代开发票）的含税价格与一般纳税人的含税价格之比小于等于 86.79%，就可以放弃从一般纳税人处采购。同理，可以推算出 $\frac{C}{A}$=84.01%。

对增值税一般纳税人来说，在购货时利用价格折让临界点可以正确地选择对自己有利的购货方，取得较大的筹划效益。

【例 2-16】　某生产企业为增值税一般纳税人，适用税率 17%，预计每年可以实现含税销售收入 351 万元。主要耗用甲材料加工 A 产品，现有 A、B、C 3 个企业提供甲材料。其中 A 为一般纳税人，适用 17%的增值税率；B 为小规模纳税人，能够委托税务机关代开 3%的专用发票；C 为个体户，只能出具普通发票。A、B、C 3 个企业所提供的材料质量相同，但是含税价格不同，分别为 133 万元、103 万元、100 万元（假定无其他涉税事项）。

请问：该生产企业应当与哪家企业签订购销合同？

【分析】

价格折让临界点计算如下。

103÷133=77.44%<86.79%

100÷133=75.19%<84.01%

因此，从价格折让临界点来说不能选择从 A 企业采购，只能在 B 和 C 之间选择。

B：应纳增值税=351÷(1+17%)×17%−103÷(1+3%)×3%=48（万元）

现金净流入=351−103−48=200（万元）

C：应纳增值税=351÷(1+17%)×17%=51（万元）

现金净流入=351−100−51=200（万元）

结论：因为 B、C 方案净现金流量相等，所以选择纳税少的方案，即从 B 企业购入材料最合适。

（2）小规模纳税人购货渠道的选择

1）对小规模纳税人来说，因其采用简易办法征税，进项税额不能抵扣，所以无论从何处采购，选择的方法都是比较购货对象的价格和质量，选择质优价廉的一方。

2）小规模纳税人可以用价格折让点原理，在销售产品时保护自己。在商品处于买方市场的情况下，小规模纳税人可以利用价格折让临界点来反驳对方的一再降价要求，争取谈判的主动权。

2．运输费用的选择

企业的购销过程离不开货物运输费用，采购材料要发生运费，销售产品也要发生运费。而企业的运费又与税收负担密切相关：增值税一般纳税人支付运费，可以进行进项税的抵扣；收取运费，要缴纳营业税或按照价外费用的标准进行增值税税款的缴纳。运费收支状况发生变化时，必然对企业纳税产生一定的影响。因此，企业应当合理组织运输业务，进行运费的纳税筹划，以减轻企业的税收负担。

企业发生的运费，对自营车辆的一般纳税人而言，运输工具耗用的油料、配件及正常修理费用支出等项目，若取得了专用发票，可以进行 17%的进项税额的抵扣；若企业外购运输，其发生的运费按照发票金额的 7%进行进项税的抵扣。因此，当运费中所含物耗支出较大时，采取自营运输，按照 17%的税率计算抵扣增值税，税负较轻；当运费中所含物耗支出较低或不能取得增值税专用发票时，采取外购运输，按照 7%的税率计算抵扣增值税，税负较轻。至于选择外购还是自营，可以通过计算两种税负的平衡点来进行判断。

假定自营运输中可抵扣的物耗费用占运费的比重为 S，运费总额为 P，外购对象与其无隶属关系，则：

$$外购方式的抵扣额=P\times 7\%$$
$$自营方式的抵扣额=P\times S\times 17\%$$

当两种方式的抵扣额相等时，S=41.18%

再假定自营运输中可抵扣的物耗费用占运费的比重为 S，运费总额为 P，外购对象为其运输部门独立后成立的运输公司，所以该运输公司还得纳营业税。这样，外购方式的抵扣额就不彻底，此时：

$$外购方式的抵扣额=P\times 7\%-P\times 3\%=P\times 4\%$$
$$自营方式的抵扣额=P\times S\times 17\%$$

当两种方式的抵扣额相等时，S=23.53%

因此，当运费中可抵扣的物耗费用占运费比重 S 等于 41.18%（23.53%）时，自营与外购的税负相等；当 S 大于 41.18%（23.53%）时，自营方式抵扣的税额较大，税负较轻；当 S 小于 41.18%（23.53%）时，自营方式抵扣的税额较小，税负较重。

【例 2-17】 某一般纳税人为新设立的生产企业，采购部门预计全年原材料采购运输费用为 200 万元，其中物料消耗为 40 万元，有 3 种方案可供采购部门选择：一是自营运输；二是外购其他企业的运输劳务；三是将自己的运输部门独立为运输公司。从增值税的角度考虑，该一般纳税人应当如何选择？

【分析】

因为 $S=\frac{40}{200}$=20%<41.18%（23.53%），所以方案一首先被排除，应选择外购方式比较合适。

方案二：外购其他企业的运输劳务的抵扣额=200×7%=14（万元）

方案三：将自己的运输部门独立为运输公司的抵扣额=200×7%−200×7%=8（万元）

从以上计算可知，支付相同的运输费用，外购其他企业的运输最合适，抵扣额最大，增值税税负最轻，因此选择方案二。

2.4.3　销售环节的选择

1. 销售方式的选择

【例2-18】　A公司向B公司销售10万元产品，约定的付款条件为2/30、*n*/60，也就是说B公司在30天内付款可获得2 000元现金折扣，但销售额中不能扣除现金折扣。A公司应按总价款10万元计算销项税额：100 000×17%=17 000（元）。那么，A公司该如何筹划销售方式以减轻税负呢？

【分析】

方案一：A公司直接将2 000元现金折扣变成商业折扣，如预计B公司能在20天内付款，则将付款期缩短为20天，而且将该销售折扣与销售额开在同一张发票上，这样A公司就可以适用前文提到的政策，将折扣额从销售额中扣除，增值税销项税额=(100 000−100 000×2%)×17%=16 660（元），这样比原方法节省了340元的增值税。

方案二：A公司把现金折扣变成滞纳金，即将付款条件改为：如果B公司在20天之内付款，按照9.8万元的价款结算，增值税销项税额=98 000×17%=16 660（元）；如果超过20天付款则加收2 000元滞纳金，增值税销项税额=98 000×17%+2 000÷(1+17%)×17%=16 951（元）。这里要注意2 000元滞纳金属于价外费用，而价外费用是含税的，须换算成不含税的金额再参与计算，不然的话就多交税了。两种情况下分别节省了340元和49元的增值税。

因此，单就减轻企业税负来说，企业应首选将现金折扣转变为商业折扣，其次才是将其转为价外费用。

2. 结算方式的选择

企业采用的结算方式不同，纳税义务发生的时间也可能不同。同时，由于货币具有时间价值，企业可以通过改变结算方式来推迟纳税义务发生的时间，从而获取货币的时间价值，为企业节约流动资金。

【例2-19】　A公司10月向B公司销售10万元商品，货款分两次付清，每次5万元，一次在当月，另一次在第二年10月。A公司采用直接销售方式。税法规定：采取直接收款方式销售货物，不论货物是否发出，纳税义务发生时间均为收到销售额或取得索取销售额的凭据，并将提货单交给买方的当天。因此，A公司应按照10万元计算增值税销项税额：100 000×17%=17 000（元）。很明显，A公司的这种结算方式使其加重了税收负担。

【分析】

税法规定，采用赊销和分期收款方式销售货物，纳税义务发生时间为按合同约定的收款日期的当天。我们可以在对B企业的信用进行调查的基础上，选择以赊销和分期收款方式来代替直接收款方式，从而延缓纳税。在该方式下，销项税额为：当月应计提销项税额=50 000×17%=8 500（元），第二年10月付清的销项税额=50 000×17%=8 500（元），相当于这8 500元企业可免费使用一年。

2.4.4 出口退税的选择

出口退税制度，是我国税收的重要组成部分，因此对于符合条件的出口业务实行增值税出口退税政策。出口退税政策有利于鼓励中国企业出口产品。但在现行的增值税出口退税制度下，由于增值税退税率往往低于增值税征税率，出口企业无法全额抵退出口货物的增值税进项税额，从而仍需要承担一定的成本（以下简称出口成本）。对出口企业而言，通过哪些筹划方案可以降低这部分出口成本进而提高竞争力，是必须慎重考虑的。

1．出口退税的筹划思路

（1）在销售环节筹划

对一般性生产企业而言，出口成本=(出口货物离岸价×外汇人民币牌价)×(出口货物增值税征税率 17%−出口货物退税率)。在该方案下，集团性企业可考虑对其供应链的销售环节重新安排，将与出口销售相关的职能和风险从生产企业转给贸易企业，由贸易企业从生产企业购买成品后销售到国外市场。由于贸易企业从生产企业处采购的价格一般低于生产企业直接把产品出口给海外客户的离岸价格，因而在该方案下出口成本将降低。

（2）在采购环节筹划

在海关的特殊监管区域，如保税物流园区，可以帮助加工贸易企业实现国产原材料向进口原材料的转变。保税物流园区是指经国务院批准，在保税区规划面积或毗邻保税区的特定港区内设立的、专门发展现代国际物流业的海关特殊监管区域。货物从中国境内区外运入保税物流园区视同出口，可享受出口退税；货物从保税物流园区运入中国境内则视同进口。借助保税物流园区，国内原材料供应商可以不直接把原材料提供给国内从事加工贸易的生产企业，而是先将原材料销售给国外加工贸易委托方，原材料则实际运入保税物流园区内。此时国内原材料供应商可享受原材料出口退税。国内加工贸易生产企业在加工贸易模式下向国外加工贸易委托方免税进口该部分原产于国内的原材料，用于国内加工业务。但在该方案下，需要考虑可能产生的额外的物流成本，如国内原材料运入和运出保税物流园区的运输费用、在保税物流园区内的仓储费用等。

（3）在生产环节筹划

货物的出口退税率是由出口货物的海关编码所决定的。不同的出口货物，如零部件、半成品与成品，以及初级产品、中间产品和工业制成品，其海关编码不同，相应的出口退税率也可能存在差异。集团企业可考虑对其供应链的生产环节重新安排，改生产和出口成品为生产和出口半成品，从而改变出口产品的海关编码，以适用较高的出口退税率。

可以看出，通过优化供应链是可以降低出口退税成本的。需要注意的是，在实施筹划方案时，企业需考虑自身是否符合适用条件，是否会带来额外成本。

2．出口退税的筹划实务

【例 2-20】 卓越集团为一家生产性集团公司，当月外销销售额为500万元，产品成本（不考虑工资费用和固定资产折旧）为 200 万元，进项税额为 200×17%=34（万元），征税率为 17%，退税率为 15%（500＞200）。该集团公司可以采用以下不同的内部组织结构和内部资金结算方式，选用不同的退税办法，其所产生的退税结果和对企业的资金影响也是不同的。

第 1 种方式：该集团公司所属的生产出口产品的工厂采取非独立核算方式，集团公司自营出口产品，出口退税采用“免、抵、退”税办法。那么该集团公司当月应纳税额为：外销销售额 500 万元乘以征税率与退税率之差 2%，再减去进项税额 34 万元，即 500×2%–34=–24（万元）；当应纳税额为负数时，即为应退税额：34–500×2%=24（万元）。

第 2 种方式：该集团公司设有独立核算的进出口公司，所有商品由集团公司委托其进出口公司出口，集团采用“免、抵、退”税办法。该集团公司的应纳税额和应退税额的计算结果与第一种方式相同。

第 3 种方式：该集团公司设有独立核算的进出口公司，但商品不是由集团公司委托进出口公司出口，而是按出口销售价格卖给进出口公司，由进出口公司报关出口并申请退税。集团公司卖给进出口公司时应开具增值税专用发票并缴纳增值税，应纳税额为进销项税额之差，即 500×17%–200×17%=51（万元）。进出口公司应退税额为 500×15%=75（万元）。那么，集团公司获得的退税额为进出口公司的退税额减去集团公司已缴纳的税额。虽然结果仍为 200×17%–500×2%=24（万元），但因为集团公司在缴纳增值税时，缴纳了相应的城建税和教育费附加，集团公司实际获得的退税要少一些。

第 4 种方式：该集团公司设有独立核算的进出口公司，所有商品由集团公司按成本价格卖给进出口公司，由进出口公司报关出口并申请退税。集团公司卖给进出口公司时应开具增值税专用发票并缴纳增值税，因为进销项税额相同，故其应纳税额为 0。进出口公司应退税额为 30 万元（200×15%），整个集团公司获得的应退税额就是进出口公司的应退税额。

这 4 种方式比较，前 3 种方式应退税款都是 24 万元，而第 4 种方式比前 3 种得到更多的应退税款，多退部分为 6 万元。

比较上述 4 种方式，第 1、第 2 种虽然不占用企业资金，但得到的出口退税较少；第 3 种做法不但占用企业部分资金，而且得到的出口退税也少，是 4 种方法中最不可取的一种；第 4 种方法虽然暂时占用少量企业资金，但企业得到了更多的退税。由此可见，不管出口性集团公司选择哪种退税办法，都各有利弊，出口性集团公司应根据自己的实际情况选择合适的退税办法。若企业资金紧张，可选用第 1、第 2 种做法；若企业资金充足，可选用第 4 种做法以得到更多的退税。

不过，在实际的经济活动中，企业应该聘请专门的纳税筹划人员，根据企业的实际情况制定符合企业发展需要的方案，这样才能使企业得到更好的发展。

复习思考题

一、单项选择题

1．根据增值税法律制度的规定，下列各项中，不属于增值税征税范围的是（　　）。

A．销售电力　　B．销售热力

C．销售天然气　　D．销售房地产

2．甲市的A、B两店为实行统一核算的连锁店。根据增值税法律制度的规定，A店的下列经营活动中，不属于视同销售货物行为的是（　）。

A．将货物交付给位于乙市的某商场代销

B．销售丙市某商场委托其代销的货物

C．将货物移送到B店销售

D．为了促销将本店货物无偿赠送给消费者

3．根据增值税法律制度的规定，下列各项中，不属于视同销售货物行为的是（　）。

A．将外购的货物分配给股东　　B．将外购的货物用于投资

C．将外购的货物用于集体福利　　D．将外购的货物无偿赠送他人

4．根据增值税法律制度的规定，下列各项中，属于应缴纳增值税的混合销售行为的是（　）。

A．某建材商店在销售建材的同时为其他客户提供装饰劳务

B．某汽车制造公司在销售汽车的同时为购买产品的客户提供修理劳务

C．某防盗门销售商店在销售防盗门的同时为购买产品的客户提供安装服务

D．某电信局销售电话机的同时为购买产品的客户提供电话安装服务

5．根据增值税法律制度的规定，下列各项中，不缴纳增值税的是（　）。

A．电力公司销售电力　　B．银行销售金银

C．邮局销售邮票　　D．典当行销售死当物品

二、多项选择题

1．根据增值税法律制度的规定，下列各项中，应当征收增值税的有（　）。

A．将自产的货物用于投资　　B．将自产的货物分配给股东

C．将自产的货物用于集体福利　　D．将外购的货物用于非增值税应税项目

2．根据增值税法律制度的规定，下列各项中，应当征收增值税的有（　）。

A．将外购的货物用于非增值税应税项目　B．将外购的货物用于投资

C．将外购的货物分配给股东　　D．将外购的货物用于集体福利

3．根据增值税法律制度的规定，企业发生的下列行为中，视同销售货物征收增值税的有（　）。

A．将购进的货物用于扩建职工食堂　B．将本企业生产的货物分配给投资者

C．将委托加工的货物用于集体福利　D．将购进的货物作为投资提供给其他单位

4．根据增值税法律制度的规定，下列各项中，不征收增值税的有（　）。

A．典当业的死当物品销售业务　　B．集邮商品的生产、调拨

C．邮局销售集邮商品　　D．邮局发行报刊

5．根据增值税法律制度的规定，下列各项中，属于应当征收增值税的混合销售行为的有（　）。

A．邮局提供邮政服务并销售集邮商品

B．商店销售空调并负责安装

C．汽车制造厂销售汽车，同时开设门市部修理汽车

D．塑钢门窗销售商店在销售产品的同时为该客户提供安装服务

三、判断题

1．纳税人将自产、委托加工或外购的货物用于集体福利或个人消费的，均视同销售，征收增值税。(　)

2．销售自产货物并同时提供建筑业劳务的混合销售行为，一并征收营业税。(　)

3．增值税的纳税人兼营非增值税应税劳务，未分别核算的，一并征收增值税。(　)

4．某增值税一般纳税人销售从农业生产者处购进的自产谷物，其缴纳增值税时适用零税率。(　)

5．所有出口货物适用零税率。(　)

四、案例分析题

1．某小五金制造企业为增值税一般纳税人，2014 年 6 月发生经济业务如下。

(1) 购进一批原材料，取得防伪税控增值税专用发票注明的价款为 50 万元，增值税为 8.5 万元；取得运输普通发票注明的运费为 2 万元，保管费为 0.1 万元，装卸费为 0.2 万元。

(2) 接受其他企业投资转入材料一批，取得防伪税控增值税专用发票注明的价款为 100 万元，增值税为 17 万元。

(3) 购进低值易耗品，取得防伪税控增值税专用发票，注明的价款为 6 万元，增值税为 1.02 万元。

(4) 销售产品一批，取得不含税销售额 200 万元，另外收取包装物租金 1.17 万元。

(5) 采取以旧换新方式销售产品，新产品含税售价为 8.19 万元，旧产品作价 2 万元。

(6) 因仓库管理不善，上月购进的一批工具被盗，该批工具的采购成本为 8 万元。

已知该企业取得运输发票和专用发票均符合规定，并已认证；购进和销售产品适用的增值税税率为 17%，运输费用的扣除率为 7%。

计算该企业当月应缴纳的增值税税额。

2．某食品厂为增值税小规模纳税人，主要从事食品生产、销售业务。2014 年 6 月生产经营情况如下。

(1) 销售糕点一批，取得含税的销售额 41 200 元。

(2) 采取分期收款方式销售一批饼干，含税销售额共计 164 800 元，合同约定本月收回 80%的货款，其余货款于 7 月 11 日前收回。销售饼干时支付运费 5 000 元，装卸费 300 元，取得运输企业开具的普通发票。

(3) 从某面粉厂购进一批面粉，取得增值税 3%专用发票，注明的价款为 8 000 元，税款为 1 360 元。

计算该食品厂当月应缴纳的增值税税额。

第3章 消费税实务与筹划

理论目标

1．熟悉消费税的基本要素。
2．掌握消费税的计算方法。
3．熟悉消费税的纳税申报方法。
4．了解消费税常见的筹划方法。

实践目标

1．能准确计算消费税税额并进行申报。
2．能根据实际进行简单的消费税纳税筹划。

案例导入

问：听说消费税是全球最“流行”的一种税种，大部分发达国家都征收消费税，我国征收消费税的商品有哪些？

答：我国征收消费税的商品并不多，而每种商品的消费税税率都不一样。与时尚生活关系比较密切的税率，主要有以下几种：实木地板 5%；游艇 10%；高尔夫球及球具 10%；高档手表 20%；高档化妆品及护肤品 30%；珠宝首饰金银 5%、非金银 10%；汽车不确定。也就是说，如果在国内购物，那么相应商品的价格，其实已经包含了消费税，因此其售价将比其他免税国家贵 5%～30%。

思考

怎样消费才能省税？

3.1 认知消费税

3.1.1 消费税的含义与特点

1. 消费税的含义

消费税是对我国境内从事生产、委托加工和进口应税消费品的单位和个人，就其销售额或销售量，在特定环节征收的一种流转税。

2. 消费税的特点

消费税就是对特定的消费品和销售行为征收的一种税，与其他税种相比，具有以下显著特点。

（1）征税项目具有选择性

我国实行的税制中，消费税主要包括特殊的消费品、奢侈品、高能耗消费品、不可再生的资源消费品，以及税基较广、消费普遍、不影响人民群众生活水平，但又具有一定财政意义的普通消费品，共计 14 个消费税税目。

（2）征税环节具有单一性

消费税是在生产（进口）、流通或消费的某一环节一次征收（卷烟除外），而不是在消费品生产、流通或消费的每个环节多次征收，这就是所谓的一次课征制。

（3）征收方法具有多样性

为了适应不同应税消费品的情况，更好地体现国家产业政策和消费政策，消费税采用了从价定率（按价值给一个百分比）、从量定额（如每吨多少钱）、从价定率和从量定额复合征收的多种计税方法。在具体操作上，对一部分供求矛盾突出，价格差异较大，便于按价格核算的应税消费品，实行从价定率征收；对一部分供求基本平衡，价格差异较小，品种、规格比较单一的大宗应税消费品，实行从量定额征收。另外，对卷烟和白酒实行从价定率和从量定额复合征收。

（4）税收调节具有特殊性

这一特殊性表现在两个方面：一是不同的征税项目税负差异较大；二是消费税往往同有关税种配合实行加重或双重调节。

（5）消费税具有转嫁性

消费税无论采取价内税形式还是价外税形式，也无论在哪个环节征收，消费品中所含的消费税税款最终都要转嫁到消费者身上，由消费者负担。因此税负具有转嫁性，并且较其他税种更明显。

3.1.2 消费税的基本要素

1. 纳税人

消费税纳税人是指根据《消费税暂行条例》规定的应税消费品的单位和个人，具体包括：在我国境内生产、委托加工、零售和进口应税消费品的国有企业、集体企业、私有企业、股份制企业、其他企业、行政单位、事业单位、军事单位、社会团体和其他单位、个体经营者及其他个人。

根据《国务院关于外商投资企业和外国企业适用增值税、消费税、营业税等税收暂行条例有关问题的通知》规定，在我国境内生产、委托加工、零售和进口应税消费品的外商投资企业和外国企业，也是消费税的纳税人。

【例 3-1】 根据消费税暂行条例的规定，下列属于我国消费税纳税人的是（　）。

A．在中国境内从事生产应税消费品的个人

B．在美国境内从事委托加工应税消费品的企业

C．在日本境内从事零售的应税消费品的企业

D．在中国境内从事销售不动产的个人

答案：A

2．征税范围

我国实行的是选择性的特种消费税，消费税现有税目 14 个，共五大类，具体包括以下内容。

第一类：一些过度消费会对人类健康、社会秩序、生态环境等方面造成危害的特殊消费品，如烟、酒、鞭炮、焰火等。

第二类：奢侈品、非生活必需品，如贵重首饰、化妆品、高档手表等。

第三类：高能耗及高档消费品，如小轿车、摩托车、游艇等。

第四类：不可再生和替代的石油类消费品，如汽油、柴油等。

第五类：具有一定财政意义的产品，如汽车轮胎等。

3．税率

消费税的税率有两种形式：一种是比例税率；另一种是定额税率，即单位税额。消费税税率形式的选择，主要根据课税对象情况来确定。对一些供求基本平衡，价格差异不大，计量单位规范的消费品，选择计税简单的定额税率，如黄酒、啤酒、成品油等；对一些供求矛盾突出，价格差异较大，计量单位不规范的消费品，选择税价联动的比例税率，如烟、白酒、化妆品、护肤护发品、鞭炮、汽车轮胎、贵重首饰及珠宝玉石、摩托车、小汽车等。

有关消费税的税目及税率如表 3-1 所示。

表 3-1　消费税税目及税率（2012 年版）

税　　目	税　　率
一、烟	
1．卷烟	
（1）甲类卷烟	56%加 0.003 元/支
（2）乙类卷烟	36%加 0.003 元/支
（3）批发环节	5%
2．雪茄烟	36%
3．烟丝	30%

续表

税　目	税　率
二、酒及酒精	
1．白酒	
2．黄酒	20%加0.5元/500克(或者500毫升)
3．啤酒	240元/吨
(1) 甲类啤酒	250元/吨
(2) 乙类啤酒	220元/吨
4．其他酒	10%
5．酒精	5%
三、化妆品	30%
四、贵重首饰及珠宝玉石	
1．金银首饰、铂金首饰和钻石及钻石饰品	5%
2．其他贵重首饰和珠宝玉石	10%
五、鞭炮、焰火	15%
六、成品油	
1．汽油	
(1) 含铅汽油	1.40元/升
(2) 无铅汽油	1.00元/升
2．柴油	0.80元/升
3．航空煤油	0.80元/升
4．石脑油	1.00元/升
5．溶剂油	1.00元/升
6．润滑油	1.00元/升
7．燃料油	0.80元/升
七、汽车轮胎	3%
八、摩托车	
1．气缸容量（排气量，下同）在250毫升以下（含250毫升）的	3%
2．气缸容量在250毫升以上的	10%
九、小汽车	
1．乘用车	
(1) 气缸容量（排气量，下同）在1.0升以下（含1.0升）的	1%
(2) 气缸容量在1.0升以上至1.5升（含1.5升）的	3%
(3) 气缸容量在1.5升以上至2.0升（含2.0升）的	5%
(4) 气缸容量在2.0升以上至2.5升（含2.5升）的	9%
(5) 气缸容量在2.5升以上至3.0升（含3.0升）的	12%
(6) 气缸容量在3.0升以上至4.0升（含4.0升）的	25%
(7) 气缸容量在4.0升以上的	40%
2．中轻型商用客车	5%

续表

税　　目	税　　率
十、高尔夫球及球具	10%
十一、高档手表	20%
十二、游艇	10%
十三、木制一次性筷子	5%
十四、实木地板	5%

3.1.3 消费税的税收优惠

1．出口免税

对纳税人出口应税消费品，免征消费税；国务院另有规定的除外。本政策自 2009 年 1 月 1 日起执行。

2．石脑油

1）2008 年 1 月 1 日至 2010 年 12 月 31 日，对国产的用做乙烯、芳烃类产品原料的石脑油免征消费税。

2）石脑油生产企业销售给乙烯、芳烃类产品生产企业作为生产乙烯、芳烃类产品原料的石脑油，实行《石脑油使用管理证明单》管理。享受免征石脑油消费税的生产企业，应按照《税收征收管理法》及其实施细则和相关规定办理免税申报，并提供下列资料：①《石脑油使用管理证明单》免税联清单及免税联；② 税务机关要求报送的其他资料。

3．航空煤油

自 2006 年 4 月 1 日起，航空煤油暂缓征收消费税。

4．乙醇汽油

自 2009 年 1 月 1 日起，对用外购或委托加工收回的已税汽油生产的乙醇汽油免税。

5．燃料油

1）2010 年 1 月 1 日起到 2010 年 12 月 31 日止，对用做生产乙烯、芳烃等化工产品原料的国产燃料油免征消费税，对用做生产乙烯、芳烃等化工产品原料的进口燃料油返还消费税。燃料油生产企业对外销售的不用做生产乙烯、芳烃等化工产品原料的燃料油应按规定征收消费税。生产乙烯、芳烃等化工产品的化工企业购进免税燃料油对外销售且未用做生产乙烯、芳烃化工产品原料的，应补征消费税。

对企业自 2010 年 1 月 1 日起至文到之日前购买的用做生产乙烯、芳烃等化工产品原料的燃料油所含的消费税予以退还。

2）用燃料油生产乙烯、芳烃等化工产品产量占本企业用燃料油生产产品总量 50%以上（含 50%）的企业，享受相关规定的优惠政策。

6．成品油生产企业生产自用油

1）从 2009 年 1 月 1 日起，对成品油生产企业在生产成品油过程中，作为燃料、动力及原料消耗掉的自产成品油，免征消费税。

2）从 2009 年 1 月 1 日到本通知下发前，成品油生产企业生产自用油已经缴纳的消费税，符合上述免税规定的，予以退还。

7．利用废弃的动植物油生产纯生物柴油

1）从 2009 年 1 月 1 日起，对同时符合下列条件的纯生物柴油免征消费税。

① 生产原料中废弃的动物油和植物油用量所占比重不低于 70%。

② 生产的纯生物柴油符合国家《柴油机燃料调和生物柴油（BD100)》标准。

2）从 2009 年 1 月 1 日至本通知下发前，生物柴油生产企业已经缴纳的消费税，符合本通知第一条免税规定的予以退还。

8．葡萄酒

1）境内从事葡萄酒生产的单位或个人之间销售葡萄酒，实行《葡萄酒购货证明单》管理。《葡萄酒购货证明单》由购货方在购货前向其主管税务机关申请领用，销货方凭证明单的退税联向其主管税务机关申请已纳消费税退税。

2）以进口葡萄酒为原料连续生产葡萄酒的纳税人，实行凭《海关进口消费税专用缴款书》抵减进口环节已纳消费税的管理办法。以进口葡萄酒为原料连续生产葡萄酒的纳税人，准予从当期应纳消费税税额中抵减《海关进口消费税专用缴款书》注明的消费税，如当期应纳消费税不足抵减的，余额留待下期抵减。

9．子午线轮胎

自 2006 年 4 月 1 日起，子午线轮胎免征消费税。

10．油（气）田企业生产自用成品油

1）自 2009 年 1 月 1 日起，对油（气）田企业在开采原油过程中耗用的内购成品油，暂按实际缴纳成品油消费税的税额，全额返还所含消费税。

2）享受税收返还政策的成品油必须同时符合以下 3 个条件。

① 由油（气）田企业所隶属的集团公司（总厂）内部的成品油生产企业生产。

② 从集团公司（总厂）内部购买。

③ 油（气）田企业在地质勘探、钻井作业和开采作业过程中，作为燃料、动力（不含运输）耗用。

3）油（气）田企业所隶属的集团公司（总厂）向财政部驻当地财政监察专员办事处统一申请税收返还。具体退税办法由财政部另行制定。

3.2 消费税的计算

3.2.1 生产应税消费品应纳税额的计算

纳税人生产应税消费品，在出厂销售环节计算缴纳消费税。应纳消费税的计算方法有 3 种：从价定率计征法、从量定额计征法和从价定率与从量定额复合计征法。

1．从价定率计征法

在从价定率计算方法下，应纳税额的计算取决于应税消费品的销售额和适用税率两个因素。其基本计算公式为：

应纳税额=应税消费品的销售额×比例税率

销售额为纳税人销售应税消费品向购买方收取的全部价款和价外费用，不包括向购买方收取的增值税税额。价外费用是指价外向购买方收取的手续费、奖励费、违约金、代垫款项、包装费、运输费等价外收费。

如果纳税人应税消费品的销售额中未扣除增值税税款，或者因不得开具增值税专用发票而发生价款和增值税税额合并收取的，在计算消费税时，应当将含增值税的销售额换算为不含增值税税款的销售额。

【例 3-2】 A 化妆品公司为增值税一般纳税人。2014 年 4 月 10 日，向当地一家大型商场销售一批化妆品，开出增值税专用发票一张，取得不含增值税销售收入 58.5 万元。计算 A 公司上述业务应缴纳的消费税税额。

【分析】

化妆品适用消费税税率为 30%，化妆品的含税销售额为 58.5 万元，应缴纳的消费税税额为：

不含税销售额=58.5÷（1+17%）=50（万元）

应纳税额=50×30%=15（万元）

2．从量定额计征法

在从量定额计算方法下，应纳税额的计算取决于消费品的应税数量和单位税额两个因素。其基本计算公式为：

应纳税额=应税消费品的销售数量×单位数额

【例 3-3】 某啤酒厂为一般纳税人，2014 年 7 月生产销售乙类啤酒 100 吨，每吨出厂价 3 000 元。请计算该厂当月应纳消费税。

【分析】

销售乙类啤酒适用消费税税率 220 元/吨，因此：

应纳税额=100×220=22 000（万元）

3．从价定率与从量定额复合计征法

现行消费税的征收范围中，只有卷烟、白酒采用复合计算方法。其基本计算公式为：

应纳税额=销售数量×定额税率+销售额×比例税率

【例 3-4】 某酒厂 2014 年 7 月销售白酒 100 吨，当月含增值税销售额 1 480 万元。计算该厂当月应纳消费税（销售白酒的税率为 20%；0.5 元每斤或每 500 毫升）。

【分析】

应纳税额=100×2 000×0.5/10 000+1 480×20%=306（万元）

3.2.2　自产自用应税消费品应纳税额的计算

1．自产自用应税消费品的含义

自产自用通常指的是纳税人生产应税消费品后，不是直接用于对外销售，而是用于连续生产应税消费品或用于其他方面。

（1）用于连续生产应税消费品

纳税人自产的应税消费品，用于连续生产应税消费品的，不纳税。

所谓“纳税人自产自用应税消费品，用于连续生产应税消费品的”，是指作为生产最终应税消费品的直接材料，并构成最终产品实体的应税消费品。例如，卷烟厂生产的烟丝就不缴纳消费税，只对生产的卷烟征收消费税；生产出的烟丝如果直接销售，则烟丝需要缴纳消费税。

（2）用于其他方面

纳税人自产的应税消费品，不用于连续生产应税消费品，而是用于其他方面的，于移送使用时纳税。

所谓“用于其他方面”，是指纳税人用于生产非应税消费品、在建工程、管理部门、非生产机构、提供劳务，以及用于馈赠、赞助、集资、广告、样品、职工福利、奖励方面等。企业自产的应税消费品虽然没有用于销售或连续生产应税消费品，但只要用于税法所规定的范围都要视同销售，依法缴纳消费税。

2．组成计税价格及税额的计算

纳税人自产自用的应税消费品，凡用于其他方面的，应当纳税。具体计算方法分以下两种情况。

（1）有同类消费品销售价格的

按照纳税人生产的同类消费品销售价格计算纳税，其应纳税额的公式为：

应纳税额=同类消费品销售单价×自产自用数量×适用税率

所谓同类消费品销售价格，是指纳税人当月销售的同类消费品的销售价格，如果当月同类消费品各期销售价格高低不同，应按销售数量加权平均计算。但销售的应税消费品无销售价格或销售价格明显偏低又无正当理由的，不得列入加权平均计算。

（2）没有同类消费品销售价格的

没有同类消费品销售价格的，按照组成计税价格计算纳税。

1）实行从价定率计算方法。

组成计税价格=（成本+利润）÷（1−消费税税率）

应纳税额=组成计税价格×适用税率

2）实行复合计税办法计算纳税。

组成计税价格=（成本+利润+自产自用量×定额税率）÷（1−比例税率）

应纳税额=组成计税价格×比例税率+资产自用数量×定额税率

上述公式中所说的成本，是指应税消费品产品生产成本；利润是指根据应税消费品的全国平均成本利润率计算的利润。这里的平均利润率由国家税务总局确定。

【例 3-5】 某化妆品公司将一批自产的化妆品用做职工福利，化妆品的成本为 100 000 元，该化妆品无同类产品市场销售价格，但是已知其成本利润率为 5%，消费税税率为 30%。计算该批化妆品应缴纳的消费税税额。

【分析】

组成计税价格=成本×(1+成本利润率)÷(1−消费税税率)

=100 000×(1+5%)÷(1−30%)=150 000（万元）

应纳税额=150 000×30%=45 000（万元）

3．外购应税消费品已纳税款的扣除

由于某些应税消费品是用外购已缴纳消费税的应税消费品连续生产出来的，在对这些连续生产出来的应税消费品计算征税时，税法规定，应当按当期生产领用数量计算准予扣除外购的应税消费品已纳的消费税税款。

（1）已纳消费税扣除范围

1）外购的已税烟丝生产的卷烟。

2）外购的已税化妆品生产的化妆品。

3）外购的已税珠宝玉石生产的贵重首饰及珠宝玉石。

4）外购的已税鞭炮、焰火生产的鞭炮、焰火。

5）外购的已税汽车轮胎（内胎或外胎）生产的汽车轮胎。

6）外购的已税摩托车生产的摩托车。

7）以外购的已税石脑油、燃料油为原料生产的应税消费品。

8）以外购的已税润滑油为原料生产的润滑油。

9）以外购的已税杆头、杆身和握把为原料生产的高尔夫球杆。

10）以外购的已税木制一次性筷子为原料生产的木制一次性筷子。

11）以外购的已税实木地板为原料生产的实木地板。

（2）已纳消费税扣除的计算

当期准予扣除外购应税消费品已纳消费税税款的计算公式为

当期准予扣除的外购应税消费品已纳税款=当期准予扣除的外购应税消费品买价或数量×外购应税消费品的适用税率或税额

当期准予扣除的外购应税消费品买价或数量=期初库存的外购应税消费品的买价或数量+当期购进的应税消费品的买价或数量−期末库存的外购应税消费品的买价或数量

外购已税消费品的买价是指外购应税消费品增值税专用发票上注明的销售额（不包括增值税税额）。

【例 3-6】 某化妆品厂 4 月外购香水精，取得一般纳税人开具的增值税专用发票，注明增值税税款为 51 万元。本月生产香水领用香水精 70%，期初尚有库存的外购香水精 15 万元，期末库存香水精 105 万元。则企业本月应纳消费税中可扣除的消费税是多少？

【分析】

本月外购香水精的买价=51÷17%=300（万元）

生产领用部分的买价=300×70%=210（万元）

生产领用部分买价=15+300−105=210（万元）

准予扣除的消费税=210×30%=63（万元）

3.2.3　委托加工应税消费品应纳税额的计算

委托加工应税消费品是指企业或个人由于设备、技术、人力等方面的局限，通常会委托其他单位代为加工应税消费品，并将加工好的应税消费品收回，直接销售或自己使用。

1．委托加工应税消费品的确定

作为委托加工的应税消费品，必须具备两个条件：一是由委托方提供原料和主要材料；二是受托方只收取加工费和代垫部分辅助材料。

2．代收代缴税款

委托加工应税消费税，受托方是法定的代收代缴义务人，由受托方在向委托方交货时代收代缴消费税。如果受托方没有按有关规定代收代缴消费税，就要承担补税或罚款的法律责任。

受托方没有按规定代收代缴税款的，还要追究委托方的责任，令其补缴税款。如果委托方要补缴税款，受托方就不再补税。

纳税人委托个体经营者加工应税消费品的，于委托方收回后在委托方所在地缴纳消费税。

3．委托加工应税消费品组成计税价格

委托加工的应税消费品，按照受托方的同类消费品的销售价格计算纳税；没有同类消费品销售价格的，将按照组成计税价格计算纳税。

（1）实行从价定率办法计算纳税

组成计税价格=（成本+加工费）÷（1−消费税税率）

应纳税额=组成计税价格×适用税率

（2）实行复合计税办法计算纳税

组成计税价格=（材料成本+加工费+委托加工数量×定额税率）÷（1−比例税率）

应纳税额=组成计税价格×比例税率+资产自用数量×定额税率

其中，材料成本是指委托方所提供加工材料的实际成本，如果加工合同上未如实注明材料成本，受托方所在地主管税务机关有权核定其材料成本；加工费是指受托方加工应税消费品向委托方所收取的全部费用（包括代垫辅助材料的实际成本），但不包括随加工费收取的增值税。

【例 3-7】　某烟花厂受托加工一批烟花，委托方提供原材料成本 30 000 元，该厂收取加工费 10 000 元，代垫辅助材料款 5 000 元，没有同类烟花的销售价格。则该厂应代收代缴消费税多少元？（以上款项均不含增值税）

【分析】

该厂应代收代缴消费税=(30 000+10 000+5 000)÷(1−15%)×15%

=52 941.18×15%=7 941.18（元）

4．委托加工收回的应税消费品已纳税额的扣除

纳税人用委托加工收回的下列 11 种应税消费品连续生产应税消费品，在计征消费税时可以扣除委托加工环节的已纳消费税税款。

（1）以委托加工收回的已税烟丝生产的卷烟。

（2）以委托加工收回的已税化妆品生产的化妆品。

（3）以委托加工收回的已税珠宝玉石生产的贵重首饰及珠宝玉石。

（4）以委托加工收回的已税鞭炮、焰火生产的鞭炮、焰火。

（5）以委托加工收回的已税汽车轮胎（内胎或外胎）生产的汽车轮胎。

（6）以委托加工收回的已税摩托车生产的摩托车。

（7）以委托加工收回的已税石脑油为原料生产的应税消费品。

（8）以委托加工收回的已税润滑油为原料生产的润滑油。

（9）以委托加工收回的已税杆头、杆身和握把为原料生产的高尔夫球杆。

（10）以委托加工收回的已税木制一次性筷子为原料生产的木制一次性筷子。

（11）以委托加工收回的已税实木地板为原料生产的实木地板。

上述 11 种委托加工收回的应税消费品连续生产的应税消费品准予从应纳消费税税额中当期生产领用数量计算扣除其已纳消费税税款。计算公式为：

当期准予扣除的委托加工应税消费税已纳税款=期初库存的委托加工应税消费品已纳税款+当期收回的委托加工应税消费品已纳税款−期末库存的委托加工应税消费品已纳税款

纳税人用委托加工收回的已税珠宝玉石生产的改在零售环节征收消费税的金银、钻石首饰，在计税时一律不得扣除委托加工收回的珠宝玉石已纳的消费税税款。

当期准予扣除外购石脑油已纳消费税税款=当期准予扣除委托加工石脑油已纳税款×收率

收率=当期应税消费品产出量÷生产当期应税消费品所有原料投入数量×100%

3.2.4 进口应税消费品应纳税额的计算

进口或代理进口应税消费品的单位和个人，为进口应税消费税的纳税义务人。进口应税消费品以进口商品总值为课税对象。进口商品总值具体包括到岸价格、关税和消费税。

1．实行从价定率方法应纳税额的计算

组成计税价格=(关税完税价格+关税)÷(1−消费税税率)

应纳税额=组成计税价格×消费税税率

公式中的关税完税价格是指海关核定的关税计税价格。

【例 3-8】 某外贸公司进口一批小轿车，关税完税价格折合人民币 500 万元，关税率 25%，消费税率 9%，则进口环节应纳消费税多少万元？

【分析】

500×(1+25%)÷(1−9%)×9%=61.81（万元）

2．实行定额税率方法应纳税额的计算

应纳税额=应税消费品数量×消费税单位税额

3．实行复合计税方法应纳税额的计算

组成计税价格=(关税完税价格+关税+进口数量×消费税定额税率)÷(1−比例税率)

应纳税额=进口数量×消费税单位税额+组成计税价格×消费税税率

4．已纳消费税扣除的计算

为了避免重复征税，现行消费税规定，应税消费品若是外购已缴纳消费税的应税消费品连续生产出来的，在对这些连续生产出来的应税消费品征税时，按当期生产领用数量计算准予扣除的外购应税消费品已缴纳的消费税税款。

3.3　消费税的纳税申报

3.3.1　消费税纳税义务发生时间和纳税地点

1．纳税义务发生时间

纳税人生产的应税消费品，除金银首饰、钻石及钻石饰品在零售环节纳税外，均于销售时纳税。纳税人销售的应税消费品，其纳税义务发生的时间如下。

1）赊销和分期收款结算方式，其纳税义务发生的时间为销售合同规定的收款日期的当天。

2）预收货款结算方式，其纳税义务发生的时间为发出应税消费品的当天。

3）托收承付和委托银行收款方式，其纳税义务发生的时间为发出应税消费品并办妥托收手续的当天。

4）其他结算方式，其纳税义务发生的时间为收讫销货款或取得索取销售款的凭据的当天。

5）纳税人自产自用的应税消费品，其纳税义务发生的时间为移送使用的当天。

6）纳税人委托加工的应税消费品，其纳税义务发生的时间为纳税人提货的当天。

7）纳税人进口的应税消费品，其纳税义务发生的时间为报关进口的当天。

2．纳税地点

1）纳税人销售的应税消费品，以及自产自用的应税消费品，除国家另有规定的外，应当向纳税人核算地主管税务机关申报纳税。

2）纳税人到外县（市）销售代销自产消费品的，应事先向其所在地主管税务机关提出申请，并于应税消费品销售后，回纳税人核算地缴纳税款。

3）委托加工的应税消费品，除受托方为个人外，由受托方向所在地或居住地主管税务机关报缴消费税税款。

4）进口的应税消费品，由进口人或由其代理人向报关地海关申报缴纳消费税税款。

3.3.2　消费税的纳税期限和纳税环节

1．纳税期限

消费税的纳税期限分别为 1 日、3 日、5 日、10 日、15 日、1 个月或 1 个季度。纳税人的具体纳税期限，由主管税务机关根据纳税人应纳税额的大小分别核定；不能按照固定期限纳税的，可以按次纳税。纳税人以 1 个月或 1 个季度为 1 个纳税期的，自期满之日起

15 日内申报纳税；以 1 日、3 日、5 日、10 日或 15 日为 1 个纳税期的，自期满之日起 5 日内预缴税款，于次月 1 日起 15 日内申报纳税并结清上月应纳税款。纳税人进口应税消费品，应当自海关填发海关进口消费税专用缴款书之日起 15 日内缴纳税款。

2．纳税环节

消费税纳税环节主要包括生产环节、进口环节、零售环节及批发环节。纳税人生产的应税消费品，由生产者于销售时纳税。委托加工的应税消费品，由受托方在向委托方交货时代收代缴税款。进口的应税消费品，由进口报关者于报关进口时纳税。

其特别规定主要包括以下几个方面。

1）金银首饰消费税在零售环节征收。

2）卷烟消费税除生产环节征税外，从 2009 年 5 月 1 日起，增加一道批发环节。

3）生产企业将自产石脑油用于本企业连续生产汽油等应税消费品的，不缴纳消费税；用于连续生产乙烯等非应税消费品或其他方面的，于移送使用时缴纳消费税。

3.3.3 消费税的纳税申报

为了在全国范围内统一、规范消费税纳税申报资料，加强消费税管理的基础工作，国家税务总局制定了“烟类应税消费品消费税纳税申报表”、“酒及酒精消费品消费税纳税申报表”、“成品油消费税纳税申报表”、“小汽车消费税纳税申报表”、“其他应税消费品消费税纳税申报表”（以下统称申报表），如表 3-2～表 3-6 所示。

表 3-2 烟类应税消费品消费税纳税申报表

税款所属期： 年 月 日至 年 月 日

纳税人名称（公章）： 纳税人识别号：□□□□□□□□□□□□□□□□□□□□

填表日期： 年 月 日

单位：卷烟万支、雪茄烟支、烟丝千克 金额单位：元（列至角分）

<table>
<tr><th rowspan="2">项目
应税消费品名称</th><th colspan="2">适用税率</th><th rowspan="2">销售数量</th><th rowspan="2">销售额</th><th rowspan="2">应纳税额</th></tr>
<tr><th>定额税率</th><th>比例税率</th></tr>
<tr><td>卷烟</td><td>30 元/万支</td><td>45%</td><td></td><td></td><td></td></tr>
<tr><td>卷烟</td><td>30 元/万支</td><td>30%</td><td></td><td></td><td></td></tr>
<tr><td>雪茄烟</td><td>—</td><td>25%</td><td></td><td></td><td></td></tr>
<tr><td>烟丝</td><td>—</td><td>30%</td><td></td><td></td><td></td></tr>
<tr><td>合计</td><td>—</td><td>—</td><td>—</td><td>—</td><td></td></tr>
<tr><td colspan="4">本期准予扣除税额：</td><td colspan="2" rowspan="3">声明
此纳税申报表是根据国家税收法律的规定填报的，我确定它是真实的、可靠的、完整的。
经办人（签章）：
财务负责人（签章）：
联系电话：</td></tr>
<tr><td colspan="4">本期减（免）税额：</td></tr>
<tr><td colspan="4">期初未缴税额：</td></tr>
</table>

续表

本期缴纳前期应纳税额：	（如果你已委托代理人申报，请填写） 授权声明 为代理一切税务事宜，现授权______（地址）______为本纳税人的代理申报人，任何与本申报表有关的往来文件，都可寄予此人。 授权人签章：
本期预缴税额：	
本期应补（退）税额：	
期末未缴税额：	

以下由税务机关填写

受理人（签章）：　　　　受理日期：　年　月　日　　　　受理税务机关（章）：

填表说明

一、本表仅限烟类消费税纳税人使用。

二、本表"销售数量"为《中华人民共和国消费税暂行条例》、《中华人民共和国消费税暂行条例实施细则》及其他法规、规章规定的当期应申报缴纳消费税的烟类应税消费品销售（不含出口免税）数量。

三、本表"销售额"为《中华人民共和国消费税暂行条例》、《中华人民共和国消费税暂行条例实施细则》及其他法规、规章规定的当期应申报缴纳消费税的烟类应税消费品销售（不含出口免税）收入。

四、根据《中华人民共和国消费税暂行条例》和《财政部、国家税务总局关于调整烟类产品消费税政策的通知》（财税[2001]91 号）的规定，本表"应纳税额"计算公式如下：

（一）卷烟

应纳税额=销售数量×定额税率+销售额×比例税率

（二）雪茄烟、烟丝

应纳税额=销售额×比例税率

五、本表"本期准予扣除税额"　按本表附件一的本期准予扣除税款合计金额填写。

六、本表"本期减（免）税额"不含出口退（免）税额。

七、本表"期初未缴税额"填写本期期初累计应缴未缴的消费税税额，多缴为负数。其数值等于上期"期末未缴税额"。

八、本表"本期缴纳前期应纳税额"填写本期实际缴纳入库的前期消费税税额。

九、本表"本期预缴税额"填写纳税申报前已预先缴纳入库的本期消费税税额。

十、本表"本期应补（退）税额"计算公式如下，多缴为负数：

本期应补（退）税额=应纳税额（合计栏金额）-本期准予扣除税额-本期减（免）税额-本期预缴税额

十一、本表"期末未缴税额"计算公式如下，多缴为负数：

期末未缴税额=期初未缴税额+本期应补（退）税额-本期缴纳前期应纳税额

十二、本表为 A4 竖式，所有数字小数点后保留两位。一式二份，一份纳税人留存，一份税务机关留存。

表 3-3 酒及酒精消费品消费税纳税申报表

税款所属期：　年　月　日至　年　月　日

纳税人名称（公章）：　纳税人识别号：□□□□□□□□□□□□□□□□□□□□

填表日期：　年　月　日

金额单位：元（列至角分）

项目 / 应税消费品名称	适用税率		销售数量	销售额	应纳税额
	定额税率	比例税率			
粮食白酒	0.5 元/斤	20%			
薯类白酒	0.5 元/斤	20%			
啤酒	250 元/吨	—			
啤酒	220 元/吨	—			
黄酒	240 元/吨	—			
其他酒	—	10%			
酒精	—	5%			
合计	—	—	—	—	

本期准予抵减税额：	**声明** **此纳税申报表是根据国家税收法律的规定填报的，我确定它是真实的、可靠的、完整的。** 经办人（签章）： 财务负责人（签章）： 联系电话：
本期减（免）税额：	
期初未缴税额：	
本期缴纳前期应纳税额：	（如果你已委托代理人申报，请填写） 授权声明 为代理一切税务事宜，现授权____（地址）____为本纳税人的代理申报人，任何与本申报表有关的往来文件，都可寄予此人。 授权人签章：
本期预缴税额：	
本期应补（退）税额：	
期末未缴税额：	

以下由税务机关填写

受理人（签章）：　受理日期：　年　月　日　受理税务机关（章）：

填表说明

一、本表仅限酒及酒精消费税纳税人使用。

二、本表“销售数量”为《中华人民共和国消费税暂行条例》、《中华人民共和国消费税暂行条例实施细则》及其他法规、规章规定的当期应申报缴纳消费税的酒及酒精销售（不含出口免税）数量。计量单位：粮食白酒和薯类白酒为斤（如果实际销售商品按照体积标注计量单位，应按 500 毫升为 1 斤换算），啤酒、黄酒、其他酒和酒精为吨。

三、本表“销售额”为《中华人民共和国消费税暂行条例》、《中华人民共和国消费税暂行条例实施细则》及其他法规、规章规定的当期应申报缴纳消费税的酒及酒精销售（不含出口免税）收入。

四、根据《中华人民共和国消费税暂行条例》和《财政部、国家税务总局关于调整酒类产品消费税政策的通知》（财税［2001］84 号）的规定，本表“应纳税额”计算公式如下：

（一）粮食白酒、薯类白酒

应纳税额=销售数量×定额税率+销售额×比例税率

（二）啤酒、黄酒

应纳税额=销售数量×定额税率

（二）其他酒、酒精

应纳税额=销售额×比例税率

五、本表“本期准予抵减税额”按本表附件一的本期准予抵减税款合计金额填写。

六、本表“本期减（免）税额”不含出口退（免）税额。

七、本表“期初未缴税额”填写本期期初累计应缴未缴的消费税税额，多缴为负数。其数值等于上期“期末未缴税额”。

八、本表“本期缴纳前期应纳税额”填写本期实际缴纳入库的前期消费税税额。

九、本表“本期预缴税额”填写纳税申报前已预先缴纳入库的本期消费税税额。

十、本表“本期应补（退）税额”计算公式如下，多缴为负数：

本期应补（退）税额=应纳税额（合计栏金额）–本期准予抵减税额–本期减（免）税额–本期预缴税额

十一、本表“期末未缴税额”计算公式如下，多缴为负数：

期末未缴税额=期初未缴税额+本期应补（退）税额–本期缴纳前期应纳税额

十二、本表为 A4 竖式，所有数字小数点后保留两位。一式二份，一份纳税人留存，一份税务机关留存。

表 3-4　成品油消费税纳税申报表

税款所属期：　　年　月　日至　　年　月　日

纳税人名称（公章）：　　纳税人识别号：□□□□□□□□□□□□□□□□□□□□□

填表日期：　　年　月　日　　计量单位：升　　金额单位：元（列至角分）

项目 应税消费品名称	适用税率（元/升）	销售数量	应纳税额
汽油	0.20		
柴油	0.10		
石脑油	0.20		
溶剂油	0.20		
润滑油	0.20		
燃料油	0.10		
航空煤油	0.10		
合计	—	—	

本期准予扣除税额：	**声明** **此纳税申报表是根据国家税收法律的规定填报的，我确定它是真实的、可靠的、完整的。** 经办人（签章）： 财务负责人（签章）： 联系电话：
本期减（免）税额：	
期初未缴税额：	

续表

<table>
<tr><td>本期缴纳前期应纳税额：</td><td rowspan="4">（如果你已委托代理人申报，请填写）
授权声明
为代理一切税务事宜，现授权______（地址）_____为本纳税人的代理申报人，任何与本申报表有关的往来文件，都可寄予此人。
授权人签章：</td></tr>
<tr><td>本期预缴税额：</td></tr>
<tr><td>本期应补（退）税额：</td></tr>
<tr><td>期末未缴税额：</td></tr>
</table>

以下由税务机关填写

受理人（签章）： 受理日期： 年 月 日 受理税务机关（章）：

填表说明

一、本表仅限成品油消费品纳税人使用。

二、本表“销售数量”为《中华人民共和国消费税暂行条例》、《中华人民共和国消费税暂行条例实施细则》及其他法规、规章规定的当期应当申报缴纳消费税的成品油类应税消费品销售数量。

三、根据《中华人民共和国消费税暂行条例》的规定，本表“应纳税额”计算公式如下：

应纳税额=销售数量×适用税率

四、本表“本期准予扣除税额”按本表附件一的本期准予扣除税款合计金额填写。

五、本表“本期减（免）税额”是指按照税法规定对应税消费品减免的税额。

根据财税［2006］33号文件中“航空煤油暂缓征收消费税”的规定，航空煤油暂不申报消费税。

六、本表“期初未缴税额”填写本期期初应缴未缴的消费税税额，多缴为负数。其数值等于上期“期末未缴税额”。

七、本表“本期缴纳前期应纳税额”填写本期实际入库的前期消费税税额。

八、本表“本期预缴税额”填写纳税申报前已预先缴纳入库的本期消费税税额。

九、本表“本期应补（退）税额”计算公式如下，多缴为负数：

本期应补（退）税额=应纳税额（合计栏金额）−本期准予扣除税额−本期减（免）税额−本期预缴税额

十、本表“期末未缴税额”计算公式如下，多缴为负数：

期末未缴税额=期初未缴税额+本期应补（退）税额−本期缴纳前期应纳税额

十一、本表为A4竖式，所有数字小数点后保留两位。一式二份，一份纳税人留存，一份税务机关留存。

表3-5 小汽车消费税纳税申报表

税款所属期： 年 月 日至 年 月 日

纳税人名称（公章）： 纳税人识别号：□□□□□□□□□□□□□□□□□□□□

填表日期： 年 月 日

单位：辆、元（列至角分）

项目 应税消费品名称		适用税率	销售数量	销售额	应纳税额
乘用车	气缸容量≤1.5升	3%			
	1.5升＜气缸容量≤2.0升	5%			
	2.0升＜气缸容量≤2.5升	9%			
	2.5升＜气缸容量≤3.0升	12%			
	3.0升＜气缸容量≤4.0升	15%			
	气缸容量＞4.0升	20%			

续表

中轻型商用客车	5%			
合计	—	—	—	

本期准予扣除税额： 本期减（免）税额： 期初未缴税额：	**声明** **此纳税申报表是根据国家税收法律的规定填报的，我确定它是真实的、可靠的、完整的。** 经办人（签章）： 财务负责人（签章）： 联系电话：
本期缴纳前期应纳税额： 本期预缴税额： 本期应补（退）税额： 期末未缴税额：	（如果你已委托代理人申报，请填写） 授权声明 为代理一切税务事宜，现授权____（地址）____为本纳税人的代理申报人，任何与本申报表有关的往来文件，都可寄予此人。 授权人签章：

以下由税务机关填写

受理人（签章）：　　　　受理日期：　年　月　日　　　　受理税务机关（章）：

填表说明

一、本表仅限小汽车消费税纳税人使用。

二、纳税人生产的改装、改制车辆，应按照《财政部、国家税务总局关于调整和完善消费税政策的通知》（财税［2006］33 号）中规定的适用税目、税率填写本表。

三、本表“销售数量”为《中华人民共和国消费税暂行条例》、《中华人民共和国消费税暂行条例实施细则》及其他法规、规章规定的当期应申报缴纳消费税的小汽车类应税消费品销售（不含出口免税）数量。

四、本表“销售额”为《中华人民共和国消费税暂行条例》、《中华人民共和国消费税暂行条例实施细则》及其他法规、规章规定的当期应申报缴纳消费税的小汽车类应税消费品销售（不含出口免税）收入。

五、根据《中华人民共和国消费税暂行条例》的规定，本表“应纳税额”计算公式如下：

应纳税额=销售额×比例税率

六、本表“本期准予扣除税额”按本表附件一的本期准予扣除税款合计金额填写。

七、本表“本期减（免）税额”不含出口退（免）税额。

八、本表“期初未缴税额”填写本期期初累计应缴未缴的消费税税额，多缴为负数。其数值等于上期“期末未缴税额”。

九、本表“本期缴纳前期应纳税额”填写本期实际缴纳入库的前期消费税税额。

十、本表“本期预缴税额”填写纳税申报前已预先缴纳入库的本期消费税税额。

十一、本表“本期应补（退）税额”计算公式如下，多缴为负数：

本期应补（退）税额=应纳税额（合计栏金额）−本期减（免）税额−本期预缴税额

十二、本表“期末未缴税额”计算公式如下，多缴为负数：

期末未缴税额=期初未缴税额+本期应补（退）税额−本期缴纳前期应纳税额

十三、本表为 A4 竖式，所有数字小数点后保留两位。一式二份，一份纳税人留存，一份税务机关留存。

表 3-6 其他应税消费品消费税纳税申报表

税款所属期：　　年　月　日至　　年　月　日

纳税人名称（公章）：　　纳税人识别号：□□□□□□□□□□□□□□□□□□□□

填表日期：　　年　月　日　　　　　　　　　　　　金额单位：元（列至角分）

项目 应税消费品名称	适用税率	销售数量	销售额	应纳税额
合计	—	—	—	

<table>
<tr><td></td><td rowspan="4">声明
此纳税申报表是根据国家税收法律的规定填报的，我确定它是真实的、可靠的、完整的。
经办人（签章）：
财务负责人（签章）：
联系电话：</td></tr>
<tr><td>本期准予抵减税额：</td></tr>
<tr><td>本期减（免）税额：</td></tr>
<tr><td>期初未缴税额：</td></tr>
<tr><td>本期缴纳前期应纳税额：</td><td rowspan="4">（如果你已委托代理人申报，请填写）
授权声明
为代理一切税务事宜，现授权_____（地址）_____为本纳税人的代理申报人，任何与本申报表有关的往来文件，都可寄予此人。
授权人签章：</td></tr>
<tr><td>本期预缴税额：</td></tr>
<tr><td>本期应补（退）税额：</td></tr>
<tr><td>期末未缴税额：</td></tr>
</table>

以下由税务机关填写

受理人（签章）：　　　　受理日期：　　年　月　日　　　受理税务机关（章）：

填表说明

一、本表限化妆品、贵重首饰及珠宝玉石、鞭炮焰火、汽车轮胎、摩托车、高尔夫球及球具、高档手表、游艇、木制一次性筷子、实木地板等消费税纳税人使用。

二、本表“应税消费品名称”和“适用税率”按照以下内容填写：

化妆品 30%；贵重首饰及珠宝玉石 10%；金银首饰（铂金首饰、钻石及钻石饰品）5%；鞭炮焰火 15%；汽车轮胎（除子午线轮胎外）3%；汽车轮胎（限子午线轮胎）3%（免税）；摩托车（排量＞250 毫升）10%；摩托车（排量≤250 毫升）3%；高尔夫球及球具 10%；高档手表 20%；游艇 10%；木制一次性筷子 5%；实木地板 5%。

三、本表“销售数量”为《中华人民共和国消费税暂行条例》、《中华人民共和国消费税暂行条例实施细则》及其他法规、规章规定的当期应申报缴纳消费税的应税消费品销售（不含出口免税）数量。计量单位是：汽车轮胎为套；摩托车为辆；高档手表为只；游艇为艘；实木地板为平方米；木制一次性筷子为万双；化妆品、贵重首饰及珠宝玉石（含金银首饰、铂金首饰、钻石及钻石饰品）、鞭炮焰火、高尔夫球及球具按照纳税人实际使用的计量单位填写并在本栏中注明。

四、本表“销售额”为《中华人民共和国消费税暂行条例》、《中华人民共和国消费税暂行条例实施细则》及其他法规、规章规定的当期应申报缴纳消费税的应税消费品销售（不含出口免税）收入。

五、根据《中华人民共和国消费税暂行条例》的规定，本表“应纳税额”计算公式如下：

应纳税额=销售额×适用税率

六、本表“本期准予抵减税额” 按本表附件一的本期准予扣除税款合计金额填写。

七、本表“本期减（免）税额”不含出口退（免）税额。

八、本表“期初未缴税额”填写本期期初累计应缴未缴的消费税税额，多缴为负数。其数值等于上期“期末未缴税额”。

九、本表“本期缴纳前期应纳税额”填写本期实际缴纳入库的前期消费税税额。

十、本表“本期预缴税额”填写纳税申报前已预先缴纳入库的本期消费税税额。

十一、本表“本期应补（退）税额” 计算公式如下，多缴为负数：

本期应补（退）税额=应纳税额（合计栏金额）−本期准予扣除税额−本期减（免）税额−本期预缴税额

十二、本表“期末未缴税额”计算公式如下，多缴为负数：

期末未缴税额=期初未缴税额+本期应补（退）税额−本期缴纳前期应纳税额

十三、本表为 A4 竖式，所有数字小数点后保留两位。一式二份，一份纳税人留存，一份税务机关留存。

3.4　消费税筹划经典措施

3.4.1　消费税计税依据的筹划

1．利用委托加工进行筹划

《消费税暂行条例》规定：“委托加工的应税消费品由受托方在向委托方交货时代收代缴税款。委托方加工的应税消费品，委托方收回后如果用于连续生产应税消费品的，所纳税款准予按规定抵扣。”《消费税暂行条例实施细则》规定：“委托工加工的应税消费品收回后直接出售的，不再征收消费税。”作为消费税的纳税人，应首先明确：委托加工与自行加工，哪种方式税负较轻。

【例 3-9】　丰收卷烟实业公司是一家大型国有卷烟生产企业。2014 年 1 月 8 日接到一笔 7 000 万元、2 000 箱的订单。如何生产这批产品？公司的总经理与销售总监、财务总监的意见不一，这在公司发展的历史上还是第一回。事情的起因是这样的：由于企业成立了十年多，公司一直处于满负荷运行状态，2013 年年底公司董事会决定对企业的部分设备进行大修理。而目前烤烟叶的生产线正在维修过程中，无法进行烟叶的生产。

公司的总经理认为：应该暂停烟叶生产线的大修理工作，尽快恢复生产秩序，由本企业组织生产从而提高本企业的生产业绩。公司的销售总监提出：为了兑现合同，公司应该与厂外合作，请正兴企业加工生产成烟丝，然后收回由本企业继续生产成卷烟。公司的财务总监则提出：应该由正兴卷烟厂直接生产成卷烟后，再收回直接销售出去。但是，由于正兴卷烟厂的规模不大，考虑到交货期限，销售总监担心会耽误合同的交货期限而受罚。

公司 3 个领导提出了 3 个操作方案，但是只能采取其中一种，哪种方案更可行，更有效益呢？

(1) 总经理的方案

丰收卷烟厂将购入的1 000万元烟叶自行加工成卷烟。加工成本、分摊费用共计1 700万元，售价7 000万元。则：

应缴消费税=7 000×56%+0.2×150= 3 950（万元）

税前利润=7 000–1 000–1 700–3 950=350（万元）

(2) 销售总监的方案

委托正兴卷烟厂将一批价值1 000万元的烟叶加工成烟丝，协议规定加工费680万元。加工的烟丝运回丰收卷烟厂后，丰收卷烟厂继续加工成甲类卷烟，加工成本分摊费用共计1 020万元，该批卷烟售出价格7 000万元。则：

1) 丰收卷烟厂向正兴卷烟厂支付加工费的同时，向受托方支付其代收代缴的消费税为：

消费税组成计税价格=(1 000+680)÷(1–30%)=2 400（万元）

应缴消费税=2 400×30%=720（万元）

2) 丰收卷烟厂销售卷烟后，应缴消费税为：

应缴消费税=7 000×56%+0.2×150–720=3 230（万元）

3) 丰收卷烟厂的税前利润为：

税前利润=7 000–1 000–680–720–1 020–3 230= 350（万元）

(3) 财务总监的方案

丰收卷烟厂委托正兴卷烟厂将1 000万元烟叶加工成卷烟，加工费用为1 700万元（我们假设其产品的消费税适用税率为56%）。加工完毕，运回丰收卷烟厂后，丰收卷烟厂对外售价仍为7 000万元。则：

1) 支付加工费时支付的消费税为：

消费税=(1 000+1 700+0.2×150)÷(1–56%)×56%+0.2×150

=3 474.55+30

=3 504.55（万元）

2) 由于委托加工应税消费品直接对外销售，丰收卷烟厂在销售时，不必再缴消费税。其税前利润计算如下：

税前利润=7 000–1 000–1 700–3 504.55

=795.45（万元）

通过计算和分析可知，在各相关因素相同的情况下，彻底的委托加工方式（收回后不再加工直接销售）的消费税税收负担比自行加工方式低445.45万元。

董事会发现财务总监的方案可以给企业带来更大的利润，于是决定采用该方案。

由此，可以得出这样的结论。

1) 委托加工收回的应税消费品连续加工应税消费品（啤酒外的酒类产品除外），与企业购进原材料自行加工应税消费品相比，只要最终消费品的价格相同，缴纳的消费税税负就相同。如果支付给受托方的加工费小于自行加工中间消费品的加工成本，则委托加工获得的税后利润会大一些。

2) 对酒类产品（啤酒除外）来说，用委托加工收回的酒及酒精连续生产酒类产品，其受托方代收代缴的消费税不得抵扣，而企业用自行生产的酒及酒精连续加工酒类产品，则无需缴纳消费税。因此，酒类生产企业应尽量采取“粮食—酒精—半成品—产品酒”的程序来一条龙生产，以消除重复纳税，降低生产成本。

【例 3-10】 A 市粮食白酒生产企业甲委托酒厂乙为其加工酒精 6 吨，粮食由委托方提供，发出粮食成本 51 万元，支付加工费 6 万元，增值税 10 200 元，用银行存款支付。受托方无同类酒精销售价。甲企业收回的酒精全部用于连续生产套装礼品白酒 100 吨，每吨不含税售价 30 000 元，当月全部销售。

则：

受托方应代收代缴消费税=(510 000+60 000)÷(1−5%)×5%=30 000（元）

由于委托加工已税酒精不得抵扣，委托方支付的 30 000 元消费税将计入原材料的成本。

销售套装礼品白酒应纳消费税=100×30 000×20%+100×2 000×0.5=700 000（元）

应纳城建税及教育费附加=700 000×(7%+3%)=70 000（元）

若不考虑销售费用：

该笔业务盈利=销售收入−销售成本−销售税金

=100×30 000−(510 000+60 000+30 000)−(700 000+70 000)

=1 630 000（元）

如果改变方案，甲企业将乙企业吸收合并，甲企业在委托加工环节支付的 30 000 元消费税将得到抵扣，节省的消费税、城建税和教育费附加 33 000 元将转化为公司利润。

此外，甲企业如果不兼并乙企业，而是筹集资金投资一个生产酒精的项目，也能达到节税的目的，不过这需要增加投资成本，同样得考虑成本和效益问题。

3）委托加工的应税消费品收回后，直接对外销售的税负轻。因为通常情况下，委托方收回后要加价出售。所以，不论委托加工的加工费大于还是小于自行加工成本，只要收回的应税消费品的计税价格低于收回后直接出售的价格，委托加工应税消费品的税负就低于自行加工的税负。对委托方来说，其产品对外售价高于收回委托加工应税消费品的计税价格的部分，实际上并未纳税。

2．利用包装物押金进行筹划

按照规定，从量定额征收消费税的应税消费品的包装物，其销售、出租、出借等活动，均不需要计算缴纳消费税。但是，对于从价定率征税的应税消费品，其包装物的销售、出租、出借等活动需要缴纳消费税。消费税条例规定的具体内容如下。

（1）包装物作价销售

包装物连同产品一起销售的，无论包装物如何计价，也不论会计如何处理，均应并入消费品的销售额中按其所包装消费品的适用税率计算缴纳消费税。

（2）包装物收取押金

如果包装物不作价连同应税消费品一起销售，而是出租或出借收取押金（押金单独记账核算），该押金不计征消费税；但是，对逾期未收回包装物而不再退还的押金和已经收取一年以上的押金，应并入消费品的销售额中按其所包装消费品的适用税率计算缴纳消费税。如果包装物既作价连同应税消费品一起销售，又另外收取押金并在规定的时间内未退还押金，则押金应并入消费品的销售额中按其所包装消费品的适用税率计算缴纳消费税。

对于酒类产品生产企业销售酒类产品而收取的包装物押金，无论押金是否返还及会计上如何核算，均应并入酒类产品的销售额中计算缴纳消费税。

（3）包装物收取租金

包装物租金属于价外费用，凡随同销售应税消费品由购买方收取的价外费用，无论会计制度如何核算，均应并入销售额计算应纳消费税税额。而对增值税一般纳税人向购买方收取的价外费用，应视为含税收入，在计算缴纳消费税时应换算成不含增值税的收入，再并入销售额中计算应纳的消费税。

从上述规定可以看出，如果想在包装物的纳税上做文章，其关键是：包装物不能作价随同产品一并销售，而应采用收取包装物“押金”的方式，并且押金应单独开发票和记账，若该押金在规定的时间内归还，包装物就不并入销售额计征消费税；若没有按时归还，也可以起到延迟纳税的效果。

【例 3-11】 广州市某轮胎生产企业2014年3月销售汽车轮胎1万个，每个销售价1 000元（其中包装材料价值100元）。轮胎的消费税率为3%。

(1) 采用连同包装一并销售，其应纳税额为：

应纳消费税=1×1 000×3%=30（万元）

(2) 包装物用收取押金的形式销售，且包装物单独开发票并单独记账，则应纳税额为：

应纳消费税=1×(1 000−100)×3%=27（万元）

很明显，只把包装物以押金的形式收取，并单独列账，则可暂时少交税款3万元。

税法规定，对收取的押金超过一年以上的，无论是否退还都应并入销售额计税。虽然暂时少纳的税款最终是要缴纳的，但由于其缴纳时限延缓了一年，相当于免费使用银行资金，增加了企业的营运资金，获取了资金的时间价值，为企业的生产经营提供了便利。

3.4.2 消费税税率的筹划

1. 兼营行为的筹划

对于消费税的兼营行为，税法明确规定：纳税人兼营多种不同税率的应税产品，应当分别核算不同税率应税消费品的销售额、销售数量；未分别核算销售额、销售数量，或者将不同税率的应税消费品组成成套消费品销售的，应从高适用税率。这一规定要求企业在会计核算的过程中做到账目清楚，以免蒙受不必要的损失。

【例 3-12】 某酒厂既生产税率为20%的粮食白酒，又生产税率为10%的药酒，还生产上述两类酒的小瓶装礼品套装。2013年8月，该厂对外销售2吨粮食白酒，单价28元/吨；销售8 000瓶药酒，单价58元/瓶（每瓶1斤）；销售700套套装酒，单价120元/套，其中白酒3瓶（每瓶市场价格为14元），药酒3瓶，均为半斤装。

酒厂如何核算，以做好纳税筹划？

(1) 如果3类酒单独核算，应纳消费税为：

白酒应纳消费税=28×2×20%+2×2 000×0.5=2 011.2（元）

药酒应纳消费税=58×8 000×10%=46 400（元）

套装酒应纳消费税=120×700×20%+700×3×0.5=17 850（元）

合计应纳消费税税额=2 011.2+46 400+17 850=66 261.2（元）

(2) 如果3类酒未单独核算，则应采用税率从高的原则，应纳消费税税额为：

应纳消费税=(28×2+58×8 000 +120×700)×20%+(2×2 000+8 000+700×3)×0.5
=109 611.2+7 050=116 661.2（元）

由此可见，如果企业将3种酒单独核算，可节税50 400元。

(3) 如果该企业不将两类酒组成套装酒销售，与方案（1）比较还可节税：

节税额=17 850–(14×3×700×20%+3×0.5×700×0.5+29×3×700×10%)
=17 850–(6 405+6 090)
=5 355（元）

因此，企业兼营不同税率应税消费品时，能单独核算的，最好单独核算；没有必要成套销售的，最好单独销售，尽量降低企业的税收负担。

2．纳税临界点筹划

（1）消费税法中纳税临界点

1）卷烟。卷烟的纳税临界点主要表现在征收比例上，即每标准条（200支）对外调拨价在70元以上（含70元，不含增值税）的，比例税率为56%；每标准条（200支）对外调拨价在70元以下（不含增值税）的，比例税率为36%。这里的临界点影响要素是每标准条对外调拨价格70元，70元以上和以下会执行不同的比例税率。

2）摩托车。摩托车的纳税临界点也表现在征收比例上，即气缸容量在250毫升（含250毫升）以下的，比例税率为3%；气缸容量在250毫升以上的，比例税率为10%。这里的临界点影响要素是气缸容量250毫升，250毫升以上和以下会执行不同的比例税率。

3）小汽车。新消费税法中变化最大的是小汽车，将小汽车分为乘用车和中轻型商用客车两个子目，其中乘用车（包括越野车）子目中包含了7档临界点税率：气缸容量（排气量，下同）在1.0升（含）以下的，1%；气缸容量在1.0升以上至1.5升（含）的，3%；气缸容量在1.5至2.0升（含）的，5%；气缸容量在2.0至2.5升（含）的，9%；气缸容量在2.5至3.0升（含）的，12%；气缸容量在3.0至4.0升（含）的，25%；气缸容量在4.0升以上的，40%。可见，这里的纳税临界点影响因素是气缸容量。

（2）纳税临界点筹划在消费税筹划中的应用

下面仅从卷烟方面来进行浅析。

如上文所述，消费税法规定，每一标准箱卷烟在征收150元定额税的基础上，如果每箱销售价格（不含增值税，下同）超过17 500（70×50 000÷200）元（含）时，全额按56%的税率计税；若销售价格在17 500元以下时，则按36%的税率计税。也就是说，当每一标准箱卷烟的实际销售价格超过17 500元时，税率将由36%提高到56%，因此，卷烟价格的提高，在增加纳税人收益的同时会引起其税负的增加，如果收益的增长额没有超过税负的增长额，价格的提高反而会减少企业的收益。因此，纳税人在商品提价前，应事先测定一个无差别平衡点的临界价格，使纳税人在这个价格下税后收益不小于价格变化前的税后收益。

1）无差别平衡点的临界价格确定。根据无差别平衡点的临界价格确定原理，假设一标准箱卷烟的成本为S，调整前的不含增值税售价为P（适用36%的税率），调整后的不含增值税售价为Q（适用56%的税率），企业所得税税率为25%（假设不考虑城建税和教育费附加）。可以有以下的公式成立：

$$[P-S-(150+P\times 36\%)]\times(1-25\%)\leqslant[Q-S-(150+Q\times 56\%)]\times(1-25\%)$$

由此可以发现$Q \geqslant 1.45P$，这里，1.45为临界点价格系数。即当调整后的价格为调整前价格的1.45倍以上时，调整价格才能给企业带来收益。

2）无差别平衡点的临界价格的具体应用。企业在确定无差别平衡点的临界价格时，可根据商品的原销售价格乘以临界价格调整系数来确定。

【例3-13】 某卷烟厂拟销售100标准箱卷烟，由于产品供不应求，决定将每一标准箱的销售价格从17 000元提高到20 000元（城建税和教育费附加忽略不计），每一标准箱成本为8 000元不变，企业所得税税率为25%。则：

调价前：

企业应缴纳的消费税=100×(150+17 000×36%)=612 000（元）

企业的税后净收益=100×(17 000−8 000−6 120)×(1−25%)=216 000（元）

调价后：

企业应缴纳的消费税为=100×(150+20 000×56%)=1 135 000（元）

企业的税后净收益=100×(20 000−8 000−11 350)×(1−25%)=48 750（元）

因此可见，每一标准箱卷烟的价格虽然提高了3 000元，但企业的税后净收益总额却下降了167 250元，其原因就是每一标准箱卷烟的实际销售价格（20 000元）远远低于无差别平衡点价格（24 650元=17 000×1.45）。

3.4.3 外购应税消费品的筹划

1. 税法相关规定

税法规定，对外购已税消费品连续生产应税消费品销售时，可按当期生产领用数量计算准予扣除外购应税消费品已纳的消费税税款。但是，税法对扣税环节和扣税凭证均做了特殊的规定。

（1）扣税环节

所谓的扣税只限于从工业企业购进的和进口环节购进的、委托加工收回的应税消费品，对从境内商业企业购进的一律不得扣税。

（2）扣税凭证

从一般纳税人处购入已税消费品的，扣税凭证为增值税专用发票和销货清单；从小规模纳税人处购入已税消费品的，扣税凭证为主管税务机关代开的增值税专用发票；进口应税消费品的扣税凭证为海关代开的《进口消费税专用缴款书》。

外购已税消费品的扣税原理与增值税不同：按生产领用量抵扣，不同于增值税的购进扣税；需自行计算抵扣，不同于增值税的凭专用发票抵扣。

2. 筹划的具体应用

【例3-14】 丽江香水厂是增值税一般纳税人，主要业务是购进香精、酒精等生产香水。该厂发生如下业务：2014年5月1日，库存外购香精的进价成本为48 600元；5月10日，从古城日化厂购入香精一批，增值税专用发票上注明价款20 000元，增值税3 400元；5月11日，从新城日化厂（增值税一般纳税人）购入香精一批，普通发票上注明的价税合计37 440元；5月20日，从新星商贸城（小规模纳税人）购入香精一批，取得由税务机关代开的增值税专用发票，注明价款15 000元，增值税450元；5月31日，库存外购香精的进价成本为 49 200 元；本月销售香水取得销售收入 120 000 元，增值税税额 20 400 元。期初、期末库存均有增值税专用发票。

按照现行业务，该厂的消费税计算如下。

当期准予扣除的外购应税消费品买价=48 600+20 000−49 200=19 400（元）

当期准予扣除的外购应税消费品已纳税款=19 400×30%=5 820（元）

当期实际应纳的消费税=120 000×30%−5 820=30 180（元）

进行纳税筹划之后，如果上述从新城日化厂购入的香精能取得增值税专用发票，从新星商贸城购进的香精改为从工业企业购进，则：

当期准予扣除的外购应税消费品已纳税款=$\left(19\,400+\dfrac{37\,400}{1+17\%}+15\,000\right)\times 30\%$

=19 920（元）

当期实际应纳的消费税=120 000×30%−19 920=16 080（元）

改变购货渠道与取得发票的种类，可以节税 14 100 元(30 180−16 080)。

复习思考题

一、单项选择题

1. 某日化厂既生产化妆品又生产护发品，为了扩大销路，该厂将化妆品和护发品组成礼品盒销售，当月单独销售化妆品取得收入 8.5 万元，单独销售护发品取得收入 6.8 万元，销售化妆品和护发品礼品盒取得收入 12 万元，上述收入均不含增值税。该企业应纳的消费税为（　）。

A．6.15 万元　　B．8.19 万元

C．3.6 万元　　D．2.55 万元

2. 下列各项中，不符合消费税纳税地点规定的是（　）。

A．进口应税消费品的，由进口人或其代理人向报关地海关申报纳税

B．纳税人的总机构与分支机构不在同一县（市）的，应分别向各自机构所在地缴纳消费税

C．委托加工应税消费品的，由委托方向受托方所在地主管税务机关申报纳税

D．纳税人到外县销售自产应税消费品的，应向机构所在地或居住地主管税务机关申报纳税

3. 某啤酒厂销售 A 型啤酒 20 吨给某副食品公司，开具税控专用发票收取价款 58 000 元，收取包装物押金 3 000 元；销售 B 型啤酒 10 吨给某宾馆，开具普通发票取得收入 32 760 元，收取包装物押金 1 500 元。该啤酒厂应缴纳的消费税是（　）元。

A．5 000　　B．6 600　　C．7 200　　D．7 500

4. 某制药厂 1 月生产医用酒精 20 吨，成本 16 000 元，将 5 吨投入车间连续加工跌打正骨水，10 吨对外销售，取得含税收入 10 000 元。企业当期销售跌打正骨水取得含税收入 200 000 元，当期发生可抵扣增值税进项税额 30 000 元。该企业当期应纳增值税和消费税合计数为（　）元。

A．1 358.12　　B．1 240.53

C．1 153.85　　D．1 403

5．某汽车厂将 1 辆自产小汽车奖励发给优秀职工，其成本 5 000 元/辆，成本利润率 10%，适用消费税税率 9%。则该厂应纳的增值税销项税额（　）元。

A．1 027.47　　B．1 230.60

C．1 154.85　　D．1 123.20

6．某酒厂 2014 年 3 月生产一种新的粮食白酒，广告样品使用 0.3 吨，已知该种白酒无同类产品出厂价，生产成本每吨 40 000 元，成本利润率 10%。粮食白酒的定额税率为每斤 0.5 元，比例税率为 20%。则该厂当月应缴纳的消费税为（　）元。

A．3 876　　B．2 867

C．3 954　　D．3 675

二、多项选择题

1．根据税法规定，下列说法正确的有（　）。

A．消费税实行多环节征收

B．缴纳增值税的货物并不都缴纳消费税

C．应税消费品征收增值税的，其税基含有消费税

D．应税消费品征收消费税的，其税基不含有增值税

2．依据消费税的有关规定，下列消费品中属于“化妆品”税目的有（　）。

A．香水、香水精　　B．高档护肤类化妆品

C．指甲油、蓝眼油　　D．演员化妆用的上妆油、卸妆油

3．按《消费税暂行条例》的规定，下列应税消费品，以纳税人同类应税消费品的最高销售价格作为计税依据计算消费税的有（　）。

A．用于抵债的应税消费品　　B．用于馈赠的应税消费品

C．用于换取消费资料的应税消费品　　D．对外投资入股的应税消费品

4．根据《消费税暂行条例实施细则》的规定，消费税纳税义务发生时间根据不同情况分别确定为（　）。

A．纳税人委托加工的应税消费品，其纳税义务发生时间为纳税人提货的当天

B．纳税人进口的应税消费品，其纳税义务发生时间为报关进口的当天

C．纳税人采取预收货款结算方式销售应税消费品的，其纳税义务发生时间为收到预收货款的当天

D．纳税人自产自用的应税消费品，用于生产非应税消费品的，其纳税义务发生时间为移送使用的当天

5．下列各项中，应当征收消费税的有（　）。

A．化妆品厂作为样品赠送给客户的香水

B．用于产品质量检验耗费的高尔夫球杆

C．白酒生产企业向百货公司销售的试制药酒

D．轮胎厂移送非独立核算门市部待销售的汽车轮胎

三、判断题

1．凡是在中国境内销售、进口和委托加工应税消费品的单位和个人，均是消费税的纳税人。(　)

2．出国人员免税商店销售的金银首饰征收消费税。(　)

3．汽车与农用拖拉机、收割机、手扶拖拉机通用轮胎不属于消费税税目“汽车轮胎”的征收范围。(　)

4．消费税计税销售额中的价外费用同时也是增值税计税销售额中的价外费用。(　)

5．将自产应税消费品连续生产非应税消费品的，只征收消费税，不征收增值税和企业所得税。(　)

四、案例分析题

1．白酒生产企业甲为增值税一般纳税人，2014 年 7 月发生以下业务。

(1) 向某烟酒专卖店销售粮食白酒 20 吨，开具普通发票，取得含税收入 200 万元，另收取品牌使用费 50 万元、包装物租金 20 万元。

(2) 提供 10 万元的原材料委托乙企业加工散装药酒 1 000 千克，收回时向乙企业支付不含增值税的加工费 1 万元，乙企业已代收代缴消费税。

(3) 委托加工收回后将其中 900 千克散装药酒继续加工成瓶装药酒 1 800 瓶，以每瓶不含税售价 100 元通过非独立核算门市部销售完毕。将剩余 100 千克散装药酒作为福利分给职工，同类药酒的不含税销售价为每千克 150 元。(说明：药酒的消费税税率为 10%，白酒的消费税税率为 20%加 0.5 元/500 克)

要求：根据上述资料，按照下列序号计算回答问题，每题需计算出合计数。

(1) 计算本月甲企业向专卖店销售白酒应缴纳消费税。

(2) 计算乙企业已代收代缴消费税。

(3) 计算本月甲企业销售瓶装药酒应缴纳消费税。

(4) 计算本月甲企业分给职工散装药酒应缴纳消费税。

2．甲化妆品厂（增值税一般纳税人）2014 年 1 月初增值税留抵税额 20 000 元，2014 年 1 月发生下列业务。

(1) 购买香水精 1 千克，增值税发票注明价款 8 000 元，增值税 1 360 元。

(2) 外购酒精 8 000 千克，价款 40 000 元，增值税 6 800 元。

(3) 支付运输公司酒精运杂费 250 元，其中运费 200 元、建设基金 20 元、装卸保管费 30 元。

(4) 将酒精和香水精送到乙化妆品厂（增值税一般纳税人）加工成 10 000 千克香水，支付乙化妆品厂加工费 2 000 元和辅料费 1 000 元（均含增值税并取得增值税发票）。

(5) 将收回香水的 50%直接批发销售给其他商业单位，每千克单位价格 80 元（不含增值税），10%赠送客户试用，5%发给职工作为福利。

(6) 将收回香水的 25%进一步调香调色，以每千克 100 元的价格（不含增值税）对外销售 2 000 千克。(说明：上述取得的相关增值税发票均经过认证)

要求计算：

(1) 乙化妆品厂应代收代缴甲化妆品厂的消费税。

(2) 甲化妆品厂当月申报缴纳的消费税。

(3) 甲化妆品厂当月申报的增值税进项税。

(4) 甲化妆品厂当月申报的增值税销项税。

(5) 甲化妆品厂当月申报缴纳的增值税应纳税额。

3．大华汽车制造有限公司为一般纳税人，生产制造和销售小汽车，2013 年 12 月发生如下业务。

(1) 购进生产用钢材，取得税控防伪增值税专用发票，注明价款 600 万元，增值税 102 万元，专用发票已通过税务机关的认证。

(2) 委托建新加工厂加工汽车轮胎 20 件，委托合同注明材料成本为每件 200 元，取得税控防伪增值税专用发票上注明支付加工费 3 000 元，税款 510 元（专用发票已通过税务机关的认证）。收回后，有 12 件对外销售，每件不含税价格为 300 元，其余 8 件用于本企业小汽车的装配。

(3) 本月制造普通小汽车 150 辆，其中 10 辆用于馈赠；20 辆用于投资，双方约定按最近不含税价 12 万元/辆进行投资额核算；其余全部销售。

(4) 本月还特制 5 辆小汽车用于奖励对企业做出特殊贡献的技术人才。已知：普通小汽车不含税销售价格为每辆 12 万元，税务机关核定该型号小汽车最高价每辆 13 万元，特制小汽车生产成本为每辆 7 万元，小汽车的成本利润率为 8%，小汽车适用的消费税税率为 3%，汽车轮胎消费税税率为 3%。

要求：请根据上述资料，按照下列顺序回答问题。

(1) 加工厂代收代缴的消费税。

(2) 销售汽车轮胎应纳消费税。

(3) 纳税人当月应纳消费税税额。

(4) 纳税人当月应纳增值税税额。

第 4 章 营业税实务与筹划

理论目标

1. 熟悉营业税基本要素。
2. 掌握营业税的计算方法。
3. 熟悉营业税的纳税申报方法。

实践目标

1. 能准确计算营业税税额并进行申报。
2. 能根据实际进行简单的营业税纳税筹划。

案例导入

甲公司（取得建筑安装资质）将自产货物（如铝合金门窗、玻璃幕墙）销售给乙公司并负责安装。根据合同约定，货物的销售额为 2 000 万元（含税），安装费用为 300 万元。甲公司的行为属于混合销售，分别核算的，分别缴纳增值税和营业税；未分别核算的，由主管税务机关核定货物的销售额和应税劳务的营业额，核定后，仍分别缴纳增值税和营业税。

思考

1. 混合销售行为与兼营行为的区别是什么？
2. 本案的增值税与营业税数额如何认定？

4.1 认知营业税

4.1.1 营业税的含义与特点

1. 营业税的含义

营业税是指对在我国境内提供应税劳务、转让无形资产或销售不动产的单位和个人所取得的营业额征收的一种商品劳务税。

2. 营业税的特点

与其他商品劳务税种相比，营业税具有以下特点。

（1）计税依据一般为营业额全额

营业税属于商品劳务税，计税依据为营业额全额，税额的计算不受成本、费用高低的影响，从而有利于保证国家财政收入的稳定增长。

（2）税目、税率按行业设计

营业税实行普遍征收的方式，所以税率的设计一般也较低，但由于各行业的盈利水平不同，实行行业差别比例税率。例如，对一些有利于社会稳定发展的福利单位和教育、卫生部门给予免税；对一些关系国计民生的行业采用低税率，如交通运输业、邮电通信业、文化体育业和建筑业适用 3%的税率；对一些收入较高的歌厅、舞厅、高尔夫球等娱乐行业适用 5%～20%的高税率等。这种税目、税率的确定体现了国家的政策，有利于促进各行业的协调发展。

（3）计算简便，便于征管

因为营业税按营业额全额征税，又实行的是比例税率，所以，相对于其他税种来说，其计算简便，有利于纳税人计算缴纳和税务机关征收管理。

4.1.2 营业税的基本要素

1. 征税范围

营业税的基本征税范围是在我国境内提供应税劳务、转让无形资产或销售不动产。

（1）“在境内”的含义

1）提供或接受税法规定劳务的单位和个人在境内。

2）所转让的无形资产（不含土地使用权）的接受单位或个人在境内。

3）所转让或出租土地使用权的土地在境内。

4）所销售或出租的不动产在境内。

（2）“应税行为”的含义

“应税行为”是指有偿提供应税劳务、有偿转让无形资产所有权或使用权、有偿转让不动产所有权的行为。

单位和个人发生下列情形之一的，视同发生应税行为。

1）单位和个人将不动产或土地使用权无偿赠送给个人。

2）单位或个人自建建筑物所发生的自建建筑物销售行为。

3）财政部、国家税务总局规定的其他情形。

（3）营业税与增值税征税范围的划分

1）混合销售行为征税范围的划分。对于纳税人的一项销售行为中既涉及应纳营业税的应税劳务，又涉及应纳增值税的货物销售的，我们称为混合销售行为。税法对混合销售规定的征税范围划分方法如下。

① 从事货物生产、批发或零售的企业、企业性单位及个体经营者的混合销售行为，一律视为销售货物，不征营业税；其他单位和个人的混合销售行为，则视为提供应税劳务，应当征收营业税。所谓从事货物的生产、批发或零售的企业、企业性单位及个体经营者，

包括以从事货物的生产、批发或零售为主，兼营应税劳务的企业、企业性单位及个体经营者。

混合销售行为应当征收营业税的，营业额为应税劳务营业额与货物销售额的总计。

② 纳税人的下列混合销售行为，应当分别核算应税劳务的营业额和货物的销售额，其应税劳务的营业额缴纳营业税，货物销售额不缴纳营业税；未分别核算的，由主管税务机关核定其应税劳务的营业额：提供建筑业劳务的同时销售自产货物的行为；财政部、国家税务总局规定的其他情形。

③ 纳税人的销售行为是否属于混合销售行为，由国家税务总局所属征收机关（即各级国家税务局）确定。

【例 4-1】 根据营业税法律制度的规定，下列混合销售行为中，应当一并征收营业税的是（　　）。

A．贸易公司销售货物的同时负责安装

B．百货商店销售商品的同时负责运输

C．建筑公司提供建筑业劳务的同时销售自产货物并实行分别核算

D．餐饮公司提供餐饮服务的同时销售酒水

【分析】

答案为 D。

(1) 选项 A 和 B 属于增值税的混合销售行为，应当一并征收增值税。

(2) 选项 C，提供建筑业劳务的同时销售自产货物的行为，应当分别核算应税劳务的营业额和货物的销售额，其应税劳务的营业额缴纳营业税，货物销售额缴纳增值税。

(3) 选项 D 属于营业税的混合销售行为，应当一并征收营业税。

2) 兼营行为征税范围的划分。对于纳税人既经营货物销售，又提供营业税应税劳务的，我们称为兼营行为。税法对兼营规定的征税范围划分方法如下。

① 对于纳税人的兼营行为，应当将不同税种征税范围的经营项目分别核算，分别申报纳税。即纳税人兼营的销售货物或提供非应税劳务（“非应税劳务”是指属于增值税征税范围的加工、修理修配劳务。“应税劳务”与“非应税劳务”只是一个相对的提法。在这里，我们站在营业税角度所讲的“应税劳务”，站在增值税的角度则应称为“非应税劳务”；反之亦然），与属于营业税征收范围的应税劳务，分别核算，分别就不同项目的营业额（或销售额）按营业税或增值税的有关规定申报纳税。例如，旅馆的餐饮和住宿收入单独核算征营业税，商品部的收入单独核算征增值税等。

② 纳税人兼营行为不分别核算或不能准确核算的，其应税劳务与货物或非应税劳务一并征收增值税，不征营业税。

③ 纳税人兼营的应税劳务是否一并征收增值税，由国家税务总局所属征收机关（即各级国家税务局）确定。

【例 4-2】 下列各项中，关于增值税混合销售和兼营行为的涉税陈述，正确的有（　　）。

A．建材商店在销售建材的同时为其他客户提供装饰服务，属于混合销售

B．汽车制造公司在生产销售汽车的同时为客户提供修理服务，属于兼营业务

C．塑钢门窗销售商店在销售产品的同时为客户提供安装服务，属于混合销售

D．纳税人销售自产货物并同时提供建筑业劳务的行为，未分别核算的，由主管税务机关核定其货物的销售额

答案为 C、D。

2. 纳税人与扣缴义务人

（1）纳税义务人

在我国境内提供应税劳务、转让无形资产或销售不动产的单位和个人，为营业税的纳税义务人。这里所称的单位，是指企业、行政单位、事业单位、军事单位、社会团体及其他单位；这里所称的个人，是指个体工商户和其他个人。

纳税义务人的特殊规定如下。

1）铁路运输的纳税人：中央铁路运营业务的纳税人为铁道部；合资铁路运营业务的纳税人为合资铁路公司；地方铁路运营业务的纳税人为地方铁路管理机构；基建临管线铁路运营业务的纳税人为基建临管线管理机构。

2）单位以承包、承租、挂靠方式经营的，承包人、承租人、挂靠人（以下统称承包人）发生应税行为，承包人以发包人、出租人、被挂靠人（以下统称发包人）的名义对外经营并由发包人承担相关法律责任的，以发包人为纳税人；否则以承包人为纳税人。

3）在我国境内承包工程作业和提供应税劳务的非居民也是营业税的纳税人。

4）负有营业税纳税义务的单位为发生应税行为并收取货币、货物或其他经济利益的单位，但不包括单位依法不需要办理税务登记的内设机构。

（2）扣缴义务人

为了加强税收的源泉控制，简化征税手续，减少税款损失，营业税扣缴义务人直接负有代扣代缴的义务。

1）境外单位或个人在境内发生营业税应税行为，而境内未设有机构的，以其境内代理人为扣缴义务人；没有代理人的，以受让方或购买方为扣缴义务人。

2）财政部规定的其他扣缴义务人。

3. 营业税税目

营业税设有 9 个税目，分别为交通运输业、建筑业、金融保险业、邮电通信业、文化体育业、娱乐业、服务业、转让无形资产和销售不动产。

（1）交通运输业

交通运输业是指使用运输工具或人力、畜力将货物或旅客送达目的地，使其空间位置得到转移的业务活动。本税目的征收范围包括陆路运输、水路运输、航空运输、管道运输、装卸搬运。凡与运营业务有关的各项劳务活动，均属本税目的征税范围。

1）陆路运输是指通过陆路（地上或地下）运送货物或旅客的运输业务，包括铁路运输、公路运输、缆车运输、索道运输及其他陆路运输。

2）水路运输是指通过江、河、湖、川等天然、人工水道或海洋航道运送货物或旅客的运输业务。打捞业务比照水路运输征税。

3）航空运输是指通过空中航线运送货物或旅客的运输业务。通用航空业务和航空地面服务业务比照航空运输征税。通用航空业务是指为专业工作提供飞行服务的业务，如航空摄影、航空测量、航空勘探、航空护林、航空吊挂飞播、航空降雨等；航空地面服务业务是指航空公司、飞机场、民航管理局、航站向在我国境内航行或在我国境内机场停留的境内外飞机或其他飞行器提供的导航等劳务性地面服务的业务。

4）管道运输是指通过管道设施输送气体、液体、固体物质的运输业务。

5）装卸搬运是指使用装卸搬运工具或人力、畜力将货物在运输工具之间、装卸现场之间或运输工具与装卸现场之间进行装卸和搬运的业务。

（2）建筑业

建筑业是指建筑安装工程作业。本税目的征收范围包括建筑、安装、修缮、装饰及其他工程作业。

1）建筑是指新建、改建、扩建各种建筑物、构筑物的工程作业，包括与建筑物相连的各种设备或支柱、操作平台的安装或装设工程作业，以及各种窑炉和金属结构工程作业。

2）安装是指生产设备、动力设备、起重设备、运输设备、传动设备、医疗实验设备及其他各种设备的装配、安置工程作业，包括与设备相连的工作台、梯子、栏杆的装设工程作业和被安装设备的绝缘、防腐、保温、油漆等工程作业在内。

3）修缮是指对建筑物、构筑物进行修补、加固、养护、改善，使之恢复原来的使用价值或延长其使用期限的工程作业。

4）装饰是指对建筑物、构筑物进行修饰，使之美观或具有特定用途的工程作业。

5）其他工程作业是指上列工程作业以外的各种工程作业，如代办电信工程、水利工程、道路修建、疏浚、钻井（打井）、拆除建筑物或构筑物、平整土地、搭脚手架、爆破等工程作业。

（3）金融保险业

金融保险业是指经营金融、保险的业务。本税目的征收范围包括金融、保险。

1）金融是指经营货币资金融通活动的业务，包括贷款、融资租赁、金融商品转让、金融经纪业和其他金融业务。

① 贷款是指将资金贷与他人使用的业务，包括自有资金贷款和转贷。其中，自有资金贷款是指将自有资本金或吸收的单位、个人的存款贷与他人使用；转贷是指将借来的资金贷与他人使用。典当业的抵押贷款业务，无论其资金来源如何，均按自有资金贷款征税。中国人民银行的贷款业务，不征税。

② 融资租赁是指具有融资性质和所有权转移特点的设备租赁业务。例如，出租人根据承租人所要求的规格、型号、性能等条件购入设备租赁给承租人，合同期内设备所有权属于出租人，承租人只拥有使用权，合同期满付清租金后，承租人有权按残值购入设备，以拥有设备的所有权。凡融资租赁，无论出租人是否将设备残值销售给承租人，均按本税目征税。

③ 金融商品转让是指转让外汇、有价证券或非货物期货的所有权的行为。其中，非货物期货是指商品期货、贵金属期货以外的期货，如外汇期货等。

④ 金融经纪业是指受托代他人经营金融活动的业务。

⑤ 其他金融业务是指上列业务以外的各项金融业务，如银行结算、票据贴现等。存款或购入金融商品的行为，不征收营业税。

2）保险是指将通过契约形式集中起来的资金，用以补偿被保险人的经济利益的业务。

（4）邮电通信业

邮电通信业是指专门办理信息传递的业务。本税目的征收范围包括邮政、电信。

1）邮政是指传递实物信息的业务，包括传递函件或包件、邮汇、报刊发行、邮务物品销售、邮政储蓄及其他邮政业务。

① 传递函件或包件是指传递函件或包件的业务及与传递函件或包件相关的业务。传递函件是指收寄信函、明信片、印刷品的业务；传递包件是指收寄包裹的业务；与传递函件

或包件相关的业务，是指出租信箱、对进口函件或包件进行处理、保管逾期包裹、附带货载及其他与传递函件或包件相关的业务。

② 邮汇是指为汇款人传递汇款凭证并兑取的业务。

③ 报刊发行是指邮政部门代出版单位收订、投递和销售各种报纸、杂志的业务。

④ 邮务物品销售是指邮政部门在提供邮政劳务的同时附带销售与邮政业务相关的各种物品（如信封、信纸、汇款单、邮件包装用品等）的业务。

⑤ 邮政储蓄是指邮电部门办理储蓄的业务。

⑥ 其他邮政业务是指上列业务以外的各项邮政业务。

2）电信是指用各种电传设备传输电信号来传递信息的业务，包括电报、电传、电话、电话机安装、电信物品销售及其他电信业务。

① 电报是指用电信号传递文字的通信业务及相关的业务，包括传递电报、出租电报电路设备、代维修电报电路设备及电报分送、译报、查阅去报报底或来报回单、抄录去报报底等。

② 电传（即传真）是指通过电传设备传递原件的通信业务，包括传递资料、图表、相片、真迹等。

③ 电话是指用电传设备传递语言的业务及相关的业务，包括有线电话、无线电话、寻呼电话、出租电话电路设备、代维修或出租广播电路、电视信道等业务。

④ 电话机安装是指为用户安装或移动电话机的业务。

⑤ 电信物品销售是指在提供电信劳务的同时附带销售专用和通用电信物品（如电报纸、电话号码簿、电报签收簿、电信器材、电话机等）的业务。

⑥ 其他电信业务是指上列业务以外的电信业务。

（5）文化体育业

文化体育业是指经营文化、体育活动的业务。本税目的征收范围包括文化业、体育业。

1）文化业是指经营文化活动的业务，包括表演、播映、其他文化业。经营游览场所的业务，比照文化业征税。

① 表演是指进行戏剧、歌舞、时装、健美、杂技、民间艺术、武术、体育等表演活动的业务。

② 播映是指通过电台、电视台、音响系统、闭路电视、卫星通信等无线或有线装置传播作品，以及在电影院、影剧院、录像厅及其他场所放映各种节目的业务。广告的播映不按本税目征税。

③ 其他文化业是指经营上列活动以外的文化活动的业务，如各种展览和培训活动，举办文学、艺术、科技讲座，演讲，报告会，图书馆的图书和资料借阅业务等。

④ 经营游览场所的业务是指公园、动（植）物园及其他各种游览场所销售门票的业务。

2）体育业是指举办各种体育比赛和为体育比赛或体育活动提供场所的业务。以租赁方式为文化活动、体育比赛提供场所，不按本税目征税。

（6）娱乐业

娱乐业是指为娱乐活动提供场所和服务的业务。本税目征收范围包括经营歌厅、舞厅、卡拉 OK 歌舞厅、音乐茶座、台球、高尔夫球、保龄球场、游艺场等娱乐场所，以及娱乐场所为顾客进行娱乐活动提供服务的业务。

上列娱乐场所为顾客进行娱乐活动提供的饮食服务及其他各种服务，均属于本税目征收范围。

（7）服务业

服务业是指利用设备、工具、场所、信息或技能为社会提供服务的业务。本税目的征收范围包括代理业、旅店业、饮食业、旅游业、仓储业、租赁业、广告业、其他服务业。

（8）转让无形资产

转让无形资产是指转让无形资产的所有权或使用权的行为。无形资产是指不具实物形态，但能带来经济利益的资产。本税目的征收范围包括转让土地使用权、转让商标权、转让专利权、转让非专利技术、转让著作权、转让商誉。

（9）销售不动产

销售不动产是指有偿转让不动产所有权的行为。不动产是指不能移动，移动后会引起性质、形状改变的财产。本税目的征收范围包括销售建筑物或构筑物、销售其他土地附着物。

4．营业税税率

营业税按照行业、类别的不同分别采用不同的比例税率，具体规定如下。

（1）税率为 3%

包括交通运输业、建筑业、邮电通信业、文化体育业。

（2）税率为 5%

包括金融保险业、服务业、销售不动产、转让无形资产。

（3）5%～20%

娱乐业执行 5%～20%的幅度税率，具体适用的税率，由各省、自治区、直辖市人民政府根据当地的实际情况在税法规定的幅度内决定。

5．营业税计税依据

（1）计税依据的一般规定

营业税的计税依据是营业额，营业额为纳税人提供应税劳务、转让无形资产或销售不动产向对方收取的全部价款和价外费用。

同时符合以下条件代为收取的政府性基金或行政事业性收费不属于价外费用。

1）由国务院或财政部批准设立的政府性基金，由国务院或省级人民政府及其财政、价格主管部门批准设立的行政事业性收费。

2）收取时开具省级以上财政部门印刷的财政票据。

3）所收款项全额上缴财政。

（2）计税依据的具体规定

1）交通运输业。运输企业自我国境内运输旅客或货物出境，在境外改由其他运输企业承运旅客或货物，以全程运费减去付给该承运企业的运费后的余额为营业额。

运输企业从事联运业务，以实际取得的营业额为计税依据。

2）建筑业。建筑业的总承包人将工程分包或转包给他人，以工程的全部承包额减去付给分包人或转包人的价款后的余额为营业额。

纳税人自建自用的房屋不纳税。如果纳税人（包括个人自建自用的住房对外销售）将自建的房屋对外销售，其自建行为先按建筑业缴纳营业税，再按销售不动产征收营业税。

3）金融保险业。一般贷款业务的营业额为贷款利息收入（包括各种加息、罚款）。

融资租赁业务以其向承租者收取的全部价款和价外费用（包括残值）减去出租方承担的出租货物的实际成本后的余额，以直线法折算出本期的营业额。

金融经纪业务和其他金融业务（中间业务）营业额为手续费（佣金）类的全部收入。

保险企业开展无赔偿奖励业务的，以向投保人实际收取的保费为营业额。

4）邮电通信业。邮政电信单位长期与其他单位合作，共同为用户提供邮政电信业务及其他服务并由邮政电信单位统一收取价款的，以全部收入减去支付给合作方价款后的余额为营业额。

自 2009 年 11 月 1 日起，对中国移动通信集团公司、中国联合网络通信集团有限公司、中国电信股份有限公司通过手机特服号“10699969”和“10699919”分别为中国绿化基金会和中国社会工作协会接受捐款业务，以全部收入减去支付给中国绿化基金会和中国社会工作协会的价款后的余额为营业额，计算征收营业税。

5）文化体育业。单位或个人进行演出，以全部票价收入或包场收入减去付给提供演出场所的单位、演出公司或经纪人的费用后的余额为营业额。

6）娱乐业。经营娱乐业向顾客收取的各项费用为营业额，包括门票收费、台位费、点歌费、烟酒和饮料收费及其他收费。

7）服务业。电脑福利彩票投注点代销福利彩票取得的任何形式的手续费收入，应照章征收营业税。

从事物业管理的单位，以与物业管理有关的全部收入减去代业主支付的水、电、燃气及代承租者支付的水、电、燃气、房租的价款后的余额为营业额。

8）销售不动产或受让土地使用权。单位和个人销售或转让其购置的不动产或受让的土地使用权，以全部收入减去不动产或土地使用权的购置或受让原价后的余额为营业额。

9）对于纳税人提供劳务、转让无形资产或销售不动产的平均价格明显偏低而无正当理由的，税务机关可按下列顺序核定其营业额。

① 按纳税人当月提供的应税劳务或销售同类不动产的平均价格核定。

② 按纳税人最近时期提供的同类应税劳务或销售同类不动产的平均价格核定。

③ 按下列计算公式核定计税价格：

$$计税价格=营业成本或工程成本\times（1成本利润率）\div（1-营业税税率）$$

上列公式中的成本利润率由各省人民政府所属税务机关确定。

纳税人以外汇结算营业额的，应折合成人民币。外汇折合成人民币的折合率，可以按营业额发生的当天或当月 1 日中国人民银行公布的市场汇率。纳税人应事先确定选择何种折合率，确定后一年内不得变动。

4.1.3 营业税起征点与税收减免

1. 营业税起征点

营业税起征点是指营业税的征税起点。纳税人营业额未达到国务院财政、税务主管部门规定的营业税起征点的，免征营业税；达到起征点的，依照《营业税暂行条例》规定全额计算缴纳营业税。营业税起征点的适用范围限于个人。

营业税起征点的幅度规定如下：按期纳税的，为月营业额 1 000～5 000 元；按次纳税的，为每次（日）营业额 100 元。

2. 营业税税收减免

（1）《营业税暂行条例》的免征规定

1）托儿所、幼儿园、养老院、残疾人福利机构提供的育养服务，婚姻介绍，殡葬服务。

2）残疾人员个人提供的劳务。

3）医院、诊所和其他医疗机构提供的医疗服务。

4）学校和其他教育机构提供的教育劳务（指学历教育），学生勤工俭学提供的劳务。

5）农业机耕、排灌、病虫害防治、植物保护、农牧保险以及相关技术培训业务，家禽、牲畜、水生动物的配种和疾病防治。

6）纪念馆、博物馆、文化馆、文物保护单位管理机构、美术馆、展览馆、书画院、图书馆举办文化活动的门票收入，宗教场所举办文化、宗教活动的门票收入。

7）境内保险机构为出口货物提供的保险产品。这里所称的为出口货物提供的保险产品，包括出口货物保险和出口信用保险。

除上述规定外，营业税的免税、减税项目由国务院规定。任何地区、部门均不得规定免税、减税项目。

（2）国家税务总局、财政部或国务院的其他主要规定

1）对单位和个人（包括外商投资企业、外商投资设立的研究开发中心、外国企业和外籍个人）从事技术转让、技术开发业务和与之相关的技术咨询、技术服务业务取得的收入，免征营业税。

2）对科普单位的门票收入，免征营业税。

3）文化企业在境外演出从境外取得的收入，免征营业税。

4）个人转让著作权，免征营业税。

5）将土地使用权转让给农业生产者用于农业生产，免征营业税。

6）对按政府规定价格出租的公有住房和廉租住房，暂免征收营业税。

7）对企业、事业单位按房改成本价、标准价出售职工住房取得的收入，暂免征收营业税。

8）同时满足以下条件的行政事业性收费和政府性基金暂免征收营业税：① 由国务院或财政部批准设立的政府性基金，由国务院或省级人民政府及其财政、价格主管部门批准设立的行政事业性收费和政府性基金；② 收取时开具省级以上（含省级）财政部门统一印制或监制的财政票据；③ 所收款项全额上缴财政。凡不同时符合上述 3 个条件，而且属于营业税征税范围的行政事业性收费或政府性基金，应照章征收营业税。

9）自 2011 年 1 月 28 日起，个人将购买不足 5 年的住房对外销售的，全额征收营业税；个人将购买超过 5 年（含 5 年）的非普通住房对外销售的，按照其销售收入减去购买房屋的价款后的差额征收营业税；个人将购买超过 5 年（含 5 年）的普通住房对外销售的，免征营业税。

10）个人无偿赠与不动产、土地使用权，属于下列情形之一的，暂免征收营业税：① 离婚财产分割；② 无偿赠与配偶、父母、子女、祖父母、外祖父母、孙子女、外孙子女、兄弟姐妹；③ 无偿赠与对其承担直接抚养或赡养义务的抚养人或赡养人；④ 房屋产权所有人死亡，依法取得房屋产权的法定继承人、遗嘱继承人或者受遗赠人。

4.2 营业税的计算

4.2.1 一般情况下营业税的计算

纳税人提供应税劳务、转让无形资产或销售不动产，按照营业额和规定的税率计算应

纳税额。其计算公式为：

应税营业税=营业额×税率

纳税人兼有不同的应税劳务、转让无形资产或销售不动产，应当分别核算不同的营业额；未分别核算营业额的，从高适用税率。

【例 4-3】 某有线电视台 2013 年 10 月取得收入 500 万元，其中广告收入 200 万元，有线电视收视费收入 200 万元，有线电视用户初装费收入 100 万元，试计算该月应纳营业税额。

【分析】

广告收入适用服务业税目，税率为 5%；有线电视收视费收入适用文化体育业税目，税率为 3%；有线电视初装费收入适用建筑业税目，税率为 3%。

应纳营业税=200×5%+200×3%+100×3%=19（万元）

4.2.2 特殊情况下营业税的计算

1．交通运输业

联营运输业务，有一部分运输业务要转交其他运输部门承办，所以支付的联运业务金额应当从营运总收入中扣除，并以其余额为计算营业税依据。其计算公式为：

营业额=收入总额−联运业务支出

应纳税额=营业额×适用税率

【例 4-4】 某运输公司 2013 年 8 月取得运输收入总额为 2 000 万元，其中支付联运业务金额为 500 万元。请计算该运输公司 2013 年 8 月应缴纳的营业税税额（交通运输业营业税税率为 3%）。

【分析】

营业额=收入总额−联运业务支出=2 000−500=1 500（万元）

应纳税额=营业额×适用税率=1 500×3%=45（万元）

2．娱乐业

娱乐业计算营业税的依据是取得的全部营业收入额，包括门票收入、台位费收入等。其计算公式为：

应纳税额=各项收入总额之和×适用税率

【例 4-5】 某歌舞厅 2013 年 8 月门票收入 50 万元，台位费收入 20 万元，点歌费收入 40 万元，相关烟酒费收入 30 万元，请计算该歌舞厅 2013 年 8 月应缴纳的营业税税额（娱乐业营业税税率为 20%）。

【分析】

根据营业税中混合销售的内容，烟酒费收入应当计入其主营业务营业税收入总额。

应纳税额=各项收入总额之和×适用税率=(50+20+40+30)×20%=28（万元）

3．自建建筑物出售

单位或个人自建建筑物后出售的，应当双重征收营业税，分别按照提供建筑劳务和销售不动产两种行为征收营业税。首先，按照纳税人销售建筑物的销售额和建筑业的营业税税率计算营业税，然后按照纳税人销售建筑物的销售额和销售不动产的营业税税率计算营业税，最后把上述两种营业税的数额相加，便是纳税人销售自建建筑物的行为共应缴纳的营业税。

建筑业税目的营业税，按照组成计税价格和规定的税率计算营业税。其计算公式为：

自建建筑物应纳营业税税额=工程成本×[(1+成本利润率)÷(1−营业税税率)] ×税率

出售建筑物应纳营业税税额=营业收入×税率

【例 4-6】 某事业单位建成一幢住宅楼，有格局相同的房屋 50 套，工程的总成本价为 200 万元。住宅楼建成后，该单位自用 20 套，其余 30 套出售给他人，但其账面上反映的销售款仅为正常销售价的 1/3。纳税人所在地税务机关确定不定期的建筑业的成本利润率为 15%。计算该事业单位销售住宅楼应纳的营业税税额。

【分析】

本案例中，只有向他人销售 30 套房屋的行为应纳营业税，自用 20 套房屋的行为不纳营业税。该行为是自建行为，应分别按提供建筑劳务和销售不动产计算两次营业税。纳税人销售不动产的价格明显偏低，应按计税价格确定营业额。

自建行为的计税价格=200× [(1+15%)÷(1−3%)]×30÷50 =142.27（万元）

自建行为的应纳税额=142.27×3%=4.27（万元）

销售房屋的计税价格=200×[(1+15%)÷(1−5%)] ×30÷50 =145.26（万元）

销售房屋的应纳税额=145.26×5%=7.26（万元）

应纳营业税税额=4.27+7.26=11.53（万元）

4.2.3　营业税改增值税主要内容

所谓营业税改增值税制度，是指部分原缴纳营业税的应税劳务改为缴纳增值税。

1．“营改增”试点的纳税人及认定标准

“营改增”试点的纳税人是指在中华人民共和国境内提供交通运输业和部分现代服务业服务的单位和个人。试点一般纳税人的认定标准为：① 应税服务的年应征增值税销售额（以下称应税服务年销售额）超过 500 万元（含本数）的纳税人为一般纳税人。② 已取得一般纳税人资格并兼有应税服务的试点纳税人，不需重新申请认定，由主管税务机关制作、送达《税务事项通知书》，告知纳税人。③ 应税服务年销售额未超过 500 万元及新开业的试点纳税人，可以向主管税务机关申请一般纳税人资格认定。④ 除国家税务总局另有规定外，一经认定为一般纳税人后，不得转为小规模纳税人。

2．“营改增”试点的应税范围

“营改增”试点的应税范围包括：① 交通运输业，是指使用运输工具将货物或旅客送达目的地，使其空间位置得到转移的业务活动，包括陆路运输服务、水路运输服务、航空运输服务和管道运输服务。② 部分现代服务业，是指围绕制造业、文化产业、现代物流产业等提供技术性、知识性服务的业务活动，包括研发和技术服务、信息技术服务、文化创意服务、物流辅助服务、有形动产租赁服务、鉴证咨询服务。

3．“营改增”试点的税率

“营改增”试点的税率主要包括：① 提供有形动产租赁服务，税率为 17%。② 提供交通运输业服务，税率为 11%。③ 提供现代服务业服务（有形动产租赁服务除外），税率为

6%。④ 财政部和国家税务总局规定的应税服务，主要涉及跨境提供应税服务的行为，税率为零。增值税征收率为3%，适用于小规模纳税人及一般纳税人适用简易方法计税的特定项目，如轮客渡、公交客运、轨道交通和出租车。

4．“营改增”试点的应纳税额计算

（1）一般计税方法

一般计税方法的应纳税额，是指当期销项税额抵扣当期进项税额后的余额。

应纳税额=当期销项税额−当期进项税额

计税销售额=（取得的全部含税价款和价外费用－支付给其他单位或个人的含税价款）÷（1＋对应征税应税服务适用的增值税税率或征收率）

当期销项税额小于当期进项税额不足抵扣时，其不足部分可以结转下期继续抵扣。

（2）简易计税方法

简易计税方法的应纳税额，是指按照销售额和增值税征收率计算的增值税额，不得抵扣进项税额。

应纳税额=销售额×征收率

计税销售额=（取得的全部含税价款和价外费用－支付给其他单位或个人的含税价款）÷（1＋征收率）

5．“营改增”试点的税收优惠

“营改增”试点的税收免税项目包括：① 个人转让著作权。② 残疾人个人提供应税服务。③ 航空公司提供飞机播洒农药服务。④“四技”合同。纳税人提供技术转让、技术开发和与之相关的技术咨询、技术服务免征增值税。⑤ 符合条件的节能服务公司实施合同能源管理项目中提供的应税服务。⑥ 离岸外包服务。⑦ 两岸海上直航业务。⑧ 两岸空中直航业务。⑨ 船检服务。⑩ 随军家属就业。⑪ 军队转业干部就业。⑫ 城镇退役士兵就业。⑬ 失业人员就业。

“营改增”试点的税收即征即退包括：① 安置残疾人的单位，实行由税务机关按单位实际安置残疾人的人数，限额即征即退增值税的办法。② 试点纳税人中的一般纳税人提供管道运输服务，对其增值税实际税负超过3%的部分实行增值税即征即退政策。③ 经人民银行、银监会、商务部批准经营融资租赁业务的试点纳税人中的一般纳税人提供有形动产融资租赁服务，对其增值税实际税负超过3%的部分实行增值税即征即退政策。

4.3 营业税的纳税申报

4.3.1 营业税纳税义务发生时间

1．纳税义务发生时间的一般规定

营业税纳税义务发生时间为纳税人提供应税劳务、转让无形资产或销售不动产并收讫营业收入款项或取得索取营业收入款项凭据的当天。

取得索取营业收入款项凭据的当天，为书面合同确定的付款日期的当天；未签订书面合同或书面合同未确定付款日期的，为应税行为完成的当天。

2．纳税义务发生时间的特殊规定

纳税人转让土地使用权或销售不动产，采取预收款方式的，其纳税义务发生时间为收到预收款的当天。

纳税人提供建筑业或租赁业劳务，采取预收款方式的，其纳税义务发生时间为收到预收款的当天。

纳税人将不动产或土地使用权无偿赠送其他单位或个人的，其纳税义务发生时间为不动产所有权、土地使用权转移的当天。

纳税人自建建筑物后销售的，其纳税义务发生时间为销售自建建筑物的纳税义务发生时间。

营业税扣缴义务发生时间为纳税人营业税纳税义务发生的当天。

4.3.2　营业税纳税地点

纳税人提供应税劳务应当向其机构所在地或居住地的主管税务机关申报纳税。

纳税人提供建筑业劳务及国务院财政、税务主管部门规定的其他应税劳务，应当向应税劳务发生地的主管税务机关申报纳税。

纳税人转让、出租土地使用权，应当向土地所在地的主管税务机关申报纳税。

纳税人销售、出租不动产，应当向不动产所在地的主管税务机关申报纳税。

4.3.3　营业税纳税期限

按营业税有关规定所确定的纳税人发生纳税义务后，计算应缴纳营业税税款的期限。根据营业税有关规定，营业税具体的纳税期限，由主管税务机关依纳税人应纳税额之大小核定，可核定为 5 日、10 日、15 日或 1 个月；不能按照固定期限纳税的，可以按次纳税。但金融业（不包括典当业）的纳税期限为 1 个季度，保险业的纳税期限为 1 个月。

4.3.4　营业税的纳税申报

自 2006 年 3 月 1 日起，交通运输业、娱乐业、服务业、建筑业营业税纳税人，除经税务机关核准实行简易申报方式外，均按《营业税纳税人纳税申报办法》进行纳税申报。邮电通信业、文化体育业、转让无形资产和销售不动产的营业税纳税人仍按照各地的申报办法进行纳税申报；金融保险业人仍按照《国家税务局关于印发〈金融保险业营业税申报管理办法〉的通知》进行纳税申报。

凡按全国统一的《营业税纳税人纳税申报办法》进行纳税申报的营业税纳税人均应报送以下资料。

1）“营业税纳税申报表”（见表 4-1）。

2）按照本纳税人发生营业税应税行为所属的税目，分别填报相应税目的营业税纳税申报表附表；同时发生两种或两种以上税目应税行为的，应同时填报相应的纳税申报表附表。

3）凡使用税控收款机的纳税人应同时报送税控收款机 IC 卡。

4）主管税务机关规定的其他申报资料。

纳税申报资料的报送方式、报送的具体份数由省一级地方税务局确定。“营业税纳税申报表”及其附表由纳税人从主管税务机关领取。

表 4-1 营业税纳税申报表

（适用于查账征收的营业税纳税人）

纳税人识别名：

纳税人名称（公章）

税款所属时间：自　　年　月　　日至　　年　月　日　　　　填表日期：　　年　月　日　　　　金额单位：元（列至角分）

税目	营业额				税率（%）	本期税款计算			税款缴纳								
											本期已缴税额				本期应缴税额计算		
	应税收入	应税减去项目金额	应税营业额	免税收入		小计	本期应纳税额	免（减）税额	期初欠缴税额	前期多缴税额	小计	已缴本期应纳税额	本期已被扣缴税额	本期已缴欠缴税额	小计	本期期末应缴税额	本期期末应缴欠缴税额
1	2	3	4=2−3	5	6	7=8+9	8=(4−5)× 6	9=5×6	10	11	12=13+14+15	13	14	15	16=17+18	17=8−13−14	18=10−11−15
交通运输业																	
建筑业																	
邮电通信业																	
服务业	0	0	0	0	5	0	0	0	0	0	0	0	0	0	0	0	0
娱乐业																	
金融保险业																	
文化体育业																	
销售不动产																	
转让无形资产																	
合计	0	0	0	0	5	0	0	0	0	0	0	0	0	0	0	0	0
代扣代缴项目																	
总计	0	0	0	0	5	0	0	0	0	0	0	0	0	0	0	0	0

纳税人或代理人声明	如纳税人填报，由纳税人填写以下各栏							
此纳税申报表是根据国家税收法律的规定填报的，我确定它是真实的、可靠的、完整的。	办税人员（签章）		财务负责人（签章）	法定代表人（签章）		联系电话	
	如委托代理人填报，由代理人填写以下各栏						
	代理人名称		经办人（签章）	联系电话		代理人（公章）	

以下由税务机关填写。

受理人：　　　受理日期：　　年　月　日　　　　　　　　　　受理税务机关（签章）：

本表为 A4 横式一式三份，一份纳税人留存，一份主管税务机关留存，一份征收部门留存。

填表说明：

1．根据《中华人民共和国税收征收管理法》及其实施细则、《中华人民共和国营业税暂行条例》的有关规定，制定本表。

2．本表适用于除经主管地税机关核准实行简易申报方式以外的所有营业税纳税人（以下简称纳税人）。

3．本表“纳税人识别号”栏填写地税机关为纳税人确定的识别号，即税务登记证号码。

4．本表“纳税人名称”栏填写纳税人单位名称全称，并加盖公章，不得填写简称。

5．本表“税款所属期”栏填写纳税人申报的营业税应纳税额的所属时间，应填写具体的起止年、月、日。

6．本表“填表日期”栏填写纳税人填写本表的具体日期。

7．本表“娱乐业”行应区分不同的娱乐业税率填报申报事项。

8．本表“代扣代缴项目”行应填报纳税人本期按照现行规定发生代扣代缴行为所应申报的事项，分不同税率填报。

9．本表所有栏次数据均不包括本期纳税人经地税机关、财政、审计部门检查及纳税人自查发生的相关数据。

10．本表第 2 栏“应税收入”填写纳税人本期因提供营业税应税劳务、转让无形资产或销售不动产所取得的全部价款和价外费用（包括免税收入），分营业税税目填报。该栏数据为各相应税目营业税纳税申报表中“应税收入”栏的“合计”数。纳税人提供营业税应税劳务、转让无形资产或销售不动产发生退款或因财务会计核算办法改变冲减营业额时，不在本栏次调减，在第 11 栏“前期多缴税额”栏内直接调减税额。

11．本表第 3 栏“应税减去项目金额”应填写纳税人本期提供营业税应税劳务、转让无形资产或销售不动产所取得的应税收入中按规定可扣除的项目金额，分营业税税目填报。该栏数据为相应税目营业税纳税申报表中“应税减去项目金额”栏（或“应税减去项目金额”栏中“小计”项）的“合计”数。

12．本表第 5 栏“免税收入”应填写纳税人本期提供营业税应税劳务、转让无形资产或销售不动产所取得的应税收入中不需地税机关审批可直接免缴税款的应税收入或已经地税机关批准的免税项目应税收入，分营业税税目填报。该栏数据为相应税目营业税纳税申报表中“免税收入”栏的“合计”数。

13．本表第 10 栏“期初欠缴税额”填写截至本期（不含本期），纳税人经过纳税申报或报告、批准延期缴纳、地税机关核定等确定应纳税额后，超过法律、行政法规规定或地税机关依照法律、行政法规规定确定的税款缴纳期限未缴纳的税款，分营业税税目填报。该栏数据为相应税目营业税纳税申报表中“期初欠缴税额”栏的“合计”数。

14．本表第 11 栏“前期多缴税额”填写纳税人截至本期（不含本期）多缴纳的营业税税额，分营业税税目填报。该栏数据为相应税目营业税纳税申报表中“前期多缴税额”栏的“合计”数。

15．本表第 13 栏“已缴本期应纳税额”填写纳税人已缴的本期应纳营业税税额。该栏数据为相应税目营业税纳税申报表中“已缴本期应纳税额”栏的“合计”数。

16．本表第 14 栏“本期已被扣缴税额”填写纳税人本期发生纳税义务，按现行税法规定被扣缴义务人扣缴的营业税税额。该栏数据为相应税目营业税纳税申报表中“本期已被扣缴税额”栏的“合计”数。

17．本表第 15 栏“本期已缴欠缴税额”　填写纳税人本期缴纳的前期欠税，包括本期缴纳的前期经过纳税申报或报告、批准延期缴纳、地税机关核定等确定应纳税额后，超过法律、行政法规规定或地税机关依照法律、行政法规规定确定的税款缴纳期限未缴纳的税款。该栏数据为相应税目营业税纳税申报表中“本期已缴欠缴税额”栏的“合计”数。

4.4 营业税纳税筹划经典措施

营业税的计税依据——营业额，是纳税人提供应税劳务、转让无形资产或销售不动产向对方收取的全部价款和价外费用。在决定纳税人应纳税额的两个因素中，营业税税率比较固定，目前已经实现了一个税目使用一个统一税率，从税率上进行纳税筹划的可能性很小。而营业额的确定极富弹性，因此，营业税纳税筹划的关键在于合法、正确地计算营业额，并使之缩小。

4.4.1 建筑业计税依据的筹划

1. 工程用原材料购买方的选择

按照现行税法规定，从事建筑、修缮作业的纳税人，无论与对方如何结算，其计税依据均应包括工程所用原材料及其他物资和动力的价款。按照这一规定，无论包工不包料，还是包工又包料，营业额均包含工程所用原材料及其他物资和动力的价款。

包工不包料是指材料由建设单位提供，施工企业只负责施工；包工又包料则是指由施工单位负责整个施工过程中的料和工。包工不包料和包工又包料的最大区别在于材料由谁来购买。一般来说，建设单位因为从市场上直接购买，价格比较高，这样会使施工企业的营业额较高；施工企业由于与材料供应商有长期的合作关系，材料的价格会相对低得多，所以施工企业的计税营业额会比较低，进而产生节税效果。

因此，纳税人提供建筑业应税劳务（除装饰劳务）时，应尽量与施工方签订包工包料的合同，以达到减少营业额的目的。

【例 4-7】 某单位建造一座办公楼，将工程承包给建业公司，工程承包价 2 000 万元。如果采取包工不包料方式，工程所需材料由建设单位购买，材料价款为 1 500 万元；如果工程所需原材料由建业公司购买，即采取包工包料方式，建业公司可以利用自己熟悉建材市场的优势，在保证质量的前提下，以较低的价格购买所需原材料，材料价款为 1 300 万元。

包工不包料方式下：

建业公司应纳营业税额为=(2 000+1 500)×3%=105（万元）

包工包料方式下：

建业公司应纳营业税为=(2 000+1 300)×3%=99（万元）

相比可知，采取包工包料方式，建业公司可少交营业税 6 万元。

其实，包工包料对双方均有利。对建设单位来说，可以省下大笔的材料采购款，节约其建设成本；对施工单位来说，可以节省营业税额，节约其纳税成本。

2. 合作建房的纳税筹划

合作建房是指一方提供土地使用权，另一方提供资金，双方建房。合作建房有两种方式：一种是“以物易物”方式，即双方以各自拥有的土地使用权和房屋所有权相互交换；另一种是成立“合营企业”方式，即双方分别以土地使用权和货币资金入股，成立合营企业，合作建房。两种方式产生了不同的纳税义务，纳税人便有了筹划的机会。

【例 4-8】　甲、乙两企业合作建房，甲提供土地使用权，乙提供资金。双方约定，房屋建好后按 5∶5 的比例分配房屋。工程完工后，经有关部门评估，该建筑物价值 1 200 万元，甲、乙各分得价值 600 万元的房屋。

在整个过程中，甲企业通过转让土地使用权而拥有了部分新建房屋的所有权，产生了转让无形资产的应税行为，其营业额为 600 万元。乙企业以转让部分房屋所有权为代价换取部分土地的使用权，发生了销售不动产的应税行为，其营业额为 600 万元。

甲、乙企业分别应缴纳营业税税额=600×5%=30（万元）

双方合计总税负 60 万元。

进行筹划之后，如果甲、乙双方分别以土地使用权和货币资金入股成立合营企业，合作建房，房屋建成后，双方采取风险共担、利润共享的分配方式。按照《营业税暂行条例》规定，以无形资产投资入股，参与接受投资方的利润分配、共同承担风险的行为，不征营业税。对投资方向合营企业提供的土地使用权，视为投资入股，对其不征营业税；合营企业对外销售房屋取得的收入按销售不动产征税；对双方分得房屋作为投资利润（缴纳所得税），不征营业税。

经过这一筹划，甲、乙合营企业在建房环节减少了 60 万元的营业税税负。

3．安装工程的纳税筹划

承包安装工程的方式有两种情况：第一，建设单位提供机器设备，安装企业只负责安装，并取得安装费收入；第二，在安装企业承包的安装工程总额中包含机器设备的价值。按照现行税法规定，从事安装工程作业，凡所安装的设备价值作为安装工程产值的，营业额包括设备价款。这就要求建筑安装企业在从事安装工程作业时，应尽量不将设备价值作为安装工程产值，可由建设单位提供机器设备，建筑安装企业只负责安装，取得的只是安装费收入，使得营业额中不包括所安装设备的价款，从而达到减轻税负的目的。

【例 4-9】　利达公司中标长江宾馆一项建筑安装工程，含电梯、中央空调、土建及内外装修在内，总造价共 2 600 万元。其中，电梯价款 80 万元，中央空调价款 180 万元，土建及内外装修价款 2 340 万元。请对该项业务进行纳税筹划。

【分析】

如果利达公司同长江宾馆签订的合同中把电梯和中央空调的价款作为建筑安装工程产值，将按营业税的政策规定缴纳建筑业营业税 78（2 600×3%）万元。

如果利达公司只与长江宾馆签订土建及内外装修的 2 340 万元建筑工程合同，则应交的营业税为 70.2（2 340×3%）万元。

可见，后一种方式使利达公司少缴营业税 7.8（78−70.2）万元。因此该公司只应与长江宾馆签订土建及内外装修的 2 340 万元建筑工程合同，而不应签订含电梯和中央空调在内的 2 600 万元建筑安装合同。

可见，设备的价款是否作为安装的产值，直接决定安装企业的税负。因此，安装企业在与建设单位签订安装合同时，应尽量避免自己提供设备及附件，更不要将设备的价款包含在安装工程的产值中，以降低税负。同理，纳税人提供装饰劳务时，也应采取包工不包料的方式，这样只按照劳务费计算营业额就可以了。

4.4.2 运输业计税依据的筹划

运输企业直接用营业额乘以税率计算应纳营业税税款。因此，从事国内运输的企业，在税率方面几乎没有节税的余地，其节税的关键在于营业额的确定。当运输企业发生混合销售行为时，该如何操作使其纳税最小化，便成了交通运输业筹划的核心问题。

税法规定，对以提供营业税应税劳务为主的企业发生的混合销售行为，应当征收营业税；但对运输企业既销售货物又负责运输的行为，应当征收增值税。运输企业既销售货物又负责运输的行为，其价款是合并收取的，其中包括销售货物的价款和运费金额，税法对此不做区分，一律按规定征收增值税。

这些企业无论作为一般纳税人，还是作为小规模纳税人管理，其增值税税负总是相对偏高。因为运输业营业税税率只有3%，其税负相对较低。因此，如果这类运输企业生产经营规模较大，可以分立为销售公司和运输公司两个相对独立的企业，这样就可以达到节税的目的。

【例 4-10】 某运销公司拥有若干条船只，其经营业务主要是从采石厂购进石料，然后销售给施工企业或基本建设单位。该公司2013年取得含税销售收入1 755万元，其中运费约占30%。采石厂由其主管税务机关代开出了3%征收率的增值税专用发票，运销公司以此作为进项税额。本年度购进石料支付价款和税款合计金额267.8万元，均取得增值税专用发票。

【分析】

应纳增值税额=销项税额−进项税额

=1 755÷(1+17%)×17%−267.8÷(1+3%)×3%

=177（万元）

进行筹划后，如果该运销公司设立一个独立核算的运输公司，则：

应纳增值税=销项税额−进项税额

=1 755×(1−30%)÷(1+17%)×17%−267.8÷(1+3%)×3%

=100.5（万元）

应纳营业税=1 755×30%×3%=15.80（万元）

集团公司共纳税款=100.5+15.8=116.3（万元）

方案实施后比实施前降低税负60.7(177−116.3)万元，除此之外，还降低了城建税和教育费附加的税费负担。

上述运输企业混合销售行为可以进行纳税筹划的原因还在于购买石料的施工单位或基础建设单位无须取得增值税发票，因此，对购买方来说，并无任何损失。

4.4.3 保险业计税依据的筹划

1. 利用营业额进行筹划

保险业的种类很多，但大致可分为财产险、人身险、责任险、信用保险四大类，包括初保、分保和储金等业务。初保业务是指保险公司等面向广大客户开展的各类保险业务，其营业额为纳税人经营初保业务向客户收取的全部价款；分保业务是指再保险公司向各保险公司等开展的保险业务，其营业额为纳税人经营分保业务向初保人收取的保险费；储金业务，是指保险公司在办理保险业务时，不直接向投保人收取保费，而是向投保人收取一定数额的到期应返还的资金（称为储金），以储金产生的收益作为保费收入的业务。储金业务的营业额，为纳税人在纳税期内的储金平均余额乘以中国人民银行公布的一年期存款的月利率。储金平均余额为纳税期期初储金余额与期末余额之和乘以 50%。

【例 4-11】　2013 年，天地保险公司开展如下业务，并获得相应的收入。

（1）为 50 家企业办理医疗保险业务，获得保费收入 2 000 万元。

（2）以储金方式开展保险业务，当期向投资者收取的全部保费计入“储金”科目，共计 2 600 万元，年初余额为 2 300 万元，期末余额为 2 700 万元，当期中国人民银行公布的一年期银行存款利率为 2.25%。该项储金被保险公司用来投资国债并获益 300 万元，并将该投资分别进行了核算。

（3）办理个人投资分红保险业务，获取保费收入 480 万元，并分别核算。

（4）承接一项境内保险业务，总保费 1 300 万元，又将其分保给一家国外保险公司，保额为 400 万元。

（5）承接一项分保业务，总保险人为国外某保险公司，获得分保收入 300 万元。

【分析】

该保险公司的计税营业额=2 000+(2 300+2 700)×50%×2.25%÷12+(1 300−400)+300

=3 205.21（万元）

应缴纳的营业税=3 205.21×5%=160.26（万元）

需要注意：

（1）分清应税与免税项目，分别核算，以免多缴纳税款。

（2）按照税法规定，正确计税营业额，将不会多纳税，如本例中的第 2 和第 4 笔业务。

2．利用保险理赔支出进行筹划

保险企业不仅要注意营业额的正确核算，还应考虑支出的应用筹划。保险理赔支出是一项非常重要的支出，所以保险公司的筹划还可以从另一个思路来进行：降低保险营业额，以减少应纳税款，其减少的营业额用于防止保险理赔。

【例 4-12】　2012 年某保险公司经营一项火灾保险业务，全年营业额为 1 000 万元，发生客户火灾理赔 600 万元；2013 年，保险公司调整保险方式，只向客户收取保费 600 万元，但要求客户增加 400 万元的防火设备。结果 2013 年火灾的保险理赔降低到 200 万元。

【分析】

保险公司营业税筹划的效果（假设不考虑营业税外的其他税费）如下：

2012 年的净收益=1000−600−1 000×5%=350（万元）

2013 年的净收益=600−200−600×5%=370（万元）

2013 年比 2012 年增加的净收益=节约的营业税税额=(1 000−600)×5%=20（万元）

同时，由于购买消防器材，保险公司又与消防器材的公司建立了良好的合作关系。

4.4.4　服务业计税依据的筹划

服务业包括代理业、旅店业、饮食业、旅游业、仓储业、租赁业、广告业和其他服务业。服务业缩小计税依据的主要纳税筹划思路是改变营业性质。

目前，企业将自己的房产对外租赁是一个十分普遍的现象。现在我国正处于产业、产品结构调整时期，社会资源不断地进行优化配置，部分社会资源重新进行组合在所难免，但许多企业反映它们税负较重。因为对一项房产租赁收入，租赁者要交5%的营业税，12%的房产税，以及城建税、教育费附加、印花税、契税等，总体税负已经远远超过17%，在目前税法普遍保持稳定的前提下，减轻企业税负的出路只能是进行纳税筹划，合理减免。

【例 4-13】 某企业因经营不善等原因，原有的仓库被闲置，为增加收入，企业决定对外出租。2013年该企业的仓库租金收入为1 000万元，缴纳营业税50万元、房产税120万元及其他一些税费。经测算，该企业2013年仅营业税和房产税就占其收入的17%，企业感到税负较重。该企业应如何进行纳税筹划？

【分析】

就本案例来说，操作的思路是：考虑到物业管理费只需缴纳营业税，因此，以此作为突破口。首先，根据当地物业管理标准，对年租金收入进行筹划，把年租金1 000万元变成年租赁500万元，物业管理费500万元。之后，最为关键的一步就是物业管理资格的认定，而物业管理资格的认定是规划部门的业务，只要规划部门予以认可该企业的物业管理资格，再去当地税务部门批准就可以了。这样，通过筹划，物业管理费的500万元，就只需缴纳25（500×5%）万元的营业税，可以使企业减轻税负85万元。当然，企业进行物业管理要增加管理人员及费用，即使这样，仍然会为企业节省一大笔费用。长此以往，则效果更好，不仅满足了客户的要求，也满足了税法的要求，同时也达到了节税的目的。

此外，这样做的好处还有许多，一是符合仓库管理规范，有利于仓库的安全，我国对仓库的安全十分重视，不仅要求备足防火沙、灭火器、消防栓、消防池等防火防涝设备，而且对管理人员的要求也有一定的标准；二是有利于职工就业，产生良好的社会效益。

4.4.5 销售不动产的筹划

根据我国《营业税暂行条例》规定，“销售不动产”税目的营业税，应在不动产所有者有偿转让不动产所有权行为或单位将不动产无偿赠与他人的行为发生时，才进行征收。对以不动产投资和入股行为是否征收营业税，应根据不同情况区别对待。

1）不动产所有者以不动产投资入股，参加投资方利润分配，共担投资风险。对于这种情况，《营业税暂行条例》规定，凡以不动产投资入股，参与接受投资方利润分配，共同承担投资风险的行为，不征营业税。

2）不动产所有者以不动产投资入股，收取固定收入，不承担投资风险。这种固定收入既可能以投资方利润形式出现，也可能以租金等其他形式出现，名目多种多样。这实质上是一定时期转让不动产使用权行为。尽管投资者取得的固定收入往往以“利润”名目出现，但由于投资者的收入并不随所投资项目利润的增减而增减，因而性质上属于租金收入，应按服务业税目中租赁项目征收营业税。

在不动产投资入股中，根据企业自身情况，在以上两种投资方式之间进行合理选择，可以实现税务筹划的目的。

【例 4-14】 光华公司与明日公司均为中外合资企业，两企业中中方出资人为同一人，外方投资者也为同一人，中外方出资比例均为 2：8。光华公司注册资本 9 600 万元，明日公司注册资本 4.8 亿元。光华公司主要从事房地产开发业务，明日公司主要经营商品流通、房产租赁、娱乐业等。明日公司于 2012 年 5 月投资兴建一座大厦。由于明日公司没有建房资质，因此以光华公司的名义投资兴建。明日公司将所需资金转至光华公司银行账户，两公司均做"往来"账处理。至 2013 年 8 月，大厦已建成装修完毕，并于当月办理竣工决算手续。

由于光华公司自己没有施工队伍，全部建筑工程均由其他建筑工程公司承建，建筑安装业营业税已由建筑公司和安装公司缴纳，光华公司以建筑安装业发票作为在建工程入账的原始凭证。截至竣工，光华公司"在建工程——华兴大厦"总金额达 5 220 万元。

当光华公司需要将在建工程转至明日公司名下时，却在税收上却遇到了难题：大厦的财产所有权归属于光华公司，如果要转移至明日公司名下需要按"销售不动产"税目缴纳 5%的营业税。按当地规定的成本利润率 10%计算，需缴纳营业税约 302.4 万元。明日公司自己出钱盖楼，最后为了获得它，却需要自己的关联公司缴纳约 302.4 万元的税款。明日公司应如何进行税务筹划？

【分析】

该项业务可采用两种筹划方案。

(1) 明日公司委托光华公司建房

根据现行税法的有关规定，房屋开发公司承办国家机关、企事业单位的统建房，如委托建房单位能提供土地使用权证书和有关部门的建设项目批准书及基建计划，而且房屋开发公司（即受托方）不垫付资金，同时符合"其他代理服务"条件的，对房屋开发公司取得的手续费收入按"服务业"税目计征营业税，否则，应全额按"销售不动产"计征营业税。这里的"其他代理业务"是指受托方与委托方实行全额结算（原票转交），只向委托方收取手续费的业务。

明日公司应当于 2012 年 5 月与光华公司签订一份委托代建合同，然后由明日公司直接将工程款支付给施工单位，施工单位将发票直接开给明日公司，由光华公司将发票转交给明日公司。明日公司据此做"在建工程"入账即可。

(2) 房屋建成后投资入股

如果双方没有签订委托建房合同，在工程完工后，明日公司可以采取投资形式将房屋交给光华公司。以不动产投资入股，参与接受投资方利润分配，共同承担投资风险的行为，不征营业税。但转让该项股权，应按本税目征税。根据这一规定，如果光华公司以该项不动产对明日公司进行股权投资，则无须缴纳营业税。更何况，光华公司与明日公司的中外投资者均为同一出资人，根本无须进行股权转让。

明日公司采用上述两种筹划方案，可节省 302.4 万元营业税税款。

可见，以不动产投资的纳税筹划在实际操作中切实可行，纳税人应当运用这一政策精心筹划，以降低税负。

当然，在针对以无形资产和不动产进行投资的纳税筹划时，纳税人必须对被投资方的生产经营规模、产品的销售状况、市场前景与盈利情况等生产经营情况进行分析。如果经营状况良好，可以选择入股，参与被投资方的利润分配，共同承担投资风险的方法，避免缴纳营业税，同时能获得较好的投资回报。如果经营状况不容乐观，风险较大，则应权衡缴纳营业税与承担风险的利弊。

复习思考题

一、单项选择题

1．下列适用5%的营业税应税项目包括（　）。

A．交通运输业　　B．销售不动产

C．娱乐业　　D．金融保险业

2．在确定营业税的计税依据营业额时，下列表述中不正确的是（　）。

A．纳税人将承揽的运输业务分给他人的，以其取得的全部价款和价外费用扣除其支付的运输费用后的余额为营业额

B．从事旅游业务的，以其取得的全部价款和价外费用扣除替旅游者支付的住宿费、餐费、交通费、旅游景点门票和支付给其他接团旅游企业的旅游费后的余额为营业额

C．纳税人将建筑工程分包给其他单位的，以其取得的全部价款和价外费用扣除其支付给其他单位的分包款后的余额为营业额

D．转贷业务，以贷款利息减去借款利息后的余额为营业额

3．按有关规定，企业下列行为属于兼营应税劳务与货物或非应税劳务的有（　）。

A．运输企业销售货物并负责运输所售货物

B．商场在顶楼开设美食城

C．商场销售空调并负责安装

D．建筑公司为承建的某项工程既提供建筑材料又承担建筑、安装业务

4．某运输公司2013年12月承揽运输业务100万元，支付给其他单位运输费20万元，该公司应纳营业税（　）元。

A．3.6万　　B．3万　　C．1.2万　　D．2.4万

5．某歌厅2014年2月发生的业务如下：包间费收入430 000元，销售香烟取得收入12 000元，销售酒水、饮料取得收入150 000元，门面房出租取得租金30 000元（当地的娱乐业税率为20%）。则该歌厅本月应纳营业税为（　）元。

A．124 400　　B．95 600

C．31 000　　D．119 900

6．A公司承建B公司的一项工程，总造价5 000万元，其中B公司提供的设备价款为1 500万元。则A公司应纳的营业税是（　）。

A．100万元　　B．105万元

C．150万元　　D．120万元

二、多项选择题

1．营业额是纳税人向对方收取的全部价款和价款之外取得的一切费用，如（　）。

A．手续费　　B．服务费

C．基金　　D．延期付款利息

2．下列业务中，不征收或免征营业税的有（　　）。

A．个人转让著作权

B．金融机构转让股票

C．科研单位的技术转让

D．垃圾处置劳务

3．某娱乐城 2013 年 10 月取得歌舞厅收入 30 万元，游戏厅收入 20 万元，台球厅收入 10 万元，美容美发收入 7 万元。当地娱乐业营业税税率为台球厅 5%，其他 20%，以下表述正确的是（　　）。

A．台球厅收入缴纳营业税 0.5 万元

B．美容美发收入缴纳营业税 0.35 万元

C．娱乐城当月应缴纳营业税合计 10.85 万元

D．游戏厅收入缴纳营业税 4 万元

4．下列关于营业税优惠政策的陈述，正确的是（　　）。

A．个人自建自用不动产销售时免征营业税

B．对企业、行政事业单位按房改成本价、标准价出售住房的收入，暂免征营业税

C．对住房公积金管理中心用住房公积金在指定的委托银行发放个人住房贷款取得的收入，免征营业税

D．对个人从事有价证券买卖暂免征收营业税

5．纳税人提供应税劳务、转让无形资产或销售不动产价格明显偏低而无正当理由的，主管税务机关有权（　　）其营业额。

A．按纳税人最近时期发生同类应税行为的平均价格核定

B．按其他纳税人最近时期发生同类应税行为的平均价格核定

C．按下列公式核定：营业额=营业成本或工程成本×(1+成本利润率)÷(1−营业税税率)

D．按纳税人当月提供的同类应税劳务或销售同类不动产的平均价格核定

三、判断题

1．负有营业税纳税义务的单位和个人为在我国境内发生营业税应税行为并向对方收取货币、实物或取得其他利益的单位和个人。（　　）

2．医院、诊所和其他医疗机构提供医疗服务免征营业税。（　　）

3．某行政机关将闲置的房屋出租给他人使用，则该行政机关也是营业税纳税人，应就其取得的租金收入计算缴纳营业税。（　　）

4．国家机关、事业单位、社会团体，凡涉及征税的收费项目，均应纳入税务管理，进行税务登记，其收费项目应进行纳税申报并使用省级以上财政部门统一印制或监制的收费、基金票据。（　　）

5．商业企业的混合销售行为既涉及应税劳务又涉及货物的销售行为，视为提供应税劳务，征收营业税。（　　）

四、案例分析题

1．某有线电视台 2013 年 10 月取得收入 500 万元，其中广告收入 200 万元，有线电视收视费收入 200 万元，有线电视用户初装费收入 100 万元。

要求：计算该电视台 2013 年 10 月应缴纳的营业税。

2．滨河信用社 2013 年 3 季度取得贷款利息收入 43 万元，取得公司债券转让收入 250 万元，该笔债券购买价款是 220 万元，取得代办汇款等各类手续费 8 万元。试计算本季度应纳营业税税额。

3．某邮局 2013 年 6 月取得邮政收入 90 万元，其中邮件收入 50 万元，报刊发行手续费收入 5 万元，邮政储蓄业务利差收入 8 万元，邮电局集邮销售收入 10 万元，各种服务费收入 7 万元，门面房出租收入 10 万元。计算该邮局当月应纳的营业税税额。

第 5 章 关税实务

理论目标

1. 熟悉关税基本要素。
2. 掌握关税的计算方法。
3. 了解关税的纳税申报。

实践目标

能准确计算关税税额。

案例导入

某进出口公司从 A 国进口货物一批，成交价（离岸价）折合人民币 9 000 万元（包括单独计价并经海关审查属实的货物进口后装配调试费用 60 万元，向境外采购代理人支付的买方佣金 50 万元）。另支付运费 180 万元，保险费 90 万元。货物运抵我国口岸后，该公司在未经批准缓税的情况下，于海关填发税款缴纳证之日起第 20 天才缴纳税款。假设该货物适用的关税税率为 100%，增值税税率为 17%，消费税税率为 5%。

思考

请分别计算该公司应缴的关税、关税滞纳金、消费税、增值税。

5.1 认知关税

5.1.1 关税的含义与特点

1. 关税的含义

关税是由海关根据国家制定的相关法律，以进出关境的货物和物品为征税对象而征收的一种商品税。

2．关税的特点

关税作为独特的税种，除了具有一般税收的特点以外，还具有以下特点。

（1）纳税上的统一性和一次性

按照全国统一的进出口关税条例和税则征收关税，在征收一次性关税后，货物就可在整个关境内流通，不再另行征收关税。

（2）征收上的过“关境”性

是否征收关税，是以货物是否通过关境为标准的。只有进出关境的货物才征收关税；凡未进出关境的货物则不属于关税的征税对象。

（3）税率上的复式性

同一进口货物设置优惠税率和普通税率的复式税则制。优惠税率是一般的、正常的税率，适用于同我国订有贸易互利条约或协定的国家；普通税率适用于同我国没有签订贸易条约或协定的国家。这种复式税则充分反映了关税具有维护国家主权、平等互利发展国际贸易往来和经济技术合作的特点。

（4）征管上的权威性

关税是通过海关执行的。海关是设在关境上的国家行政管理机构，是贯彻执行本国有关进出口政策、法令和规章的重要工具。其任务是根据有关政策、法令和规章，对进出口货物、货币、金银、行李、邮件、运输工具等实行监督管理，征收关税、查禁走私货物、临时保管通关货物和统计进出口商品等。

（5）对进出口贸易的调节性

许多国家通过制定和调整关税税率来调节进出口贸易。在出口方面，通过低税、免税和退税来鼓励商品出口；在进口方面，通过税率的高低、减免来调节商品的进口。

5.1.2 关税的分类

按照不同的标准，关税有多种分类方法。按征收对象分类，关税可分为正税（包括进口关税、出口关税和过境关税）和特别关税；按征收目的分类，可分为财政关税和保护关税；按征税计征标准分类，可分为从价税、从量税、复合税、滑准税；按货物国别来源分类，可分为最惠国关税、协定关税、特惠关税和普通关税等。

1．按征收对象分类

（1）正税

关税的正税包括进口关税、出口关税和过境关税 3 种。

1）进口关税是海关对进口货物和物品所征收的关税。进口关税有正税与附加税之分。正税即按税则法定税率征收的关税；此外征收的即为附加税。我国加入 WTO 后，于 2002 年 1 月 1 日再次调整了进口税则税目税率，将总税目数量增加到 7 316 个，其中 5 332 个税目的税率有不同程度的降低。进口税是关税中最重要的一种，在许多废除了出口税和过境税的国家，进口税是唯一的关税。

2）出口关税是海关对出口货物和物品所征收的关税。目前，世界上大多数国家都不征收出口税。我国在 2002 年出口税则中仅对一小部分关系到国计民生的重要出口商品征收出口税，一共有 36 个税目，其中对 23 个税目实行出口暂定税率，其余的不征税。

3）过境关税是对外国经过本国国境运往另一国的货物所征收的关税。目前，世界上大多数国家都不征收过境税，我国也不征收过境税。

（2）特别关税

特别关税是因某种特定的目的而对进口的货物和物品征收的关税。常见的特别关税有以下几种。

1）反倾销税，是针对实行商品倾销的进口商品征收的一种进口附加税。

2）反补贴税，是对直接或间接接受奖金或补贴的进口货物和物品所征收的一种进口附加税。

我国政府规定，任何国家或地区对其进口的原产于我国的货物征收歧视性关税或给予其他歧视性待遇的，我国海关对原产于该国家或地区的进口货物，可以征收特别关税。

2．按征税计征标准分类

（1）从价税

从价税是一种最常用的关税计税标准。它是以货物的价格或价值为征税标准，以应征税额占货物价格或价值的百分比为税率征收关税，价格越高，税额越高。货物进口时，以此税率和海关审定的实际进口货物完税价格相乘计算应征税额。从价税的特点是，相对进口商品价格的高低，其税额也相应高低。从价税的优点是税负公平明确、易于实施；但是，从价税也存在一些不足，如不同品种、规格、质量的同一货物价格有很大差异，海关估价有一定的难度，因此计征关税的手续也较繁杂。目前，我国海关计征关税标准主要是从价税。

（2）从量税

从量税是以货物的数量、重量、体积、容量等计量单位为计税标准，以每计量单位货物的应征税额为税率。从量税的特点是，每种货物的单位应税额固定，不受该货物价格的影响。计税时以货物的计量单位乘以每单位应纳税金额即可得出该货物的关税税额。从量税的优点是计算简便，通关手续快捷，并能起到抑制低廉商品或故意低瞒价格货物的进口。但是，由于应税额固定，物价涨落时，税额不能相应变化，因此，在物价上涨时，关税的调控作用相对减弱。我国目前对原油、啤酒和胶卷等进口商品征收从量税。

（3）复合税

复合税又称混合税，即订立从价、从量两种税率，随着完税价格和进口数量而变化，征收时两种税率合并计征。它是对某种进口货物混合使用从价税和从量税的一种关税计征标准。混合使用从价税和从量税的方法有多种。例如，对某种货物同时征收一定数额的从价税和从量税；对低于某一价格进口的货物只按从价税计征关税，高于这一价格的，则混合使用从价税和从量税等。复合税既可发挥从量税抑制低价进口货物的特点，又可发挥从价税税负合理、稳定的特点。我国目前仅对录像机、放像机、摄像机、数字照相机和摄录一体机等进口商品征收复合税。

（4）滑准税

滑准税是根据货物的不同价格适用不同税率的一类特殊的从价关税。它是一种关税税率随进口货物价格由高至低而由低至高设置计征关税的方法。通俗地讲，就是进口货物的价格越高，其进口关税税率越低；进口商品的价格越低，其进口关税税率越高。滑准税的特点是可保持实行滑准税商品的国内市场价格的相对稳定，而不受国际市场价格波动的影响。我国目前仅对进口新闻纸实行滑准税。

3．按货物国别来源分类

（1）最惠国关税

最惠国关税适用原产于与我国共同适用最惠国待遇条款的 WTO 成员国或地区的进口货物，或者原产于与我国签订有相互给予最惠国待遇条款的双边贸易协定的国家或地区的进口货物。

（2）协定关税

协定关税适用原产于我国参加的含有关税优惠条款的区域性贸易协定的有关缔约方的进口货物。

（3）特惠关税

特惠关税适用原产于与我国签订有特殊优惠关税协定的国家或地区的进口货物。

（4）普通关税

普通关税适用原产于上述国家或地区以外的国家或地区的进口货物。

5.1.3 关税的基本要素

1．纳税人

关税的纳税人为进口准许进口货物的收货人、出口准许出口货物的发货人，以及准许进出境物品的所有人。进口货物或出境物品应当缴纳进口关税，出口货物或出境物品应当缴纳出口关税。

从我国境外采购进口的原产于我国境内的货物，也应当缴纳进口关税。

具有进出口经营权的工业企业直接进出口货物，没有进口经营权的工业企业委托有进出口经营权的企业代理进出口货物，都必须按规定缴纳进出口关税，成为关税的纳税人。

2．征税对象

关税的征税对象是准许进出境的货物和物品。货物是指贸易性商品；物品是指入境旅客随身携带的行李物品、个人邮递物品、各种运输工具上的服务人员携带进口的自用物品、馈赠物品及其他方式进境的个人物品。

3．税率

（1）税率的种类

关税税率分为进口税率和出口税率两种。其中进口税率又分为普通税率、最惠国税率、协定税率，特惠税率、关税配额税率和暂定税率。

进口关税一般采用比例税率，实行从价计征的办法，但对啤酒、原油等少数货物实行从量计征的办法。对广播用录像机、放像机、摄像机等实行从价加从量的复合税率。

（2）税率的确定

1）进出口货物，应当按照收发货人或他们的代理人申报进口或出口之日实施的税率征税。

2）进口货物到达前，经海关核准先行申报的，应当按照装载此货物的运输工具申报进境之日实施的税率征税。

3)进出口货物的补税和退税,适用该进出口货物原申报进口或出口之日所实施的税率,但下列情况除外。

① 按照特定减免税办法批准予以减免税的进口货物,后因情况改变经海关批准转让或出售需予补税的,应按其原进口之日实施的税率征税。

② 加工贸易进口料、件等属于保税性质的进口货物,如经批准转为内销,应按向海关申报转为内销当日实施的税率征税;如未经批准擅自转为内销的,则按海关查获日期所施行的税率征税。

③ 对经批准缓税进口的货物以后交税时,不论分期还是一次交清税款,都应按货物原进口之日实施的税率计征税款。

④ 分期支付租金的租赁进口货物,分期付税时,都应按该项货物原进口之日实施的税率征税。

⑤ 溢卸、误卸货物事后确定需予征税时,应按其原运输工具申报进口日期所实施的税率征税。如原进口日期无法查明的,可按确定补税当天实施的税率征税。

⑥ 对由于《海关进出口税则》归类的改变、完税价格的审定或其他工作差错而需补征税款的,应按原征税日期实施的税率征税。

⑦ 查获的走私进口货物需予补税时,应按查获日期实施的税率征税。

⑧ 暂时进口货物转为正式进口需予补税时,应按其转为正式进口之日实施的税率征税。

5.1.4 关税的税收优惠

1.《海关法》和《进出口关税条例》中规定的减免税情形

《海关法》和《进出口关税条例》中规定的减免税,称为法定性减免税,主要有下列情形。

1)一票货物关税税额、进口环节增值税或消费税税额在人民币50元以下的。

2)无商业价值的广告品及货样。

3)国际组织、外国政府无偿赠送的物资。

4)进出境运输工具装载的途中必需的燃料、物料和饮食用品。

5)因故退还的中国出口货物,可以免征进口关税,但已征收的出口关税不予退还。

6)因故退还的境外进口货物,可以免征出口关税,但已征收的进口关税不予退还。

2. 海关可以酌情减免税的情形

有下列情形之一的进口货物,海关可以酌情减免税。

1)在境外运输途中或在起卸时,遭受到损坏或损失的。

2)起卸后海关放行前,因不可抗力遭受损坏或损失的。

3)海关查验时已经破漏、损坏或腐烂,经证明不是保管不慎造成的。

5.2 关税的计算

5.2.1 关税的计税依据

1. 一般贸易项下进口的货物计税依据

一般贸易项下进口的货物以海关审定的成交价格为基础的到岸价格作为完税价格。

在货物成交过程中，进口人在成交价格外另支付给卖方的佣金，应计入成交价格，而向境外采购代理人支付的买方佣金则不能列入，如已包括在成交价格中，应予以扣除。卖方付给进口人的正常回扣，应从成交价格中扣除。卖方违反合同规定延期交货的罚款，卖方在货价中冲减时，罚款不能从成交价格中扣除。到岸价格是指货价及货物运抵我国关境内输入地点起卸前的包装费、运费、保险费和其他劳务费等费用构成的一种价格，其中还应包括为了在境内生产、制造、使用或出版、发行而向境外支付的与该进口货物有关的专利、商标、著作权及专有技术、计算机软件和资料等费用。为避免低报、瞒报价格偷逃关税，进口货物的到岸价格不能确定时，本着公正、合理原则，海关应当按照规定估定完税价格。

2. 出口货物计税依据

出口货物应当以海关审定的货物售予境外的离岸价格扣除出口关税后作为完税价格。

离岸价格应以该项货物运离关境前的最后一个口岸的离岸价格为实际离岸价格。若该项货物从内地起运，则从内地口岸至最后出境口岸所支付的国内段运输费用应予扣除。离岸价格不包括装船以后发生的费用。出口货物在成交价格以外支付给国外的佣金应予扣除，未单独列明的则不予扣除。出口货物在成交价格以外，买方还另行支付的货物包装费，应计入成交价格。当离岸价格不能确定时，完税价格由海关估定。

5.2.2 从价税的计算方法

从价税是指按进出口货物的价格为标准计征关税。这里的价格不是指成交价格，而是指进出口商品的完税价格。因此，按从价税计算关税，首先要确定货物的完税价格。从价税额的计算公式如下：

$$应纳税额=应税进出口货物数量\times单位完税价格\times适用税率$$

进口货物的成交价格，因有不同的成交条件而有不同的价格形式，常用的价格条款，有 CIF、FOB、CFR 三种。现根据这 3 种常用的价格条款分别举例介绍进口税款的计算。

CIF，即成本加保险费、运费，指卖方负责租船或订舱，支付从装运港至目的港的运费，办理货运保险，支付保险费，在合同规定的装运期限内在装运港将货物交付至运往指定目的港的船上，负担货物越过船舷以前的一切费用和货物灭失或损坏的风险。

FOB，即装运港船上交货，指卖方必须在合同规定的装运期限内在指定装运港将货物交付至买方指定的船上，并负担货物越过船舷以前的一切费用和货物灭失或损坏的风险。

CFR，即成本加运费，指卖方负责租船或订舱，支付运费，在合同规定的装运期限内在装运港将货物交付至运往指定目的港的船上，负担货物越过船舷以前的一切费用和货物灭失或损坏的风险。

1. 以 CIF 成交的进口货物的计算

以 CIF 成交的进口货物，如果申报价格符合规定的“成交价格”条件，则可直接计算出税款。

【例 5-1】　某公司从德国进口钢铁盘条 100 000 千克，其成交价格为 CIF 天津新港 125 000 美元，求应征关税税款是多少。

已知海关填发税款缴款书之日的外汇牌价为：

100 美元=847.26 人民币元（买入价）

100 美元=857.18 人民币元（卖出价）

【分析】

(1) 审核申报价格，符合“成交价格”条件，确定税率：钢铁盘条归入税号 7310，进口关税税率为 15%。

(2) 根据填发税款缴款书日的外汇牌价，将货价折算人民币。

当天外汇汇价为：外汇买卖中间价 100 美元=(847.26+857.18)÷2=852.22（人民币元）

即 1 美元=8.522 2 人民币元。完税价格=125 000×8.5222=1 065 275（人民币元）

(3) 计算关税税款：

应征关税税额 1 065 275×15%=159 791.25（人民币元）

2. 以 FOB 和 CFR 条件成交的进口货物的计算

以 FOB 和 CFR 条件成交的进口货物，在计算税款时应先把进口货物的申报价格折算成 CIF 价，然后按上述程序计算税款

【例 5-2】　我国某公司从日本进口一批中厚钢板共计 200 000 千克，成交价格为 FOB 伦敦 2.5 英镑/千克，已知单位运费为 0.5 英镑，保险费率为 0.25%，求应征关税税款。

已知海关填发税款缴款书之日的外汇牌价为：

1 英镑=11.2683 人民币元（买入价）

1 英镑=11.8857 人民币元（卖出价）

【分析】

(1) 根据填发税款缴款书日的外汇牌价，将货价折算为人民币。

当天外汇汇价为：

外汇买卖中间价=(11.2683+11.8857)÷2=11.577（人民币元）

即 1 英镑=11.577 人民币元。

完税价格=（FOB 价+运费）÷（1−保险费率）=(2.5+0.5)÷(1−0.25%)=3.0075（英镑）

(2) 计算关税税款。根据税则归类，中厚钢板是日本原产货物，适用于最惠国税率，最惠国税率为 10%。则：该批货物进口关税税款=3.0075×11.577×200 000×10%=696 356.55（人民币元）

5.2.3 从量税的计算方法

从量税是以商品的数量、重量、容量、长度和面积等计量单位为标准来征收的关税。

它的特点是不因商品价格的涨落而改变税额，计算比较简单。从量关税额的计算公式如下：

应纳税额=应税进口货物数量×关税单位税额

【例 5-3】 某公司进口美国产某品牌啤酒 600 箱，每箱 24 瓶，每瓶容积 500 毫升，每箱到岸价格为 3 000 美元。进口当日外汇市场汇率为 1 美元=6.60 人民币元，适用优惠税 3 元/升。请计算该公司应纳关税税额。

【分析】

该公司应纳关税税额计算如下：

应税进口货物数量=600×24×500=7 200 000（毫升）

应纳进口关税税额=7 200 000÷1 000×3=21 600（元）

5.2.4 复合税的计算方法

复合税亦称混合税。它是对进口商品既征从量关税又征从价关税的一种办法。一般以从量为主，再加征从价税。混合税额的计算公式如下：

应纳税额=应税进口货物数量×关税单位税额+应税进口货物数量×单位完税价格×适用税率

【例 5-4】 某公司进口 2 台美国产摄像机，每台完税价格为 15 000 美元，进口报关当日中国人民银行公布的市场汇率为 1 美元=6.50 人民币元，从量税为每台人民币 13 280 元，从价税为 3%，请计算该公司应纳关税税额。

【分析】

我国对录（放、摄）像机、数码照相机、摄录一体机实行复合关税。该公司应采用复合税计算方法计算应纳关税税额。

(1) 从价税应纳税额的计算

关税税额=15 000×2×6.50×3%=5 850（元）

(2) 从量税应纳税额的计算

关税税额=13 280×2=26 560（元）

(3) 复合税应纳税额的计算

关税税额=从价税+从量税=5 850+26 560=32 410（元）

5.2.5 滑准税的计算方法

滑准税是指关税的税率随着进口商品价格的变动而反方向变动的一种税率形式，即价格越高，税率越低，税率为比例税率。因此，实行滑准税率，进口商品应纳关税税额的计算方法，与从价税的计算方法相同。

【例 5-5】 某进出口公司进口摩托车 1 000 辆，经海关审定的货价为 200 万美元。另外，运抵我国关境内输入地点起卸包装费 10 万美元，运输费 8 万美元，保险费 2 万美元。假设人民币汇价为 1 美元=6.60 人民币元，该批摩托车进口关税税率为 23%。计算进口该批摩托车应缴纳的关税税额。

【分析】

该公司应缴关税税额计算如下。

该批摩托车的完税价格=200+10+8+2=220（万美元）

应缴关税税额=220×6.60×23%=333.96（万元）

5.3　关税的纳税申报

5.3.1　关税的申报与缴纳

1．关税的申报

进口自运输工具申报进境之日起 14 日内，出口自货物运抵海关监管区后装货的 24 小时以前，应由进出口货物的纳税义务人向货物进（出）境地海关申报。

2．关税的缴纳

纳税义务人应当自海关填发税款缴款书之日起 15 日内，向指定银行缴纳税款；关税纳税人因不可抗力或在国家税收政策调整的情形下，不能按期缴纳税款的，经海关总署批准，可以延期缴纳税款，但最长不得超过 6 个月。企业所得税由纳税人向其所在地主管税务机关缴纳。所在地是指纳税人的实际经营机构所在地。

5.3.2　关税的强制执行

1．征收关税滞纳金

滞纳金自关税缴纳期限届满之日起至纳税义务人缴纳关税之日止，按滞纳税款万分之五的比例按日征收。

关税滞纳金金额=滞纳关税税额×滞纳金征收比率×滞纳天数

滞纳金的起征点为 50 元。

2．强制征收

如纳税义务人自海关填发缴款书之日起 3 个月仍未缴纳税款，经海关关长批准，海关可以采取强制扣缴、变价抵缴等强制措施。

5.3.3　关税的退还

可造成关税退还的 4 类情形：① 因海关误征，多纳税款的；② 海关核准免验进口的货物，在完税后，发现有短卸情形，经海关审查认可的；③ 已征出口关税的货物，因故未将其运出口，申报退关；④ 对已征出口关税的出口货物和已征进口关税的进口货物，因货物品种或规格原因（非其他原因）原状复运进境或出境的，经海关查验属实的，也应退还已征关税。

海关发现多征税款的，应当立即通知纳税义务人办理退税手续。纳税义务人应当自收到海关通知之日起 3 个月内办理有关退税手续。

纳税人发现多征税款的，自纳税之日起 1 年内书面申请退税，并加算银行同期存款利息。

5.3.4 关税的补征与追征

非因纳税人违反海关规定造成短征关税的，称为补征。海关发现的，自缴纳税款或货物放行之日起 1 年内补征。

由于纳税人违反海关规定造成短征关税的，称为追征。海关发现的，在 3 年内追征，按日加收万分之五的滞纳金。

5.3.5 关税纳税争议的申诉

纳税义务人对所纳关税有异议的，自海关填发税款缴款书之日起 30 日内，向原征税海关的上一级海关书面申请复议。逾期申请复议的，海关不予受理。海关应当自收到复议申请之日起 60 日内做出复议决定，并以复议决定书的形式正式答复纳税义务人。纳税义务人对海关复议决定仍然不服的，可以自收到复议决定书之日起 15 日之内，向人民法院提起诉讼。

复习思考题

一、单项选择题

1．某企业 2013 年 5 月将一台账面余值 55 万元的进口设备运往境外修理，当月在海关规定的期限内复运进境。经海关审定的境外修理费 4 万元、料件费 6 万元。假定该设备的进口关税税率为 30%，则该企业应缴纳的关税为（　　）。

A．1.8 万元　　B．3 万元

C．16.5 万元　　D．19.5 万元

2．关税税率随进口商品价格由高到低而由低到高设置，这种计征关税的方法称为（　　）。

A．从价税　　B．从量税

C．复合税　　D．滑准税

3．2012 年 6 月 1 日，某公司经批准进口一台符合国家特定免征关税的科研设备用于研发项目，设备进口时经海关审定的完税价格折合人民币 800 万元（关税税率为 10%），海关规定的监管年限为 5 年。2013 年 5 月 31 日，公司研发项目完成后，将已计提折旧 200 万元的免税设备出售给国内另一家企业。该公司应补缴关税（　　）。

A．24 万元　　B．32 万元

C．48 万元　　D．80 万元

4．依据关税的有关规定，下列各项中不应计入完税价格的有（　　）。

A．为进口货物而支付的包装劳务费

B．为进口货物而支付的商标权费用

C．为进口货物而发生的境外考察费

D．为进口货物而支付的境外开发、设计等相关费用

5．某公司进口一批货物，海关于2013年3月1日填发税款缴款书，但公司迟至3月27日才缴纳500万元的关税。海关应征收关税滞纳金（　　）。

A．2.75万元　　B．3万元

C．6.5万元　　D．6.75万元

二、多项选择题

1．下列进口货物中，经海关审查属实，可酌情减免进口关税的有（　　）。

A．在境外运输途中损失的货物

B．在口岸起卸时遭受损坏的货物

C．在起卸后海关放行前因不可抗力损失的货物

D．非因保管不慎在海关查验时已经损坏的货物

2．下列各项中，符合关税减免规定的有（　　）。

A．因故退还的国内出口货物，经海关审查属实，可予免征进口关税，已征收的出口关税准予退还

B．因故退还的国内出口货物，经海关审查属实，可予免征进口关税，但已征收的出口关税不予退还

C．因故退还的境外进口货物，经海关审查属实，可予免征出口关税，已征收的进口关税准予退还

D．因故退还的境外进口货物，经海关审查属实，可予免征出口关税，但已征收的进口关于不予退还

3．下列未包含在进口货物价格中的项目，应计入关税完税价格的有（　　）。

A．由买方负担的购货佣金

B．由买方负担的包装材料和包装劳务费

C．由买方支付的进口货物在境内的复制权费

D．由买方负担的与该货物视为一体的容器费用

4．在我国加入世界贸易组织之后，关税减征以（　　）为基准。

A．特惠税率　　B．最惠国税率

C．协定税率　　D．普通税率

5．下列可以造成关税退还的情形中，正确的有（　　）。

A．因海关误征，多纳税款的

B．海关核准免验进口的货物，在完税后，发现有短卸情形，经海关审查认可的

C．未征出口关税的货物，因故未将其运出口，申报退关

D．对已征出口关税的出口货物和已征进口关税的进口货物，因货物品种或规格原因（非其他原因）原状复运进境或出境的，经海关查验属实的，也应退还已征关税

三、判断题

1．出口货物应以海关审定的成交价格为基础的离岸价格为关税的完税价格。（　　）

2．我国对少数进口商品计征关税时所采用的滑准税实质上是一种特殊的从价税。（　　）

3．海关发现多征税款的，应当立即通知纳税义务人办理退税手续。纳税义务人应当自

收到海关通知之日起 6 个月内办理有关退税手续。(　　)

4. 如纳税义务人自海关填发缴款书之日起 3 个月仍未缴纳税款，经海关关长批准，海关可以采取强制扣缴、变价抵缴等强制措施。(　　)

5. 滑准税是指关税的税率随着进口商品价格的变动而反方向变动的一种税率形式，即价格越高，税率越低，税率为比例税率。(　　)

四、案例分析题

1. 某单位从 A 国进口一批小轿车（消费税率 5%），到岸价格为 4 000 美元。出口一批货物，离岸价格为 10 万美元。

要求：计算该单位应缴纳的进口关税和海关代征进口环节的增值税、消费税（假设汇率为 1∶7，进出口关税率均为 10%）。

2. 某公司进口货物一批，CIF 成交价格为人民币 600 万元，含单独计价并经海关审核属实的进口后装配调试费用 30 万元，该货物进口关税率为 10%，海关填发税款缴纳证日期为 2014 年 1 月 10 日，该公司于 1 月 28 日缴纳税款。

要求：计算其应纳关税及滞纳金。

3. 某企业向海关报明后将一台价值 65 万元的机械运往境外修理，机械修复后准时复运进境。假设该机械的关税税率为 5%，支付的修理费和料件费为 35 万元，并且该机械复运进境的运输及其相关费用为 3 万元、保险费为 2 万元（经海关审查确定）。

要求：计算该企业应缴纳的关税。

第 6 章 企业所得税实务与筹划

理论目标

1. 熟悉企业所得税基本要素。
2. 掌握应纳税所得额的确定原则和计算。
3. 熟悉企业所得税的纳税申报方法。
4. 了解企业所得税常见的筹划方法。

实践目标

1. 能准确计算企业所得税税额并进行申报。
2. 能根据实际进行简单的企业所得税纳税筹划。

案例导入

A 公司位于市区，2013 年生产经营活动发生的相关资料如下：取得产品销售收入 500 万元，国债利息收入 12 万元；结转销售成本 300 万元，支付销售费用和管理费用分别为 20 万元和 30 万元，缴纳增值税 30 万元、城建税 2.1 万元、教育费附加 0.9 万元。公司会计小王据此计算该公司全年应纳的企业所得税为(500+12–300–20–30–30–2.1–0.9)×25%=44.75（万元）。当小王向主管税务机关进行纳税申报时，税务专管员告诉他，纳税申报数据算错了，企业一年来发生的业务数据，在计算所得税时应该按照企业所得税法进行调整。

思考

1.《企业所得税法》中关于应纳税所得额的计算是如何进行调整的？
2. 会计小王的计算错在哪里？应该如何调整？

6.1 认知企业所得税

6.1.1 企业所得税的含义与特点

1. 企业所得税的含义

企业所得税是对我国境内的企业和其他取得收入的组织的生产经营所得和其他所得征收的一种税。

2. 企业所得税的特点

企业所得税以企业的生产经营所得为计税基数，与其他税种相比，具有以下显著特点。

（1）征税范围广

我国境内，企业和其他取得收入的组织都是企业所得税的纳税人，都要依照税法的规定缴纳企业所得税。企业所得税的征税对象包括生产经营所得和其他所得。前者通常是指企业从事产品生产、交通运输、商品流通、劳务服务和其他营利事业等取得的所得；后者通常是指提供资金或财产取得的所得，包括利息、股息、红利、租金、转让资产收益和特许权使用费等所得。因此，企业所得税具有征收上的广泛性。

（2）税负公平

企业所得税对企业，不分所有制，不分地区、行业和层次，实行统一的比例税率，在普遍征收的基础上，能使各类企业税负较为公平。由于企业所得税是针对企业的经营净收入（也称经营所得）征收的，所以企业一般都具有所得税的承受能力，而且企业所得税的负担水平与纳税人所得多少直接关联，即“所得多的多征，所得少的少征，无所得的不征”。因此，企业所得税是能够较好体现公平税负和税收中性的一个良性税种。

（3）税基约束力强

企业所得税的税基是应纳税所得额，即纳税人每个纳税年度的收入总额减去准予扣除项目金额之后的余额。其中，准予扣除的项目主要是指成本和费用，包括工资支出、原材料支出、固定资产折旧和无形资产摊销等。所得税的计税涉及纳税人财务会计核算的各个方面，与企业会计核算关系密切。为了保护税基，企业所得税明确了收入总额、扣除项目金额的确定及资产的税务处理等内容，使应税所得额的计算相对独立于企业的会计核算，体现了税法的强制性与统一性。

（4）纳税人与负税人一致

企业所得税属于企业的终端税种，纳税人缴纳的所得税一般不易转嫁，而由纳税人自己负担。在会计利润总额的基础上，扣除企业所得税后的余额为企业生产经营的净利润。

6.1.2 企业所得税的基本要素

1. 纳税人

企业所得税的纳税人，是指在我国境内，依据企业所得税法负有纳税义务的企业和其他取得收入的组织（统称企业），包括各类企业、事业单位、社会团体、民办非企业单位和从事经营活动的其他组织。依照我国法律、行政法规成立的个人独资企业、合伙企业，不适用《企业所得税法》。

为了有效行使我国税收管辖权，最大限度地维护我国的税收利益，《企业所得税法》依照登记注册地标准和实际管理机构标准，把企业分为居民企业和非居民企业，分别确定不同的纳税义务。企业登记注册地是指企业依照国家有关规定登记注册的住所地；实际管理机构，是指对企业的生产经营、人员、账务、财产等实施实质性全面管理和控制的机构。

（1）居民企业

《企业所得税法》规定："居民企业，是指依法在中国境内成立，或者依照外国（地区）法律成立但实际管理机构在中国境内的企业。""居民企业应当就其来源于中国境内、境外的所得缴纳企业所得税。"

在香港特别行政区、澳门特别行政区和台湾地区成立的企业，参照适用上述规定。

（2）非居民企业

《企业所得税法》规定："非居民企业，是指依照外国（地区）法律成立且实际管理机构不在中国境内，但在中国境内设立机构、场所的，或者在中国境内未设立机构、场所，但有来源于中国境内所得的企业。""非居民企业在中国境内设立机构、场所的，应当就其所设机构、场所取得的来源于中国境内的所得，以及发生在中国境外但与其所设机构、场所有实际联系的所得，缴纳企业所得税。""非居民企业在中国境内未设立机构、场所的，或者虽设立机构、场所但取得的所得与其所设机构、场所没有实际联系的，应当就其来源于中国境内的所得缴纳企业所得税。"

在香港特别行政区、澳门特别行政区和台湾地区成立的企业，参照适用上述规定。

（3）关于"机构、场所"

机构、场所，是指在中国境内从事生产经营活动的机构、场所，包括：管理机构、营业机构、办事机构，工厂、农场、开采自然资源的场所，提供劳务的场所，从事建筑、安装、装配、修理、勘探等工程作业的场所。非居民企业委托营业代理人在中国境内从事生产经营活动的，包括委托单位或个人经常代其签订合同，或者储存、交付货物等，该营业代理人视为非居民企业在中国境内设立的机构、场所。

（4）关于"来源于中国境内、境外的所得"

1）销售货物所得：按照交易活动发生地确定。

2）提供劳务所得：按照劳务发生地确定。

3）转让财产所得：不动产转让所得按照不动产所在地确定，动产转让所得按照转让动产的企业或机构、场所所在地确定，权益性投资资产转让所得按照被投资企业所在地确定。

4）股息、红利等权益性投资所得：按照分配所得的企业所在地确定。

5）利息所得、租金所得、特许权使用费所得：按照负担、支付所得的企业或机构、场所所在地确定，或者按照负担、支付所得的个人的住所地确定。

（5）关于"实际联系"

实际联系是指非居民企业在中国境内设立的机构、场所拥有据以取得所得的股权、债权，以及拥有、管理、控制据以取得所得的财产等。

【例 6-1】　根据企业所得税法的规定，下列企业中属于非居民企业的是（　）。

A. 依法在外国成立但实际管理机构在中国境内的企业

B. 在中国境内成立的外商投资企业

C．在中国境内未设立机构场所，但有来源于中国境内所得的企业

D．依法在中国境外成立，在中国境内未设立机构场所，没有来源于中国境内所得的企业

【分析】C

2．征税对象

企业所得税的征税对象是指企业的生产经营所得、其他所得和清算所得，包括销售所得、提供劳务所得、转让财产所得、股息红利等权益性投资所得、利息所得、租金所得、特许权使用费所得、接受捐赠所得和其他所得。

3．税率

（1）基本税率25%

该税率适用于居民企业和在中国境内设立机构场所且所得与机构场所有密切联系的非居民企业。

（2）低税率20%

1）为了鼓励小型微利企业的发展，对其实行20%的照顾性税率。

所谓小型微利企业，是指从事国家非限制和禁止行业，同时满足如下条件的企业：①工业企业，年度应纳税所得额不超过30万元，从业人数不超过100人，资产总额不超过3 000万元；②其他企业，年度应纳税所得额不超过30万元，从业人数不超过80人，资产总额不超过1 000万元。

2）非居民企业在中国境内未设立机构、场所的，或者虽设立机构、场所但取得的所得与其所设机构、场所没有实际联系的，应当就其来源于中国境内的所得缴纳企业所得税，适用税率为20%。符合《企业所得税实施条例》第九十一条规定的，减按10%税率征收企业所得税。

（3）优惠税率

对国家需要重点扶持的高新技术企业，减按15%的税率征收企业所得税。

6.1.3 企业所得税的税收优惠

《企业所得税法》规定了我国企业所得税实行“产业优惠为主，区域优惠为辅”的税收优惠政策，该法规定，国家对重点扶持和鼓励发展的产业和项目，给予企业所得税优惠，以引导资金和资源投入到促进技术创新和技术进步，鼓励基础设施建设，鼓励农业发展及环境保护与节能节水、支持安全生产等方面。

1．免征与减征优惠

企业的下列所得，可以免征、减征企业所得税。

（1）从事农、林、牧、渔业项目的所得

1）企业从事农、林、牧、渔业项目的所得，可以免征企业所得税。具体包括：蔬菜、谷物、薯类、油料、豆类、棉花、麻类、糖料、水果、坚果的种植；农作物新品种的选育；中药材的种植；林木的培育和种植；牲畜、家禽的饲养；林产品的采集；灌溉、农产品初加工、兽医、农技推广、农机作业和维修等农、林、牧、渔服务业项目；远洋捕捞。

2）企业从事下列项目的所得，减半征收企业所得税：花卉、茶及其他饮料作物和香料作物的种植；海水养殖、内陆养殖。

企业从事国家限制和禁止发展的项目，不得享受上述企业所得税优惠。

（2）从事国家重点扶持的公共基础设施项目投资经营的所得

国家重点扶持的公共基础设施项目，是指《公共基础设施项目企业所得税优惠目录》规定的港口码头、机场、铁路、公路、城市公共交通、电力、水利等项目。

企业从事上述国家重点扶持的公共基础设施项目的投资经营的所得，自项目取得第 1 笔生产经营收入所属纳税年度起，第 1 年至第 3 年免征企业所得税，第 4 年至第 6 年减半征收企业所得税，简称"三免三减半"。

企业承包经营、承包建设和内部自建自用上述项目，不得享受上述企业所得税优惠。

（3）从事符合条件的环境保护、节能节水项目的所得

符合条件的环境保护、节能节水项目，包括公共污水处理、公共垃圾处理、沼气综合开发利用、节能减排技术改造、海水淡化等。

企业从事上述规定的符合条件的环境保护、节能节水项目的所得，自项目取得第 1 笔生产经营收入所属纳税年度起，第 1 年至第 3 年免征企业所得税，第 4 年至第 6 年减半征收企业所得税。

依照上述第（2）、（3）条规定享受减免税优惠的项目，在减免税期限内转让的，受让方自受让之日起，可以在剩余期限内享受规定的减免税优惠；减免税期限届满后转让的，受让方不得就该项目重复享受减免税优惠。

（4）符合条件的技术转让所得

符合条件的技术转让所得免征、减征企业所得税，是指一个纳税年度内，居民企业技术转让所得不超过 500 万元的部分，免征企业所得税；超过 500 万元的部分，减半征收企业所得税。

2. 加计扣除

企业的下列支出，可以在计算应纳税所得额时加计扣除。

（1）研究开发费用

研究开发费用的加计扣除，是指企业为开发新技术、新产品、新工艺发生的研究开发费用，未形成无形资产计入当期损益的，在按照规定据实扣除的基础上，按照研究开发费用的 50%加计扣除；形成无形资产的，按照无形资产成本的 150%摊销。

（2）特殊人员的工资

企业安置残疾人员所支付的工资的加计扣除，是指企业安置残疾人员的，在按照支付给残疾职工工资据实扣除的基础上，按照支付给残疾职工工资的 100%加计扣除。

3. 创业投资企业的优惠

创业投资企业从事国家需要重点扶持和鼓励的创业投资，可以按投资额的一定比例抵扣应纳税所得额。

创业投资企业采取股权投资方式投资于未上市的中小高新技术企业两年以上的，可以按照其投资额的 70%在股权持有满两年的当年抵扣该创业投资企业的应纳税所得额；当年不足抵扣的，可以在以后纳税年度结转抵扣。

4．减计收入

企业综合利用资源，生产符合国家产业政策规定的产品所取得的收入，可以在计算应纳税所得额时减计收入。

减计收入，是指企业以《资源综合利用企业所得税优惠目录》规定的资源作为主要原材料，生产国家非限制和禁止并符合国家和行业相关标准的产品取得的收入，减按 90%计入收入总额。

5．抵免应纳税额

企业购置用于环境保护、节能节水、安全生产等专用设备的投资额，可以按一定比例实行税额抵免。

税额抵免，是指企业购置并实际使用《环境保护专用设备企业所得税优惠目录》、《节能节水专用设备企业所得税优惠目录》和《安全生产专用设备企业所得税优惠目录》规定的环境保护、节能节水、安全生产等专用设备的，该专用设备投资额的 10%可以从企业当年的应纳税额中抵免；当年不足抵免的，可以在以后 5 个纳税年度内结转抵免。

享受上述规定的企业所得税优惠的企业，应当实际购置并自身实际投入使用上述规定的专用设备；企业购置上述专用设备在 5 年内转让、出租的，应当停止享受企业所得税优惠，并补缴已经抵免的企业所得税税款。

6.2 企业所得税的计算

6.2.1 核定征收企业所得税的计算

为了加强企业所得税的征收管理，规范核定征收企业所得税工作，保障国家税款及时足额入库，维护纳税人的合法权益，根据《企业所得税法》及其实施条例、《税收征收管理法》及其实施细则的有关规定，核定征收居民企业所得税。

1．核定征收的范围

居民企业纳税人有下列情形之一的，核定征收企业所得税。

1）按规定可以不设置账簿的。

2）按规定应当设置但未设置账簿的。

3）不提供纳税资料的。

4）虽设置账簿，但账目混乱或成本资料、收入凭证、费用凭证残缺不全，难以查账的。

5）发生纳税义务，未按照规定的期限办理纳税申报，经税务机关责令限期申报，逾期仍不申报的。

6）申报的计税依据明显偏低，又无正当理由的。

2．核定征收的方法

核定征收企业所得税方法分为核定其应税所得率和核定其应纳所得税额两种。

（1）核定应税所得率（定率征收）

对于能正确核算（查实）收入总额，但不能正确核算（查实）成本费用总额的；能正确核算（查实）成本费用总额，但不能正确核算（查实）收入总额的；通过合理方法，能计算和推定纳税人收入总额或成本费用总额的企业，采用核定其应税所得率的方法。其计算公式为：

应纳所得税额=应税收入额×应税所得率×适用税率

或应纳所得税额=成本（费用）支出额÷（1–应税所得率）×应税所得率×适用税率

各行业应税所得率幅度如表 6-1 所示。

表 6-1　各行业应税所得率幅度

行　　业	应税所得率（%）
农、林、牧、渔业	3～10
制造业	5～15
批发和零售贸易业	4～15
交通运输业	7～15
建筑业	8～20
饮食业	8～25
娱乐业	15～30
其他行业	10～30

【例 6-2】　某公司 2013 年向其主管税务机关申报收入 200 万元，成本、费用及销售税金共计 150 万元。经税务机关审查，认为企业能准确核算成本、费用，但是收入无法查实。当地税务机关确定的应税所得率为 20%。则该公司 2013 年度的应缴企业所得税税额计算如下：

应纳所得税额=成本(费用)支出额/(1–应税所得率)×应税所得率×适用税率

=150–(1–20%)×20%×25%

=9.375（万元）

（2）核定应纳所得税额（定额征收）

纳税人不属于（1）中相关情形的，采用核定应纳所得税额的方式进行核定。

所谓定额征收，是指税务机关按照一定的标准、程序和方法，直接核定纳税人年度应纳企业所得税额。

6.2.2　查账征收企业所得税的计算

查账征收的企业必须具备准确核算经营所得的条件，即能依照税收法律、法规规定设置账簿，能准确核算收入总额和成本费用支出，能完整保存账簿、凭证及有关纳税资料。其计算公式为：

应纳所得税额=应纳税所得额×适用税率

应纳税所得额是企业所得税的计税依据，按照企业所得税法的规定，应纳税所得额为企业每个纳税年度的收入总额，减去不征税收入、免税收入、各项扣除，以及允许弥补的以前年度亏损后的余额。基本公式为：

应纳税所得额=收入总额–不征税收入–免税收入–各项扣除–允许弥补的以前年度亏损

因此，确定企业的应纳税所得额是计算企业所得税的基础。

1．收入总额

企业的收入总额包括以货币形式和非货币形式从各种来源取得的收入。企业以非货币形式取得的收入，应当按照公允价值确定收入额。

收入总额又分为一般性收入和特殊性收入。

（1）一般收入的确认

1）销售货物收入，是指企业销售商品、产品、原材料、包装物、低值易耗品及其他存货取得的收入。

2）劳务收入，是指企业从事建筑安装、修理修配、交通运输、仓储租赁、金融保险、邮电通信、咨询经纪、文化体育、科学研究、技术服务、教育培训、餐饮住宿、中介代理、卫生保健、社区服务、旅游、娱乐、加工及其他劳务服务活动取得的收入。

3）财产转让收入，是指企业转让固定资产、生物资产、无形资产、股权、债权等财产取得的收入。

4）股息、红利等权益性投资收益，是指企业因权益性投资从被投资方取得的收入。股息、红利等权益性投资收益，除国务院财政、税务主管部门另有规定外，按照被投资方做出利润分配决定的日期确认收入的实现。

5）利息收入，是指企业将资金提供他人使用但不构成权益性投资，或者因他人占用企业资金取得的收入，包括存款利息、贷款利息、债券利息、欠款利息等。利息收入，按照合同约定的债务人应付利息的日期确认收入的实现。

6）租金收入，是指企业提供固定资产、包装物或及其他有形资产的使用权取得的收入。租金收入，按照合同约定的承租人应付租金的日期确认收入的实现。

7）特许权使用费收入，是指企业提供专利权、非专利技术、商标权、著作权及其他特许权的使用权而取得的收入。特许权使用费收入，按照合同约定的特许权使用人应付特许权使用费的日期确认收入的实现。

8）接受捐赠收入，是指企业接受的来自其他企业、组织或个人无偿给予的货币性资产、非货币性资产。接受捐赠收入，按照实际收到的捐赠资产的日期确认收入的实现。

9）其他收入，是指企业取得的除以上收入外的其他收入，包括企业资产溢余收入、逾期未退包装物押金收入、确实无法偿付的应付款项、已做坏账损失处理后又收回的应收款项、债务重组收入、补贴收入、违约金收入、汇兑收益等。

（2）特殊收入的确认

1）以分期收款方式销售货物的，按照合同约定的收款日期确认收入的实现。

2）企业受托加工制造大型机械设备、船舶、飞机，以及从事建筑、安装、装配工程业务或提供其他劳务等，持续时间超过 12 个月的，按照纳税年度内完工进度或完成的工作量确认收入的实现。

3）采取产品分成方式取得收入的，按照企业分得产品的日期确认收入的实现，其收入额按照产品的公允价值确定。

4）企业发生非货币性资产交换，以及将货物、财产、劳务用于捐赠、偿债、赞助、集资、广告、样品、职工福利或利润分配等用途的，应当视同销售货物、转让财产或提供劳务，但国务院财政、税务主管部门另有规定的除外。

2. 不征税收入和免税收入

国家为了扶持和鼓励某些特殊的纳税人和特定的项目，或者为了避免因征税影响企业的正常经营，对企业取得的某些收入予以不征税或免税的特殊政策。

（1）不征税收入

1）财政拨款。

2）依法收取并纳入财政管理的行政事业性收费、政府性基金。

3）国务院规定的其他不征税收入，是指企业取得的，由国务院财政、税务主管部门规定专项用途并经国务院批准的财政性资金。

（2）免税收入

1）国债利息收入。

2）符合条件的居民企业之间的股息、红利等权益性收益。

3）在中国境内设立机构、场所的非居民企业从居民企业取得与该机构、场所有实际联系的股息、红利等权益性投资收益。

4）符合条件的非营利组织的收入。

3. 各项扣除的范围

（1）准予扣除项目的一般范围

企业所得税法规定，企业实际发生的与取得收入有关的、合理的支出，包括成本、费用、税金、损失及其他支出，准予在计算应纳税所得额时扣除。

1）成本，是指企业在生产经营活动中发生的销售成本、业务支出，以及其他耗费，即企业销售商品（产品、材料、下脚料、废料、废旧物资等）、提供劳务、转让固定资产、无形资产（包括技术转让）的成本。

2）费用，是指企业每个纳税年度为生产、经营商品和提供劳务等所发生的销售（经营）费用、管理费用和财务费用。已计入成本的有关费用除外。

3）税金，是指企业发生的除企业所得税和允许抵扣的增值税以外的企业缴纳的各项税金及其附加，即企业按规定缴纳的消费税、营业税、城市维护建设税、关税、资源税、土地增值税、房产税、车船税、土地使用税、印花税、教育费附加等产品销售税金及附加。这些已纳税金准予税前扣除。

4）损失，是指企业在生产经营活动中发生的固定资产和存货的盘亏、毁损、报废损失，转让财产损失，呆账损失，坏账损失，自然灾害等不可抗力因素造成的损失及其他损失。

企业发生的损失减去责任人赔偿和保险赔款后的余额，依照国务院财政、税务主管部门的规定扣除；企业已经作为损失处理的资产，在以后纳税年度又全部收回或部分收回时，应当计入当期收入。

5）其他支出，是指除成本、费用、税金、损失外，企业在生产经营活动中发生的与生产经营活动有关的、合理的支出。

（2）允许扣除项目的标准

在计算应纳税所得额时，下列项目可按照实际发生额或规定的标准扣除。

1）工资、薪金支出。企业发生的合理的工资、薪金支出准予据实扣除。工资、薪金支出是企业每一纳税年度支付给在本企业任职或与其有雇佣关系的员工的所有现金或非现金形式的劳动报酬，包括基本工资、奖金、津贴、补贴、年终加薪、加班工资，以及与任职或受雇有关的其他支出。

2）职工福利费、工会经费、职工教育经费。

① 企业发生的职工福利费支出，不超过工资薪金总额 14%的部分准予扣除。

② 企业拨缴的工会经费，不超过工资薪金总额 2%的部分准予扣除。

③ 除国务院财政、税务主管部门另有规定外，企业发生的职工教育经费支出，不超过工资薪金总额 2.5%的部分准予扣除，超过部分准予结转以后纳税年度扣除。

3）社会保险费。

① 企业依照国务院有关主管部门或省级人民政府规定的范围和标准为职工缴纳的“五险一金”，即基本养老保险费、基本医疗保险费、失业保险费、工伤保险费、生育保险费等基本社会保险费和住房公积金，准予扣除。

② 企业为投资者或职工支付的补充养老保险费、补充医疗保险费，分别不超过职工工资总额 5%以内的部分，准予扣除。企业依照国家有关规定为特殊工种职工支付的人身安全保险费和符合国务院财政、税务主管部门规定可以扣除的商业保险费准予扣除。

③ 企业参加财产保险，按照规定缴纳的保险费，准予扣除。企业为投资者或职工支付的商业保险费，不得扣除。

【例 6-3】 2013 年某软件企业发放合理工资 200 万元，实际发生职工福利费 35 万元、工会经费 3.5 万元、职工教育经费 8 万元；另外为职工支付补充养老保险 12 万元、补充医疗保险费 8 万元。则该企业允许税前扣除的相关费用为（　）万元

A．70　　B．90.5　　C．52.5　　D．54.5

【分析】 D

4）利息费用和借款费用。企业在生产、经营活动中发生的利息费用，按下列规定扣除。

① 非金融企业向金融机构借款的利息支出、金融企业的各项存款利息支出和同业拆借利息支出、企业经批准发生债券的利息支出可据实扣除。

② 非金融企业向非金融机构借款的利息支出，不超过按照金融企业同期同类贷款利率计算的数额的部分可据实扣除，超过部分不许扣除。

③ 企业在生产经营活动中发生的合理的不需要资本化的利息费用和借款费用，准予扣除。

④ 企业为购置、建造固定资产、无形资产和经过 12 个月以上的建造才能达到预定可销售状态的存货发生的借款，在有关资产购置、建造期间发生的合理的利息费用和借款费用，应予以资本化，作为资本性支出计入有关资产的成本；有关资产交付使用后发生的借款利息，可在发生当期扣除。

【例 6-4】 某生产企业在 2013 年发生财务费用 300 万元，其中包括用于在建工程的支付银行贷款的利息 180 万元，企业扩大再生产向其他企业支付借款 1 500 万元的本年利息 120 万元（同期银行贷款利率为 6%）。则该企业当年允许税前扣除的财务费用为（　）万元

A．300　　B．180　　C．120　　D．90

【分析】 D

5) 汇兑损失。企业在货币交易中，以及在纳税年度终了时将人民币以外的货币性资产、

负债按照期末即期人民币汇率中间价折算为人民币时产生的汇兑损失，除已经计入有关资产成本及与向所有者进行利润分配相关的部分外，准予扣除。

6）业务招待费。企业发生的与其生产、经营业务有关的业务招待费支出，按照发生额的 60%扣除，但最高不得超过当年销售（营业）收入的 5‰。

7）广告费和业务宣传费。企业发生的符合条件的广告费和业务宣传费支出，除国务院财政、税务主管部门另有规定外，不超过当年销售（营业）收入 15%的部分，准予扣除；超过的部分，准予结转以后纳税年度扣除。

自 2011 年 1 月 1 日起至 2015 年 12 月 31 日，对化妆品制造与销售、医药制造和饮料制造（不含酒类制造）企业发生的广告费和业务宣传费支出，不超过当年销售（营业）收入 30%的部分，准予扣除；超过的部分，准予结转以后纳税年度扣除；烟草企业的烟草广告费和业务宣传费支出，一律不得在计算应纳税所得额时扣除。

【例 6-5】 某生产企业在 2013 年销售货物收入 1 500 万元，出租房屋收入 500 万元，转让房屋收入 300 万元，接受捐赠收入 100 万元，政府补助收入 50 万元。当年实际发生业务招待费 20 万元，广告费支出 52 万元。2012 年超标广告费 90 万元。企业当年允许税前扣除的业务招待费和广告费合计金额为多少万元？

【分析】

转让房屋收入、政府补助收入和接受捐赠收入均为营业外收入，不属于当年销售（营业）收入的范围。

(1) 2013 年业务招待费的税前扣除金额：

发生额的 60%=20×60%=12（万元）

当年销售（营业）收入的 5‰=(1 500+500)×5‰=10（万元）

两者相比选其小，所以业务招待费扣除金额为 10 万元。

(2) 2013 年广告费的税前扣除金额：

当年销售（营业）收入的 15%=(1 500+500)×15%=300（万元）

实际支出 52 万元，尚结余 248 万元，2012 年超标广告费 90 万元小于 248 万元，则超标部分可以在本年度全额扣除。

因此，广告费扣除金额=52+90=142（万元）

(3) 合计扣除额：

合计扣除额=10+142=152（万元）

8）环境保护专项资金。企业依照法律、行政法规有关规定提取的用于环境保护、生态恢复等方面的专项资金，准予扣除。上述专项资金提取后改变用途的，不得扣除。

9）保险费。企业参加财产保险，按照规定缴纳的保险费，准予扣除。

10）租赁费。企业根据生产经营需要租入固定资产支付的租赁费，按照以下方法扣除。

① 以经营租赁方式租入固定资产发生的租赁费支出，按照租赁期限均匀扣除。

② 以融资租赁方式租入固定资产发生的租赁费支出，按照规定构成融资租入固定资产价值的部分应当提取折旧费用，分期扣除。

11）劳动保护费。企业发生的合理的劳动保护支出，准予扣除。

12）公益性捐赠支出。公益性捐赠，是指企业通过公益性社会团体或县级以上人民政府及其部门，用于公益事业的捐赠。

企业发生的公益性捐赠支出，不超过年度利润总额 12%的部分，准予扣除。年度利润总额，是指企业依照国家统一会计制度的规定计算的年度会计利润。

【例 6-6】 某居民企业 2013 年利润总额 10 000 万元，经税务机关审查，利润总额中有公益性捐赠项目，通过非营利性社会团体向贫困地区捐赠自产商品 1 万个，每个同类不含税售价 1 000 元，成本 700 元。假定不存在其他纳税调整项目，该企业 2013 年应缴纳企业所得税多少？

【分析】

视同销售应该调增应纳税所得额=1×(1 000–700)=300（万元）

捐赠扣除限额=10 000×12%=1200（万元）

实际捐赠额=(700+1 000×17%)×1=870（万元），小于限额，所以可以税前全额扣除捐赠额 870 万元，不用做纳税调整。

应纳企业所得税=(10 000+300)×25%=2 575（万元）

13）总机构分摊的费用。非居民企业在中国境内设立的机构、场所，就其中国境外总机构发生的与该机构、场所生产经营有关的费用，能够提供总机构出具的费用汇集范围、定额、分配依据和方法等证明文件，并合理分摊的，准予扣除。

14）资产损失。企业当期发生的固定资产和流动资产盘亏、毁损净损失，由其提供清查盘存资料，经主管理税务机关审核后，准予扣除；企业因存货盘亏、毁损、报废等原因不得从销项税金中抵扣的进项税金，应视同企业财产损失，准予与存货损失一起在所得税前按规定扣除。

（3）不得扣除的项目

在计算应纳税所得额时，下列支出不得扣除。

1）向投资者支付的股息、红利等权益性收益款项。

2）企业所得税税款。

3）税收滞纳金，指纳税人违反税收法规，被税务机关处以的滞纳金。

4）罚金、罚款和被没收财物的损失，是指纳税人违反国家有关法律、法规规定，被有关部门处以的罚款，以及被司法机关处以的罚金和被没收财物。

5）超过规定标准的捐赠支出。

6）赞助支出，是指企业发生的与生产经营活动无关的各种非广告性质支出。

7）未经核定的准备金支出，是指不符合国务院财政、税务主管部门规定的各项资产减值准备、风险准备等准备金支出。

8）企业之间支付的管理费、企业内营业机构之间支付的租金和特许权使用费，以及非银行企业内营业机构之间支付的利息，不得扣除。

9）与取得收入无关的其他支出。

4．亏损的弥补

企业纳税年度发生亏损，准予向以后年度结转，用以后年度的所得弥补，但是结转年限最长不超过 5 年。5 年内无论盈利还是亏损，都作为实际弥补期限来计算。

税法所指的亏损，不是企业财务报表中反映的亏损额，而是企业财务报表中的亏损额经主管税务机关按税法规定核实调整后的金额。

【例 6-7】　某居民企业 2009 年度发生亏损，根据《企业所得税法》的规定，该亏损额可以用以后纳税年度的所得逐年弥补，但延续弥补的期限最长不得超过（　）。

A. 2011 年　　B. 2012 年　　C. 2013 年　　D. 2014 年

【分析】D

5. 应纳企业所得税额的计算

依据查账征收企业所得税的计算公式可知：

应纳税额=应纳税所得额×适用税率−减免税额−抵免税额

应纳税所得额=收入总额−不征税收入−免税收入−各项扣除−允许弥补的以前年度亏损

在实际操作中，纳税人通常以会计利润总额为基础，通过纳税调整，计算得出应纳税所得额，据以计算应纳税额。其计算公式为：

应纳税所得额=会计利润+纳税调增额−纳税调减额

【例6-8】　某居民企业2014年年初申报2013年企业所得税。2013年产品销售收入4 800万元，减去成本、费用、税金后，利润总额为280.5万元。有关收支的相关资料如下：

(1) 向其他企业借入100万元资金，本年度支付该项借款利息12万元，同期银行贷款利率为8%。

(2) 2013年发生广告费和业务宣传费240万元，以前年度尚未扣除的广告费为220万元。

(3) 全年发生业务招待费25万元。

(4) 逾期缴纳税款，被税务机关处以税收滞纳金和罚款3万元。

(5) 通过中国减灾委员会向遭受地震的灾区捐赠款项25万元。

(6) 本年度取得国债利息收入25万元。

(7) 从联营企业获得税后投资收益20万元。

根据上述资料，依税法规定进行纳税调整，并计算该企业2013年度应纳的企业所得税。

【分析】

(1) 借款利息：

借款利息税前扣除限额=100×8%=8（万元）

借款利息实际发生额为12万元，所以应调增应纳税所得额4万元。

(2) 广告费和业务宣传费：

广告费和业务宣传费税前扣除限额=4 800×15%=720（万元）

广告费和业务宣传费实际支出240万元，小于720万元，尚结余480万元，以前年度超标广告费220万元小于480万元，则超标部分可以在本年度全额扣除，所以应调减应纳税所得额220万元。

(3) 业务招待费：

业务招待费税前扣除限额=4 800×5‰=24（万元）

业务招待费实际发生额的60%=25×60%=15（万元）

由于15万元小于24万元，所以招待费的税前扣除额为15万元，应该调增应纳税所得额 10 万元。

(4) 税收罚款和滞纳金不能税前扣除，所以调增应纳税所得额 3 万元。

(5) 公益性、救济性捐赠：

公益性捐赠扣除限额=会计利润×12%=280.5×60%=33.66（万元）

公益性实际捐赠额为 25 万元，小于 33.66 万元，所以不用调整应纳税所得额。

(6) 国债利息收入免税，所以调减应纳税所得额 25 万元。

(7) 从联营企业获得的税后投资收益为免税收入，所以调减应纳税所得额 20 万元。

综合所述：

2013 年度应纳税所得额=280.5+4−220+10+3−25−20=32.5（万元）

2013 年度应纳所得税额=32.5×25%=8.125（万元）

6.2.3 境外所得税抵免税额的计算

1. 抵免范围

企业取得的下列所得已在境外缴纳的所得税税额，可以从其当期应纳税额中抵免，抵免限额为该项所得依照《企业所得税法》规定计算的应纳税额；超过抵免限额的部分，可以在以后 5 个年度内，用每年度抵免限额抵免当年应抵税额后的余额进行抵补。

1）居民企业来源于中国境外的应税所得。

2）居民企业在中国境内设立机构、场所，取得发生在中国境外但与该机构、场所有实际联系的应税所得。

3）居民企业从其直接或间接控制的外国企业分得的来源于中国境外的股息、红利等权益性投资收益，外国企业在境外实际缴纳的所得税税额中属于该项所得负担的部分，可以作为该居民企业的可抵免境外所得税税额，在企业所得税法规定的抵免限额内抵免。

2. 抵免限额的计算

抵免限额=中国境内、境外所得依照企业所得税法规定计算的应纳税总额×来源于某国（地区）的应纳税所得额÷中国境内、境外应纳税所得总额

【例 6-9】 某企业 2013 年度境内所得应纳税所得额为 200 万元，在全年已经预缴税款 25 万元，来源于境外某国税前所得 100 万元，境外实缴税款 20 万元。2013 年该企业汇算清缴应补（退）税款多少万元？

【分析】

该企业汇总纳税应纳税额=(200+100)×25%=75（万元）

境外已纳税款扣除限额=(200+100)×25%×100÷(200+100)=25（万元）

境外实际缴纳 20 万元，可以全额扣除。

又由于境内已经预缴税款 25 万元，所以 2013 年该企业汇算清缴应补税款计算为：30（75−25−20）万元。

经认定的高新技术企业，其来源于境外的所得可以享受高新技术企业所得税优惠政策，即对其来源于境外所得可以按照 15%的优惠税率缴纳企业所得税，在计算抵免税额时，可以按照 15%的优惠税率计算境外应纳税总额。

6.3　企业所得税的纳税申报

6.3.1　企业所得税纳税期限和纳税地点

1．纳税期限

企业所得税按年计征，分月或分季预缴，年终汇算清缴，多退少补。

企业所得税的纳税年度，自公历每年 1 月 1 日起至 12 月 31 日止。企业在一个纳税年度的中间开业，或者由于合并、上市公司注册关闭等原因终止经营活动，使该纳税年度的实际经营期不足 12 个月的，应当以其实际经营期为一个纳税年度。企业清算时，应当以清算期间作为一个纳税年度。

企业分月或分季预缴企业所得税时，应当按照月度或季度的实际利润额预缴；按照月度或季度实际利润额预缴有困难的，可以按照上一年度应纳税所得额的月度或季度平均额预缴。预缴方法一经确定，该纳税年度内不得随意变更。

企业应当在月份或季度终了后 15 日内，向其机构所在地主管税务机关报送会计报表和预交所得税申报表，预交税款；企业应当自年度终了之日起 5 个月内，向税务机关报送年度企业所得税纳税申报表，并汇算清缴，结清应缴（应退）税款；企业在年度中间终止经营活动的，应当自实际经营终止之日起 60 日内，向税务机关办理当期企业所得税汇算清缴。

企业在纳税年度内，无论赢利还是亏损，均应按规定的期限办理纳税申报事宜。

2．纳税地点

企业所得税由纳税人向其所在地主管税务机关缴纳。所在地是指纳税人的实际经营机构所在地。

居民企业以企业实际登记注册地为纳税地点，登记注册地与实际经营管理地不一致的，应当以其实际经营管理地为申报纳税所在地。居民企业在中国境内设立不具有法人资格的营业机构的，应当汇总计算并缴纳企业所得税。

非居民企业在中国境内设立机构、场所的，应当就其所设机构、场所取得的来源于中国境内的所得，以及发生在中国境外但与其所设机构、场所有实际联系的所得，以机构、场所所在地为纳税地点。非居民企业在中国境内设立两个或两个以上机构、场所的，经税务机关审核批准，可以选择由其主要机构、场所汇总缴纳企业所得税。

非居民企业在中国境内未设立机构、场所的，或者虽设立机构、场所，但取得的所得与其所设机构、场所没有实际联系的，以扣缴义务人所在地为纳税地点。

3．企业所得税主管税务机关

（1）国税系统征管的企业所得税

纳税人经营资金权属中央企事业单位所有的全民所有制单位，由中央企事业单位投资参股的联营企业和股份制企业，以及纳税人是金融保险企业的，其应纳所得税应缴入中央金库和按中央企事业单位、地方企事业单位投资比例分别计算、分别开票、分别缴入中央金库和地方金库，由国税局负责征收管理。

（2）地税系统征管的企业所得税

纳税人经营资金权属地方企事业单位投资的全民所有制企业、联营企业、股份制企业，以及集体所有制企业（含经营资金权属中央企事业单位所有的集体所有制单位）、私营企业应纳的所得税，应缴入地方金库，由地方税务机关负责征收管理。

6.3.2 核定征收企业所得税的纳税申报

根据《国家税务总局关于印发<企业所得税核定征收办法>（试行）的通知》（国税发[2008]30 号）第四条规定，税务机关应根据纳税人的具体情况，对核定征收企业所得税的纳税人，核定应税所得率或核定应纳所得税额。根据这一规定，核定征收企业所得税的方式有两种：核定应税所得率或核定应纳所得税额。

1．核定应税所得率的纳税申报

对于核定应税所得率征收的纳税人，根据纳税年度内的收入总额或成本等项目的实际发生额，按预先核定的应税所得率计算企业所得税应纳税额。在季度或月份终了后 15 日内，向其所在地主管税务机关报送“中华人民共和国企业所得税预缴纳税申报表（B 类）”（见表 6-2）。年度终了 5 个月内，需要填制“企业所得税纳税申报表（B 类）”（见表 6-3）申报企业所得税。

表 6-2 中华人民共和国企业所得税月（季）度预缴纳税申报表（B 类）

税款所属期间： 年 月 日至 年 月 日

纳税人识别号：

纳税人名称： 金额单位：人民币元（列至角分）

项目			行次	累计金额
应纳税所得额的计算	按收入总额核定应纳税所得额	收入总额	1	
		税务机关核定的应税所得率（%）	2	
		应纳税所得额（1 行×2 行）	3	
	按成本费用核定应纳税所得额	成本费用总额	4	
		税务机关核定的应税所得率（ %）	5	
		应纳税所得额[4 行÷(1−5 行)×5 行]	6	
	按经费支出换算应纳税所得额	经费支出总额	7	
		税务机关核定的应税所得率	8	
		换算的收入额[7 行÷(1−8 行)]	9	
		应纳税所得额（8 行×9 行）	10	
应纳所得税额的计算		税率（25%）	11	
		应纳所得税额（3 行×11 行或 6 行×11 行或 10 行×11 行）	12	
		减免所得税额	13	
应补（退）所得税额的计算		已预缴所得税额	14	
		应补（退）所得税额（12 行−13 行−14 行）	15	
谨声明：此纳税申报表是根据《中华人民共和国企业所得税法》、《中华人民共和国企业所得税法实施条例》和国家有关税收规定填报的，是真实的、可靠的、完整的。				

续表

法定代表人（签字）：　　　　　　　　年　月　日		
纳税人公章：	代理申报中介机构公章：	主管税务机关受理专用章：
会计主管：	经办人： 经办人执业证件号码：	受理人：
填表日期：　年　月　日	代理申报日期：　年　月　日	受理日期：　年　月　日

注：此表一式三份，其中纳税人一份，税务机关两份。

表 6-3　企业所得税纳税申报表（适用于核定征收企业）

税款所属期间：　年　月　日至　年　月　日

纳税人识别号：　　　　　　　　　　金额单位：元（列至角分）

纳税人名称			
纳税申报栏			
项　目	行　次	本 期 数	累 计 数
收入总额	1		
成本费用	2		
应税所得率	3		
应纳税所得额	4		
适用税率	5		
应缴所得税额（4×5）	6		
减：实际已预缴的所得税额	7		
应补（退）的所得税额（8=6–7）	8		
纳税人公章： 经办人（签章）： 申报日期：　年　月　日		主管税务机关受理专用章： 受理人： 受理日期：　年　月　日	

【例 6-10】　山海公司是一家按照应税所得率缴纳企业所得税的公司，采用按照经费支出换算应纳税所得额缴纳所得税，主管税务机关为其核定的应税所得率为 10%。2014 年第一季度该企业的经费支出总额为 732 600 元。

根据以上资料填写“中华人民共和国企业所得税月（季）度预缴纳税申报表（B 类）”，如表 6-4 所示。

表 6-4　中华人民共和国企业所得税月（季）度预缴纳税申报表（B 类）

税款所属期间：　年　月　日至　年　月　日

纳税人识别号：

纳税人名称：　　　　　　　　　　金额单位：人民币元（列至角分）

项　目			行　次	累计金额
应纳税所得额的计算	按收入总额核定应纳税所得额	收入总额	1	
		税务机关核定的应税所得率（%）	2	

续表

		应纳税所得额（1行×2行）	3	
	按成本费用核定应纳税所得额	成本费用总额	4	
		税务机关核定的应税所得率（ %）	5	
		应纳税所得额[4行÷(1−5行)×5行]	6	
	按经费支出换算应纳税所得额	经费支出总额	7	732 600.00
		税务机关核定的应税所得率	8	10%
		换算的收入额[7行÷(1−8行)]	9	814 000.00
		应纳税所得额（8行×9行）	10	81 400.00
应纳所得税额的计算		税率（25%）	11	25%
		应纳所得税额（3行×11行或6行×11行或10行×11行）	12	20 350.00
		减免所得税额	13	0.00
应补（退）所得税额的计算		已预缴所得税额	14	0.00
		应补（退）所得税额（12行−13行−14行）	15	20 350.00

谨声明：此纳税申报表是根据《中华人民共和国企业所得税法》、《中华人民共和国企业所得税法实施条例》和国家有关税收规定填报的，是真实的、可靠的、完整的。		
法定代表人（签字）：		年 月 日
纳税人公章：	代理申报中介机构公章：	主管税务机关受理专用章：
会计主管：	经办人：	受理人：
	经办人执业证件号码：	
填表日期： 年 月 日	代理申报日期： 年 月 日	受理日期： 年 月 日

注：此表一式三份，其中纳税人一份，税务机关两份。

2. 核定应纳所得税额的纳税申报

1）纳税人在应纳所得税额尚未确定之前，可暂按上年度应纳所得税额的1/12或1/4预缴，或者按经主管税务机关认可的其他方法，按月或按季分期预缴。

2）在应纳所得税额确定以后，减去当年已预缴的所得税额，余额按剩余月份或季度均分，以此确定以后各月或各季的应纳税额，由纳税人按月或按季填写“中华人民共和国企业所得税月（季）度预缴纳税申报表（B类）”，在规定的纳税申报期限内进行纳税申报。

3）纳税人年度终了后，在规定的时限内按照实际经营额或实际应纳税额向税务机关申报纳税。申报额超过核定经营额或应纳税额的，按申报额缴纳税款；申报额低于核定经营额或应纳税额的，按核定经营额或应纳税额缴纳税款。

6.3.3 查账征收企业所得税的纳税申报

1. 月（季）度纳税申报

实行查账征收方式缴纳企业所得税的纳税人，在季度或月份终了后15日内，向其所在地主管税务机关报送“中华人民共和国企业所得税预缴纳税申报表（A）类”（见表6-5），预缴企业所得税。

表 6-5 中华人民共和国企业所得税月（季）度预缴纳税申报表（A 类）

税款所属期间： 年 月 日至 年 月 日

纳税人识别号：

纳税人名称： 金额单位：人民币元（列至角分）

<table>
<tr><th>行 次</th><th colspan="2">项 目</th><th>本期金额</th><th>累计金额</th></tr>
<tr><td>1</td><td colspan="4">一、据实预缴</td></tr>
<tr><td>2</td><td colspan="2">营业收入</td><td></td><td></td></tr>
<tr><td>3</td><td colspan="2">营业成本</td><td></td><td></td></tr>
<tr><td>4</td><td colspan="2">实际利润额</td><td></td><td></td></tr>
<tr><td>5</td><td colspan="2">税率（25%）</td><td></td><td></td></tr>
<tr><td>6</td><td colspan="2">应纳所得税额（4 行×5 行）</td><td></td><td></td></tr>
<tr><td>7</td><td colspan="2">减免所得税额</td><td></td><td></td></tr>
<tr><td>8</td><td colspan="2">实际已缴所得税额</td><td></td><td></td></tr>
<tr><td>9</td><td colspan="2">应补（退）的所得税额（6 行-7 行-8 行）</td><td></td><td></td></tr>
<tr><td>10</td><td colspan="4">二、按上一纳税年度应纳税所得额平均额预缴</td></tr>
<tr><td>11</td><td colspan="2">上一纳税年度应纳税所得额</td><td></td><td></td></tr>
<tr><td>12</td><td colspan="2">本月（季）应纳税所得额（11 行÷12 行或 11 行÷4）</td><td></td><td></td></tr>
<tr><td>13</td><td colspan="2">税率（25%）</td><td></td><td></td></tr>
<tr><td>14</td><td colspan="2">本月（季）应纳所得税额（12 行×13 行）</td><td></td><td></td></tr>
<tr><td>15</td><td colspan="4">三、按照税务机关确定的其他方法预缴</td></tr>
<tr><td>16</td><td colspan="2">本月（季）确定预缴的所得税额</td><td></td><td></td></tr>
<tr><td>17</td><td colspan="4">总分机构纳税人</td></tr>
<tr><td>18</td><td rowspan="3">总机构</td><td>总机构应分摊的所得税额（9 行或 14 行或 16 行×25%）</td><td></td><td></td></tr>
<tr><td>19</td><td>中央财政集中分配的所得税额(9 行或 14 行或 16 行×25%)</td><td></td><td></td></tr>
<tr><td>20</td><td>分支机构分摊的所得税额（9 行或 14 行或 16 行×50%）</td><td></td><td></td></tr>
<tr><td>21</td><td rowspan="2">分支
机构</td><td>分配比例</td><td></td><td></td></tr>
<tr><td>22</td><td>分配的所得税额（20 行×21 行）</td><td></td><td></td></tr>
<tr><td colspan="5">谨声明：此纳税申报表是根据《中华人民共和国企业所得税法》、《中华人民共和国企业所得税法实施条例》和国家有关税收规定填报的，是真实的、可靠的、完整的。
法定代表人（签字）： 年 月 日</td></tr>
</table>

	代理申报中介机构公章：	
纳税人公章：	经办人：	主管税务机关受理专用章：
会计主管：	经办人执业证件号码：	受理人：
填表日期： 年 月 日	代理申报日期： 年 月 日	受理日期： 年 月 日

【例 6-11】 天海公司是一家按照查账征收方式缴纳企业所得税的公司，采用据实预缴方式缴纳所得税。2014 年第一季度该企业的生产经营数据如下：营业收入 1 557 500 元，营业成本 724 500 元，营业税金及附加 23 500 元，期间费用 195 500 元，利润总额 614 000 元。

根据以上资料填写“中华人民共和国企业所得税月（季）度预缴纳税申报表（A 类）”如表 6-6 所示。

表 6-6 中华人民共和国企业所得税月（季）度预缴纳税申报表（A 类）

税款所属期间： 年 月 日至 年 月 日

纳税人识别号：

纳税人名称： 金额单位：人民币元（列至角分）

<table>
<tr><th>行次</th><th colspan="2">项 目</th><th>本期金额</th><th>累计金额</th></tr>
<tr><td>1</td><td colspan="4">一、据实预缴</td></tr>
<tr><td>2</td><td colspan="2">营业收入</td><td>1 557 500.00</td><td>1 557 500.00</td></tr>
<tr><td>3</td><td colspan="2">营业成本</td><td>724 500.00</td><td>724 500.00</td></tr>
<tr><td>4</td><td colspan="2">实际利润额</td><td>614 000.00</td><td>614 000.00</td></tr>
<tr><td>5</td><td colspan="2">税率（25%）</td><td>—</td><td>—</td></tr>
<tr><td>6</td><td colspan="2">应纳所得税额（4 行×5 行）</td><td>153 500.00</td><td>153 500.00</td></tr>
<tr><td>7</td><td colspan="2">减免所得税额</td><td>0.00</td><td>0.00</td></tr>
<tr><td>8</td><td colspan="2">实际已缴所得税额</td><td>—</td><td>0.00</td></tr>
<tr><td>9</td><td colspan="2">应补（退）的所得税额（6 行-7 行-8 行）</td><td>—</td><td>153 500.00</td></tr>
<tr><td>10</td><td colspan="4">二、按上一纳税年度应纳税所得额平均额预缴</td></tr>
<tr><td>11</td><td colspan="2">上一纳税年度应纳税所得额</td><td>—</td><td></td></tr>
<tr><td>12</td><td colspan="2">本月（季）应纳税所得额（11 行÷12 行或 11 行÷4）</td><td></td><td></td></tr>
<tr><td>13</td><td colspan="2">税率（25%）</td><td>—</td><td>—</td></tr>
<tr><td>14</td><td colspan="2">本月（季）应纳所得税额（12 行×13 行）</td><td></td><td></td></tr>
<tr><td>15</td><td colspan="4">三、按照税务机关确定的其他方法预缴</td></tr>
<tr><td>16</td><td colspan="2">本月（季）确定预缴的所得税额</td><td></td><td></td></tr>
<tr><td>17</td><td colspan="4">总分机构纳税人</td></tr>
<tr><td>18</td><td rowspan="3">总机构</td><td>总机构应分摊的所得税额(9 行或 14 行或 16 行×25%)</td><td></td><td></td></tr>
<tr><td>19</td><td>中央财政集中分配的所得税额(9 行或 14 行或 16 行×25%)</td><td></td><td></td></tr>
<tr><td>20</td><td>分支机构分摊的所得税额(9 行或 14 行或 16 行×50%)</td><td></td><td></td></tr>
<tr><td>21</td><td rowspan="2">分支机构</td><td>分配比例</td><td></td><td></td></tr>
<tr><td>22</td><td>分配的所得税额（20 行×21 行）</td><td></td><td></td></tr>
</table>

谨声明：此纳税申报表是根据《中华人民共和国企业所得税法》、《中华人民共和国企业所得税法实施条例》和国家有关税收规定填报的，是真实的、可靠的、完整的。

法定代表人（签字）： 年 月 日

纳税人公章： 会计主管： 填表日期： 年 月 日	代理申报中介机构公章： 经办人： 经办人执业证件号码： 代理申报日期： 年 月 日	主管税务机关受理专用章： 受理人： 受理日期： 年 月 日

2．年度纳税申报

查账征收企业所得税的纳税人在年度汇算清缴时，无论盈利还是亏损，都必须在规定的期限内进行纳税申报，并填写所得税纳税年度申报表及其相关附表。

企业所得税纳税申报表附表有以下几种：附表 1“收入明细表”、附表 2“成本费用明细表”、附表 3“纳税调整项目明细表”、附表 4“企业所得税亏损弥补明细表”、附表 5“税收优惠明细表”、附表 6“境外所得税抵免计算明细表”、附表 7“以公允价值计量资产纳税调整表”、附表 8“广告费和业务宣传费跨年度纳税调整明细表”、附表 9“资产折旧、摊销纳税调整明细表”、附表 10“资产减值准备项目调整明细表”、附表 11“长期股权投资所得（损失）明细表”。附表 1~附表 6 是主表的附表，附表 7~附表 11 是附表的附表。

【例 6-12】　蓝天公司为中国的居民企业，2013 年度的经营业务数据如下。

（1）取得销售货物的收入 2 500 万元。

（2）销售货物的成本为 1 000 万元。

（3）发生销售费用 598 万元（其中广告费 450 万元），管理费用 480 万元（其中业务招待费 15 万元、新技术研究开发费用 40 万元），财务费用 60 万元。

（4）销售税金 160 万元（含增值税 120 万元）。

（5）处置固定资产收入 70 万元，营业外支出 50 万元（含通过公益性社会团体向贫困山区捐款 36.24 万元，支付税收滞纳金 6 万元，处置固定资产净损失 7.76 万元）。

（6）资产减值损失 86 万元，是期末对持有的存货计提的 86 万元存货跌价准备。

（7）计入成本、费用中的实发工资总额 150 万元，拨缴职工工会经费 3 万元，支出职工福利费 23 万元、职工教育经费 3 万元。

（8）蓝天公司 2013 年已预缴了企业所得税 60 万元；该公司采用资产负债表债务法进行所得税会计处理，期初递延所得税资产和递延所得税负债的余额均为零。

要求：

（1）计算该公司 2013 年度应交的企业所得税。

（2）计算该公司 2013 年度应补缴的企业所得税。

（3）填写年度纳税申报表及其附表。

【分析】

（1）蓝天公司 2013 年应纳税所得额的计算。

会计利润总额=2 500−1 000−598−480−60−40+70−50−86=256（万元）

广告费和业务宣传费调增所得额=450−2 500×15%=75（万元）

业务招待费调增所得额=15−15×60%=6（万元）（2 500×5‰>15×60%）

技术研究开发费用调减所得额=40×50% =20（万元）

捐赠支出应调增所得额=36.24−256×12%=5.52（万元）

支付的税收滞纳金调增所得额=6（万元）

存货跌价损失调增所得额=86（万元）

职工福利费调增所得额=23−150×14% =2（万元）

应纳税所得=256+75+6−20+5.52+6+86+2=416.52（万元）

该公司 2013 年度应纳所得税额=416.52×25%=104.13（万元）

（2）蓝天公司2013年应补缴企业所得税额44.13（104.13–60）万元。

（3）纳税申报表填报情况如表6-7～6-13所示。

表6-7 中华人民共和国企业所得税年度纳税申报表（A类）

税款所属期间：2013年1月1日至2013年12月31日

纳税人名称：蓝天公司

纳税人识别号：　　　　　　　　　　　　　　　　金额单位：元（列至角分）

类　别	行　次	项　目	金　额
利润总额计算	1	一、营业收入（填附表1）	25 000 000.00
	2	减：营业成本（填附表2）	10 000 000.00
	3	营业税金及附加	400 000.00
	4	销售费用（填附表2）	5 980 000.00
	5	管理费用（填附表2）	4 800 000.00
	6	财务费用（填附表2）	600 000.00
	7	资产减值损失	860 000.00
	8	加：公允价值变动收益	
	9	投资收益	
	10	二、营业利润（1–2–3–4–5–6–7+8+9）	2 360 000.00
	11	加：营业外收入（填附表1）	700 000.00
	12	减：营业外支出（填附表2）	500 000.00
	13	三、利润总额（10+11–12）	2 560 000.00
应纳税所得额计算	14	加：纳税调整增加额（填附表3）	1 805 200.00
	15	减：纳税调整减少额（填附表3）	200 000.00
	16	其中：不征税收入	
	17	免税收入	
	18	减计收入	
	19	减、免税项目所得	
	20	加计扣除	200 000.00
	21	抵扣应纳税所得额	
	22	加：境外应税所得弥补境内亏损	
	23	纳税调整后所得（13+14–15–19–21+22）	4 165 200.00
	24	减：弥补以前年度亏损（填附表4）	
	25	应纳税所得额（23–24）	4 165 200.00
应纳税额计算	26	税率（25%）	25%
	27	应纳所得税额（25×26）	1 041 300.00
	28	减：减免所得税额（填附表5）	
	29	减：抵免所得税额（填附表5）	
	30	应纳税额（27–28–29）	1 041 300.00

续表

	31	加：境外所得应纳所得税额（填附表 6）	
	32	减：境外所得抵免所得税额（填附表 6）	
	33	实际应纳所得税额（30+31–32）	1 041 300.00
	34	减：本年累计实际已预缴的所得税额	600 000.00
	35	其中：汇总纳税的总机构分摊预缴的税额	
	36	汇总纳税的总机构财政调库预缴的税额	
	37	汇总纳税的总机构所属分支机构分摊的预缴税额	
	37-1	其中：本市总机构所属本市分支机构分摊的预缴税额	
	38	合并纳税（母子体制）成员企业就地预缴比例	
	39	合并纳税企业就地预缴的所得税额	
	40	本年应补（退）的所得税额（33–34）	441 300.00
附列资料	41	以前年度多缴的所得税额在本年抵减额	
	42	以前年度应缴未缴在本年入库所得税额	

谨声明：此纳税申报表是根据《中华人民共和国企业所得税法》、《中华人民共和国企业所得税法实施条例》和国家有关税收规定填报的，是真实的、可靠的、完整的。

法定代表人（签字）：　　　　　　　　　　　　年　月　日

纳税人公章： 经办人： 申报日期：　　年　月　日	代理申报中介机构公章： 经办人及执业证件号码： 代理申报日期：　　年　月　日	主管税务机关受理专用章： 受理人： 受理日期：　　年　月　日

表 6-8　附表 1：收入明细表

填报时间：2013 年 12 月 31 日　　　　　　　　　　金额单位：元（列至角分）

行次	项　目	金　额
1	一、销售（营业）收入合计（2+13）	25 000 000.00
2	（一）营业收入合计（3+8）	25 000 000.00
3	1．主营业务收入（4+5+6+7）	25 000 000.00
4	（1）销售货物	25 000 000.00
5	（2）提供劳务	
6	（3）让渡资产使用权	
7	（4）建造合同	
8	2．其他业务收入（9+10+11+12）	
9	（1）材料销售收入	
10	（2）代购代销手续费收入	
11	（3）包装物出租收入	
12	（4）其他	
13	（二）视同销售收入（14+15+16）	
14	（1）非货币性交易视同销售收入	

续表

15	（2）货物、财产、劳务视同销售收入	
16	（3）其他视同销售收入	
17	二、营业外收入（18+19+20+21+22+23+24+29+30）	700 000.00
18	1．固定资产盘盈	
19	2．处置固定资产净收益	700 000.00
20	3．非货币性资产交易收益	
21	4．出售无形资产收益	
22	5．罚款净收入	
23	6．债务重组收益	
24	7．政府补助收入	
25	其中：不征税收入	
26	其中：财政拨款	
27	依法收取并纳入财政管理的行政事业性收费	
28	依法收取并纳入财政管理的政府性基金	
29	财政性资金	
30	8．捐赠收入	
31	9．其他	

经办人：　　　　法定代表人（签章）：

表 6-9　附表 2：成本费用明细表

填报时间：2013 年 12 月 31 日　　　　金额单位：元（列至角分）

行次	项　　目	金　额
1	一、销售（营业）成本合计（2+7+12）	10 000 000.00
2	1．主营业务成本（3+4+5+6）	10 000 000.00
3	（1）销售商品成本	10 000 000.00
4	（2）提供劳务成本	
5	（3）让渡资产使用权成本	
6	（4）建造合同成本	
7	2．其他业务支出（8+9+10+11）	
8	（1）材料销售成本	
9	（2）代购代销费用	
10	（3）包装物出租成本	
11	（4）其他	
12	3．视同销售成本（13+14+15）	
13	（1）自产、委托加工产品视同销售成本	
14	（2）处置非货币性资产视同销售成本	
15	（3）其他视同销售成本	

续表

16	二、营业外支出（17+18+…+24）	500 000.00
17	1．固定资产盘亏	
18	2．处置固定资产净损失	77 600.00
19	3．出售无形资产损失	
20	4．债务重组损失	
21	5．罚款支出	60 000.00
22	6．非常损失	
23	7．捐赠支出	362 400.00
24	8．其他	
25	三、期间费用合计（26+27+28）	11 380 000.00
26	1．销售（营业）费用	5 980 000.00
27	2．管理费用	4 800 000.00
28	3．财务费用	600 000.00

经办人（签章）：　　　　法定代表人（签章）：

表 6-10　附表 3：纳税调整项目明细表

填报时间：2013 年 12 月 31 日　　　　金额单位：元（列至角分）

	行次	项　目	账载金额	税收金额	调增金额	调减金额
			1	2	3	4
	1	一、收入类调整项目	*	*		
	2	1．视同销售收入（填写附表 1）	*	*		*
#	3	2．接受捐赠收入	*			*
	4	3．不符合税收规定的销售折扣和折让				*
*	5	4．未按权责发生制原则确认的收入				
*	6	5．按权益法核算长期股权投资对初始投资成本调整确认收益	*	*	*	
	7	6．按权益法核算的长期股权投资持有期间的投资损益	*	*		
*	8	7．特殊重组				
*	9	8．一般重组				
*	10	9．公允价值变动净收益（填写附表 7）	*	*		
	11	10．确认为递延收益的政府补助				
	12	11．境外应税所得（填写附表 6）	*	*	*	
	13	12．不允许扣除的境外投资损失	*	*		*
	14	13．不征税收入（填附表 1[3]）	*	*	*	
	15	14．免税收入（填附表 5）	*	*	*	
	16	15．减计收入（填附表 5）	*	*	*	

续表

	17	16．减、免税项目所得（填附表5）	*	*	*	
	18	17．抵扣应纳税所得额（填附表5）	*	*	*	
	19	18．其他				
	20	二、扣除类调整项目	*	*	945 200.00	200 000.00
	21	1．视同销售成本（填写附表2）	*	*	*	
	22	2．工资薪金支出				
	23	3．职工福利费支出	230 000.00	210 000.00	20 000.00	
	24	4．职工教育经费支出				
	25	5．工会经费支出				
	26	6．业务招待费支出	150 000.00	90 000.00	60 000.00	*
	27	7．广告费和业务宣传费支出（填写附表8）	*	*	750 000.00	
	28	8．捐赠支出	362 400.00	307 200.00	55 200.00	*
	29	9．利息支出				
	30	10．住房公积金				*
	31	11．罚金、罚款和被没收财物的损失		*		*
	32	12．税收滞纳金	60 000.00	*	60 000.00	*
	33	13．赞助支出		*		*
	34	14．各类基本社会保障性缴款				
	35	15．补充养老保险、补充医疗保险				
	36	16．与未实现融资收益相关在当期确认的财务费用				
	37	17．与取得收入无关的支出		*		*
	38	18．不征税收入用于支出所形成的费用		*		*
	39	19．加计扣除（填附表5）	*	*	*	200 000.00
	40	20．其他				
	41	三、资产类调整项目	*	*		
	42	1．财产损失				
	43	2．固定资产折旧（填写附表9）	*	*		
	44	3．生产性生物资产折旧（填写附表9）	*	*		
	45	4．长期待摊费用的摊销（填写附表9）	*	*		
	46	5．无形资产摊销（填写附表9）	*	*		
	47	6．投资转让、处置所得（填写附表11）	*	*		
	48	7.油气勘探投资（填写附表9）				
	49	8.油气开发投资（填写附表9）				
	50	9．其他				
	51	四、准备金调整项目（填写附表10）	*	*	860 000.00	
	52	五、房地产企业预售收入计算的预计利润	*	*		

续表

	53	六、特别纳税调整应税所得	*	*		*
	54	七、其他	*	*		
	55	合计	*	*	1 805 200.00	200 000.00

注：

1．标有*的行次为执行新会计准则的企业填列，标有#的行次为除执行新会计准则以外的企业填列。

2．没有标注的行次，无论执行何种会计核算办法，有差异就填报相应行次，填*号不可填列。

3．有二级附表的项目只填调增、调减金额，账载金额、税收金额不再填写。

经办人（签章）：　　　　　　　　　　　　　　　　法定代表人（签章）：

表 6-11　附表 5：税收优惠明细表

填报时间：2013 年 12 月 31 日　　　　　　　　　　　　　　金额单位：元（列至角分）

行次	项　目	金　额
1	一、免税收入（2+3+4+5）	
2	1．国债利息收入	
3	2．符合条件的居民企业之间的股息、红利等权益性投资收益	
4	3．符合条件的非营利组织的收入	
5	4．其他	
6	二、减计收入（7+8）	
7	1．企业综合利用资源，生产符合国家产业政策规定的产品所取得的收入	
8	2．其他	
9	三、加计扣除额合计（10+11+12+13）	200 000.00
10	1．开发新技术、新产品、新工艺发生的研究开发费用	200 000.00
11	2．安置残疾人员所支付的工资	
12	3．国家鼓励安置的其他就业人员支付的工资	
13	4．其他	
14	四、减免所得额合计（15+25+29+30+31+32）	
15	（一）免税所得（16+17+…+24）	
16	1．蔬菜、谷物、薯类、油料、豆类、棉花、麻类、糖料、水果、坚果的种植	
17	2．农作物新品种的选育	
18	3．中药材的种植	
19	4．林木的培育和种植	
20	5．牲畜、家禽的饲养	
21	6．林产品的采集	
22	7．灌溉、农产品初加工、兽医、农技推广、农机作业和维修等农、林、牧、渔服务业项目	
23	8．远洋捕捞	

续表

24	9．其他	
25	（二）减税所得（26+27+28）	
26	1．花卉、茶以及其他饮料作物和香料作物的种植	
27	2．海水养殖、内陆养殖	
28	3．其他	
29	（三）从事国家重点扶持的公共基础设施项目投资经营的所得	
30	（四）从事符合条件的环境保护、节能节水项目的所得	
31	（五）符合条件的技术转让所得	
32	（六）其他	
33	五、减免税合计（34+35+36+37+38）	
34	（一）符合条件的小型微利企业	
35	（二）国家需要重点扶持的高新技术企业	
36	（三）民族自治地方的企业应缴纳的企业所得税中属于地方分享的部分	
37	（四）过渡期税收优惠	
38	（五）其他	
39	六、创业投资企业抵扣的应纳税所得额	
40	七、抵免所得税额合计（41+42+43+44）	
41	（一）企业购置用于环境保护专用设备的投资额抵免的税额	
42	（二）企业购置用于节能节水专用设备的投资额抵免的税额	
43	（三）企业购置用于安全生产专用设备的投资额抵免的税额	
44	（四）其他	
45	企业从业人数（全年平均人数）	
46	资产总额（全年平均数）	
47	所属行业（工业企业　　其他企业　　）	

经办人（签章）：　　　　　　　　　　　　　　　　法定代表人（签章）：

表 6-12　附表 8：广告费和业务宣传费跨年度纳税调整表

填报时间：2013 年 12 月 31 日　　　　　　　　　　金额单位：元（列至角分）

行次	项　目	金　额
1	本年度广告费和业务宣传费支出	4 500 000.00
2	其中：不允许扣除的广告费和业务宣传费支出	
3	本年度符合条件的广告费和业务宣传费支出（1–2）	4 500 000.00
4	本年计算广告费和业务宣传费扣除限额的销售（营业）收入	25 000 000.00
5	税收规定的扣除率	15%
6	本年广告费和业务宣传费扣除限额（4×5）	3 750 000.00
7	本年广告费和业务宣传费支出纳税调整额（3≤6，本行=2 行；3＞6，本行=1–6）	750 000.00
8	本年结转以后年度扣除额（3＞6，本行=3–6；3≤6，本行=0）	750 000.00

续表

9	加：以前年度累计结转扣除额	
10	减：本年扣除的以前年度结转额	
11	累计结转以后年度扣除额（8+9–10）	750 000.00

经办人（签章）：　　　　　　　　　　　　法定代表人（签章）：

表 6-13　附表 10：资产减值准备项目调整明细表

填报时间：2013 年 12 月 31 日　　　　　　　　　　金额单位：元（列至角分）

行次	准备金类别	期初余额	本期转回额	本期计提数	期末余额	纳税调整额
		1	2	3	4	5
1	坏（呆）账准备					
2	存货跌价准备			860 000.00	860 000.00	860 000.00
3	*其中：消耗性生物资产减值准备					
4	*持有至到期投资减值准备					
5	*可供出售金融资产减值准备					
6	#短期投资跌价准备					
7	长期股权投资减值准备					
8	*投资性房地产减值准备					
9	固定资产减值准备					
10	在建工程（工程物资）减值准备					
11	*生产性生物资产减值准备					
12	无形资产减值准备					
13	商誉减值准备					
14	贷款减值准备					
15	矿区权益减值准备					
16	其他					
17	合计					

经办人（签章）：　　　　　　　　　　　　法定代表人（签章）：

注：标有*的行次为执行新会计准则的企业填列，标有#的行次为除执行新会计准则以外的企业填列。

6.4　企业所得税纳税筹划经典措施

6.4.1　降低税率筹划

新《企业所得税法》规定的税率有 4 档：基准税率 25%和三档优惠税率分别为 10%、15%和 20%（除直接减免税额外）。其中 15%和 20%的优惠税率是企业所得税纳税筹划的常用手段，企业应尽可能创造条件以满足该优惠税率的标准。

1. 设立自主创新型高新技术企业

《企业所得税法实施条例》提高了高新技术企业的认定标准。界定的首要条件是拥有"核心自主知识产权"，认定的具体指标有研发费用占销售收入的比例、高新技术产品收入占总收入的比例、科技人员占职工总数的比例等，体现了新税法技术创新的导向。据此规定，企业所得税筹划的侧重点应从筹划高新企业的纳税地点转移到自主创新、培养核心竞争能力上来，设立自己的研发机构，组建稳定的研发队伍，自主开发新产品、新技术，制定中长期研发计划。这既符合企业的发展需求，又符合新税法的立法精神。

2. 小型微利企业的临界点筹划

新《企业所得税法》第二十八条规定，符合条件的小型微利企业，减按 20%的税率征收企业所得税。这里的小型微利企业，是指从事国家非限制和禁止行业，并符合下列条件的企业。

1）工业企业，年度应纳税所得额不超过 30 万元，从业人数不超过 100 人，资产总额不超过 3 000 万元。

2）其他企业，年度应纳税所得额不超过 30 万元，从业人数不超过 80 人，资产总额不超过 1 000 万元。

从上述规定可以看出，资产总额和从业人数符合小型微利企业条件的企业（假设企业从事国家非限制和禁止行业且财务核算健全，下同），其适用 20%优惠税率的临界点是"应纳税所得额 30 万元"，如果应纳税所得额超过 30 万元，将整体适用 25%的税率。此类企业的企业所得税适用税率可以理解为全额累进税率，其临界点处的税负存在跳跃式上升的现象，在一定范围内应纳税所得额的增长额小于税负增长额。

假设所得额增长 A 万元，则适用税率为 25%，令：

$30-30\times20\%\geqslant30+A-(30+A)\times25\%$

得出：$A\leqslant2$

从上述计算结果可以看出，资产总额和从业人数符合小型微利企业条件的企业，当其应纳税所得额（假设会计利润等于应纳税所得额）为 30 万元和 32 万元时，税后利润相等（均为 24 万元），当其应纳税所得额为 30 万元～32 万元时，临界点处增加的应纳税所得额小于增加的税负。因此，此类企业应当尽可能避免应纳税所得额处于 30 万元至 32 万元这一区间。

【例 6-13】 甲公司 2013 年度会计利润和企业所得税应纳税所得额均为 301 000 元。甲公司从事国家非限制和禁止行业，其财务核算健全，采用查账征收方式征收企业所得税，2013 年度资产总额和从业人数符合小型微利企业条件。

因为甲公司应纳税所得额超过 30 万元，所以甲公司不能适用 20%的优惠税率。其 2013 年度应缴企业所得税为=75 250（301 000×25%）元。

甲公司 2013 年度税后利润为=301 000−75 250=225 750（元）

【筹划分析】

假设甲公司在 2013 年 12 月底前，增加可在税前扣除的公益性捐赠支出 2 000 元，或者增加其他可在税前扣除的费用支出 2 000 元，将会计利润和应纳税所得额降为 299 000 元(301 000−2 000)，那么甲公司就完全符合小型微利企业条件，并适用 20%的优惠税率。

筹划后甲公司应缴企业所得税=299 000×20%=59 800（元）

筹划后甲公司税后利润=299 000–59 800=239 200（元）

由此可见，筹划后甲公司虽然会计利润减少了 2 000 元，但是税后利润反而增加了 13 450（239 200–225 750）元。

对小型微利企业的界定，新《企业所得税法》改变了过去仅以年度应税所得额为标准的做法，采用了应纳税所得额、从业人数、资产总额 3 个指标相结合的方式。因此，小型企业在设立时首先需认真规划企业的规模和人数，规模较大时，可考虑分立为两个独立的纳税企业。

【例 6-14】 某建筑安装公司主要经营工程承包建筑、安装和各种建筑装饰劳务，2013 年度共实现应纳税所得额 200 万元，其中建筑、安装和装饰劳务的年度应纳税所得额分别为 145 万、30 万、25 万。企业有职工人数 100 人，资产总额为 3 000 万元。则 2013 年度该建筑安装公司的企业所得税为多少？应如何纳税筹划？

【分析】

（1）纳税筹划前的分析

根据案例中的情况，该建筑安装公司 2013 年度的企业所得税为 50（200×25%）万元。

（2）纳税筹划方案

把建筑安装公司进行分立，设立甲、乙和丙 3 个独立的公司，其中甲对乙和丙实行 100%控股，三者分别经营建筑、安装和装饰业务。甲、乙和丙 3 个子公司的年职工人数分别 50 人、30 人、20 人、资产总额各自都为 1 000 万元。

（3）纳税筹划后的分析

根据筹划方案，乙和丙符合小型微利企业的标准，可以享受 20%的优惠企业所得税率。基于此，甲、乙和丙 2013 年度的企业所得税分别为 36.25（145×25%）万元、6（30×20%）万元、5（25×20%）万元，总的税负为 47.25（36.25+6+5）万元，比筹划前节省 2.75（50–47.25）万元。

应注意的问题：由于企业所得税按月决定（季）预缴，按年汇算清缴，预缴时并不能预知全年的实际情况，所以要根据上一年的情况决定是否认定小型微利企业。如果预缴时是小型微利企业，按 20%税率预缴，但如果利润多了，或者员工多了，或者资产多了，就不是小型微利企业了，就按 25%税率汇算清缴。反之，如果预缴时不是小型微利企业，按 25%税率预缴，但利润少了，同时员工少了，资产也少了，则汇算清缴时可以按 20%优惠税率。

因此，企业要安排好年应纳税所得额，尽量不要超过小型微利企业的年应纳税所得额、职工人数和资产总额的临界点。

6.4.2 降低应纳税所得额筹划

企业所得税的应纳税所得额，是指企业根据企业所得税法按照一定的标准确定的、纳税人在一个纳税年度内的计税所得，是企业每一纳税年度的计税收入总额扣除各项计税成本后的余额。新《企业所得税法》放宽了成本费用的扣除标准和范围，从而扩大了纳税筹划的空间，成为新税筹划的重点。

1．合理调整收入确认的时间

新《企业所得税法》根据销售结算方式的不同，分别对收入确认的时间做出了相应的规定，一旦确认收入，不管资金是否回笼，都要上缴税款。所以，企业应根据情况选择适当的销售结算方式，避免先垫支税款，同时尽量推迟确认销售收入，以达到延缓纳税的目的。

1）在签订销售合同时选择分期收款销售商品就可以合法地在不同时期确认收入，实现递延纳税。当然，部分资金被客户较长时间占用也会给企业带来损失，因此需权衡利弊。

2）赊销产品时尽量不开具销售发票，等收到货款时才开具销售发票并确认收入，以免垫支税款。

3）特别注意临近年终所发生的销售收入，采用直接收款销货时，可通过推迟收款时间或推迟提货单的交付时间，把收入确认时点延至次年，获得延迟纳税的利益。

【例 6-15】 某企业是一家小型生产企业，从业人数 70 人，资产总额 500 万元，在 2012 年年底与一家企业签订了一份分期收款的购销合同，合同价款为 40 万元。合同约定，在 2012 年年底支付货款的 30%，2013 年 3 月支付货款的 30%，2013 年 6 月支付货款的 40%。已知，该企业 2012 年应纳税所得额为 22 万元，预计 2013 年可实现的应纳税所得额为 38 万元。试着为该企业进行筹划。

【分析】

筹划前，企业的税负计算：2012 年应纳所得税=22×20%=4.4（万元）

2013 年应纳所得税=38×25%=9.5（万元）

两年共纳税 13.9 万元。

【筹划分析】将合同中的约定收款日期和比例做一下改动，在 2012 年年底支付货款的 50%，2013 年 3 月支付货款的 30%，2013 年 6 月支付货款的 20%。这样，2012 年的计税收入就增加 8 万元，而 2013 年的计税收入减少 8 万元。筹划后，企业的税负计算：

2012 年应纳所得税=30×20%=6（万元）

2013 年应纳所得税=30×20%=6（万元）

两年共纳税 12 万元。

筹划后，节税 1.9（13.9–12）万元。

2．设立独立的销售公司

在实践当中，有许多企业集团既负责生产又从事产品的销售业务。由于企业从事生产和销售业务发生的许多费用，如业务招待费、广告费和业务宣传费，在年末往往超过税法规定的限额而要进行纳税调整，而企业年末进行调增的费用也就是企业要多交的企业所得税费用。如果能够加强企业的费用管理，使企业平常发生的费用都能依法在税前扣除，在一定程度上就为企业节省了一笔企业所得税费用。

设立独立核算的销售公司可提高扣除费用额度。按规定，业务招待费、广告费和业务宣传费均是以营业收入作为扣除计算标准的，如果将集团公司的销售部门设立成一个独立核算的销售公司，将集团公司产品销售给销售公司，再由销售公司实现对外销售，这样就增加了一笔营业收入，在整个利益集团的利润总额并未改变的前提下，费用限额扣除的标准可同时获得提高。

【例 6-16】　某生产企业 2013 年度实现销售净收入 20 000 万元，企业当年发生业务招待费 160 万元。发生广告费和业务宣传费 3 500 万元。请问该企业应如何进行纳税筹划？

【分析】

（1）纳税筹划前税负计算

根据税收政策规定的扣除限额计算如下：

业务招待费超标额=160–（160×60%）=64（万元）

广告费和业务宣传费超标额=3 500–20 000×15%=500（万元）

超标部分应缴纳企业所得税税额=（64+500）×25%=141（万元）

（2）进行筹划

将企业的销售部门分离出去，成立一个独立核算的销售公司。企业生产的产品以 18 000 万元卖给销售公司，销售公司再以 20 000 万元对外销售。费用在两个公司之间分配：生产企业与销售公司的业务招待费各为 80 万元，广告费和业务宣传费分别为 1 500 万元和 2 000 万元。由于增加了独立核算的销售公司这样一个新的组织形式，也就增加了扣除限额。因最后对外销售仍是 20 000 万元，没有增值，所以不会增加增值税的税负。

（3）筹划后分析

经过纳税筹划后，在整个利益集团的利润总额不变的情况下，业务招待费、广告费和业务宣传费分别以两家企业的销售收入为依据计算扣除限额，结果如下。

1）生产企业业务招待费的发生额为 80 万元，

则：扣除限额=80× 60%=48（万元）

超标额=80–48=32（万元）

广告费和业务宣传费的发生额为 1 500 万元，而：

扣除限额=18 000×15%=2 700（万元）

因此生产企业的招待费用大于扣除限额 32 万元，需做纳税调整。

2）销售公司业务招待费的发生额为 80 万元，则：

扣除限额=80×60%=48（万元）

超标额=80–48=32（万元）

广告费和业务宣传费的发生额为 2 000 万元，而：

扣除限额=20 000×15%=3 000（万元）

因此招待费用超标 32 万元，需做纳税调整。

两个企业调增应纳税所得额 64 万元，应纳税额为 16（64×25%）万元。通过纳税筹划，两个企业比一个企业节约企业所得税 125（141–16）万元。

需要注意的是，案例中的交易价格会影响两个公司的企业所得税，即生产企业以只有以一定的价款把产品卖给销售公司，才能保证两个企业都不亏损。如果一方亏损一方盈利，那亏损一方的亏损额就产生不了抵税作用，盈利的一方则必须多交企业所得税。因此，交易价格一定要仔细核算，以免发生不必要的损失。

设立独立核算的销售公司除了可以获得节税收益外，对扩大整个利益集团的产品销售市场、规范销售管理均有重要意义，但也会因此增加一些管理成本。纳税人应根据企业规模的大小及产品的具体特点，兼顾成本与效益原则，从长远利益考虑，决定是否设立独立纳税单位。

6.4.3 捐赠模式选择的筹划

在2008年汶川大地震发生后，国内企业的主流捐赠模式可以分为以下5类：一是苏宁模式，苏宁电器捐赠500万元，其董事长张近东捐赠5 000万元；二是麦当劳模式，捐赠现金1 200万元，其所属灾区成员点，每天给灾民1万份食物；三是腾讯模式，通过腾讯公益基金会捐赠1 000万元；四是扬子江药业模式，捐赠价值1 000万元的药材；五是徐工模式，徐工集团捐赠1 000万元现金，并提供2 500万元汽车起重机给灾区无偿使用。

（1）苏宁模式

苏宁的捐赠模式是一种比较典型的模式。按照企业所得税法规定公司的捐赠额在会计利润的12%内允许税前据实扣除。由于捐赠的扣除基数是一个会计年度利润，而这个数字必须会计年度终了后才能计算出来，而捐赠事项是在年度当中发生的。如果捐赠行为不量力而为，则企业可能因捐赠背负额外的税收。例如，捐赠1 000万元，而会计利润只有1 000万，则当年允许扣除120万元，其中880万元不允许税前扣除，需要缴纳所得税220万元。因此，苏宁公司谨慎地捐出了500万元。张近东个人捐款5 000万元，按现行规定允许在个人所得税税前全额扣除，不受比例限制。

（2）麦当劳模式

麦当劳提供的免费食物，虽不属于营业税所谓的有偿提供劳务，不征收营业税，但是按新所得税法规定，提供劳务视同销售。如麦当劳一份巨无霸套餐20元，其成本10元，则按照现在的税法规定还要确认10（20–10）元的利润，缴纳2.5元的企业所得税。对其中10元的成本，如果取得捐赠凭证，则并入捐赠总额，受会计利润的12%限额扣除；如果无法取得捐赠凭证，则属于与取得收入无关的支出不允许列支。

（3）腾讯模式

腾讯模式是通过腾讯公益基金会捐款的行为，显得游刃有余。公益基金会属于非营利公益组织，其收入属于免税收入，其相关支出允许据实扣除，这样其实质为免税单位，不用理会捐赠限额的规定。腾讯创办这样一家公益性质的基金会，在实际中就游刃有余。当前捐赠的1 000万元，可以先由腾讯公司借给基金会，待年底会计利润出来后进行灵活处理，如果2008年腾讯公司会计利润为1亿元，则将借款全部作为捐赠；如果2008年度会计利润为5 000万元，则将借款中的600万元作为捐赠，剩余的继续作为借款，待以后年度处理。

（4）扬子江药业模式

扬子江药业是捐赠自身产品的企业代表。它所捐赠的1 000万元药品需要视同销售缴纳增值税和所得税。假设该批药市价1 000万元，其直接生产成本100万元，其需要缴纳增值税153[(1 000–100)×17%]万元，捐赠支出受会计利润12%的限制，同时所得税中这批药品还需要视同销售缴纳所得税225 [(1 000–100)×25%]万元，这是在不考虑其他相关因素的前提下。

（5）徐工模式

徐工集团提供2 500万元的汽车起重机给灾区无偿使用，因此产生的相关支出包括油费、过路过桥费等，如果取得捐赠凭证，则并入捐赠总额，按会计利润的12%限额扣除。

从以上模式的分析可知，要是考量税收成本，从捐赠形式看现金捐赠最优，提供劳务其次，实物捐赠最后；现金捐赠中，最好由个人名义捐赠，其次由基金会捐赠，最后为企业直接捐赠。

6.4.4　纳税人组织形式的筹划

企业组织形式分为 3 类，即公司企业、合伙企业和独资企业。从法律角度讲，公司企业是法人企业，独资企业和合伙企业是非法人企业。我国 2008 年 1 月 1 日开始实施的新《企业所得税法》采取了国际上通行的法人所得税制。也就是说法人企业及其分支机构是企业所得税的纳税人，非法人企业即独资企业和合伙企业不是企业所得税的纳税人，而是个人所得税的纳税人。投资者对企业不同组织形式的选择，其投资收益也将产生差别，进而影响企业的整体税收和获利能力。因此，在企业设立之时，很有必要在组织形式的选择上进行一番积极的筹划。此外，公司在设立下属公司时，选择设立子公司还是分公司对企业所得税负会产生影响。由于子公司是独立法人，如果盈利，其利润不能并入母公司利润，应当作为独立的纳税义务人单独缴纳企业所得税。当子公司所在地税率较低时，子公司可以少纳企业所得税，使公司整体税负较低。而分公司不是独立法人，只能将其利润并入母公司缴纳企业所得税，无论其所在地税负高低，均不能增减公司的整体税负。此外，公司税后利润作为股息分配给投资者，投资者还要缴纳一次个人所得税，又成为个人所得税的纳税义务人。

1．企业所得税和个人所得税的比较选择

目前，许多国家对公司和合伙企业实行不同的纳税规定。公司的营业利润在课征企业所得税后，税后利润作为股息分配给投资者，个人投资者还要缴纳一次个人所得税。而合伙企业则不作为公司看待，营业利润不交企业所得税，只课征各合伙人分得收益的个人所得税。

【例 6-17】　纳税人甲经营一家商店，年应税所得 20 万元，该商店如按个人独资企业课征个人所得税，依现行税制税后利润为 144 750[200 000–(200 000×35%–14 750)]元。该商店如按公司课征企业所得税，税率为 20%，税后利润 160 000(200 000–200 000×20%)元全部作为股息分配，纳税人甲还要缴纳一次个人所得税 32 000(160 000×20%)元，这样，其净得税后收益只有 128 000 元。与前者相比，多负担所得税 16 750(144 750–128 000)。

面对公司税负重于合伙企业税负的情况，纳税人甲做出了不设立公司，而办个人独资企业或合伙企业的决策。纳税人甲的这一举动是法律规定所许可的，在纳税行为未发生之前进行筹划，达到了节税的效果。

2．子公司与分公司的比较选择

所谓子公司是指被母公司有效控制的下属公司或母公司直接或间接控制的一系列公司中的一家公司；所谓分公司是指作为公司的分支构而存在，在国家税收中，它往往与“常设机构”是同义词。当一个企业要进行跨地区经营时，常见的做法就是在其他地区设立下属机构，即开办子公司或分公司。从法律上讲，子公司属于独立法人，而分公司则不属于独立法人，它们之间的不同之处在于以下几个方面。1）设立手续不同。在外地创办独立核算子公司，需要办理许多手续，设立程序复杂，开办费用也较大，而设立分公司的程序比较简单，费用开支比较少。2）核算和纳税形式不同。子公司是独立核算并独立申报纳税，当地税务机关比较喜欢，而分公司不是独立法人，由总公司进行核算盈亏和统一纳税，如有盈亏，分公司和总公司可以相互抵扣后再缴纳所得税。3）税收优惠不同。子公司承担全面纳税义务，分公司只承担有限纳税义务。子公司是独立法人，可以享受免税期限、优惠政策等在内的各种优惠政策；而分公司作为非独立法人，则不能享受这些优惠政策。

【例 6-18】 田园公司是一家拥有甲、乙两家分公司的集团公司，2013 年公司本部实现利润 4 000 万元，其分公司甲实现利润 700 万元，分公司乙损 500 万元，该企业所得税率为 25%，则该集团公司在 2013 年度应纳税额为 1 050［(4 000+700−500)×25%］万元。

【筹划分析】如果上述甲、乙两家公司换成子公司，总体税收就发生了变化。假设甲、乙两家子公司的所得税率仍为 25%。公司本部应纳企业所得税 1 000(4 000×25%)万元，甲公司应纳企业所得税 175(700×25%)万元，乙公司由于 2013 年度发生亏损，则该年度不应缴纳企业所得税。那么，田园公司 2013 年度应纳企业所得税为 1 175(1 000+175)万元，高出总分公司整体税收 125(1 175−1 050)万元。

当然，如果总公司与子公司所得税适用率不同，则上述情况又会发生变化。

【例 6-19】 承接【例 6-18】，若田园公司的企业所得税率为 25%，甲、乙均为 15%。2013 年度公司本部实现利润 4 000 万元；甲、乙两家子公司分别实现利润 200 万元和 300 万元。

【筹划分析】2013 年度公司本部应纳企业所得税=4 000×25%=1 000（万元）

甲子公司应纳企业所得税=200×15%=30（万元）

乙子公司应纳企业所得税=300×15%=45（万元）

田园公司总体税收=1 000+30+45=1 075（万元）

若将上述两家子公司改成分公司，则：

田园公司整体税收=(4 000+200+300)×25%=1 125（万元）

可见，设立子公司比设立分公司减轻投资者税收 50（1 125−1 075）万元。

可见，设立子公司和分公司各有利弊。由于法律上认为子公司和母公司不是同一法律实体，因而子公司的亏损不能并入总公司账上；而分公司和总公司是同一法律实体，其在经营中发生的亏损可以与总公司相抵。因此，当企业扩大生产经营需要设立分支机构时，如果在生产经营上处于起步阶段，发生亏损的可能性较大，考虑设立分公司，从而使分公司发生的亏损在总公司冲减，以减轻总公司的负担；当生产经营走向正轨，产品打开销路，可以盈利时，应考虑设立分公司，可以在盈利时保证能享受低税率税收优惠的政策。

复习思考题

一、单项选择题

1．2013 年，某企业发生的公益性捐赠支出为 300 万元，年度会计利润总额为 2 000 万元，当年没有其他纳税调整项目，则 2013 年应纳税所得额为（　　）万元。

A．2 300　　　　B．2 060

C．1 760　　　　D．1 700

2．某居民企业为增值税一般纳税人，2013 年该企业实现销售额 16 000 万元，债券利息收入 200 万元（其中国债利息收入 50 万元）；发生管理费用 2 100 万元，其中业务招待费280万元，销售费用1 400万元。该公司2013 年度所得税前可以扣除的业务招待费为（　）万元。

A．80　　B．48
C．168　　D．81

3．2013 年某企业会计核算支出工资总额为 400 万元，其中安置残疾人员所支付的工资为 200 万元，企业共支付职工福利费 70 万元。企业会计利润总额为 180 万元，假定企业无其他纳税调整项目，则企业 2013 年应纳税所得额为（　）万元。

A．−220　　B．−20
C．−6　　D．−206

4．某市一企业 2013 年的财务资料如下。

（1）本年度销售产品收入 1 000 万元，出租空余办公楼租金收入 120 万元，接收捐赠收入 20 万元。

（2）本年度产品销售成本 400 万元，销售费用 60 万元，管理费用 20 万元（其中研究开发费用 10 万元），财务费用 10 万元，营业外支出 5 万元（其中工商行政罚款 1 万元）；缴纳增值税 180 万元，消费税 50 万元，营业税 60 万元，城市维护建设税和教育费附加 29 万元。

（3）2012 年度亏损额为 30 万元。

根据以上资料，回答下列问题。

（1）该企业 2013 年收入总额为（　）万元。

A．1 140　　B．1 214
C．1 227.06　　D．1 151.1

（2）该企业 2013 年所得税前扣除项目金额为（　）万元。

A．634　　B．638
C．643　　D．818

（3）该企业 2013 年应纳税所得额为　（　）万元。

A．473　　B．467
C．652　　D．472

（4）该企业 2013 年应纳企业所得税额为　（　）万元。

A．116.75　　B．118.24
C．155.76　　D．118

5. A 市某大型娱乐城经营范围包括歌舞厅、表演厅、游戏厅、保龄球馆和台球馆。2013 年发生下列业务。

（1）全年歌舞厅取得收入 1 000 万元，与歌舞厅相关的烟酒饮料收入 100 万元；表演厅取得收入 600 万元；游戏厅取得收入 500 万元；保龄球馆和台球馆取得收入 280 万元。

（2）全年发生销售费用 700 万元、管理费用 300 万元、财务费用 200 万元（其中包括年初向某商业银行借入 1 年期借款 100 万元所支付的利息 6 万元，年初向 B 企业借入使用 1 年的资金 200 万元而支付的利息 20 万元）。

（3）营业外支出 120 万元，其中行政罚款 2 万元、银行罚息 3 万元。

根据以上资料，回答以下问题。

(1) 该企业 2013 年度所得税前允许扣除的营业税为（　　）万元。

A．332　　B．364

C．352　　D．344

(2) 该企业 2013 年度所得税前允许扣除的财务费用为（　　）万元。

A．186　　B．180

C．208　　D．192

(3) 该企业 2013 年度应纳企业所得税为（　　）万元。

A．800　　B．709.5

C．204.5　　D．705

6．一家位于市区的宾馆，2013 年所得税纳税申报有关资料如下：营业收入 210 万元，营业成本 120 万元，营业税、城市维护建设税和教育费附加 11.55 万元，期间费用 80 万元，亏损 1.55 万元。

2013 年年底，税务师事务所对该宾馆进行税收检查，发现该宾馆 2013 年存在以下问题。

(1) 部分餐饮收入 20 万元未入账。

(2) 向非金融机构借款的利息支出 8 万元全部计入了费用（金融机构同类同期贷款利息为 6 万元）。

(3) 扣除的期间费用中包括广告费用 5 万元、业务招待费 12 万元。

(4)“营业外支出”账户中已列支市容、环保罚款支出 3 万元。

根据以上资料，回答下列问题。

(1) 该宾馆 2013 年应补的营业税、城市维护建设税及教育费附加为（　　）万元。

A．1.1　　B．1

C．1.08　　D．1.04

(2) 3 项费用应调整的应纳税所得额为（　　）万元。

A．15.95　　B．12.85

C．12.95　　D．10.95

(3) 营业外支出应调整的应纳税所得额为（　　）万元。

A．0　　B．3

C．1　　D．2

(4) 企业应补缴的企业所得税为（　　）万元。

A．8.7　　B．10.98

C．11.00　　D．6.66

二、多项选择题

1．在计算企业所得税时，可能出现的税率有（　　）。

A．25%　　B．20%

C．10%　　D．15%

2．在计算企业所得税时，允许扣除的税金有（　　）。

A．增值税　　B．消费税

C．营业税　　D．个人所得税

3．在计算企业业务招待费税前允许扣除限额时，计算的基数为销售（经营）收入净额，下列收入中（　）项可以计入收入净额。

A．主营收入　　B．其他业务收入

C．股权投资的持有收益　　D．罚没收入

4．以下（　）事项可以在税前扣除。

A．广告性的赞助支出

B．纳税人逾期归还银行贷款，银行按规定加收的罚息

C．纳税人为雇员向商业保险机构投保的人寿保险

D．纳税人参加的财产和运输保险

5．企业每一纳税年度的收入总额减去（　）后的余额，为应纳税所得额。

A．不征税收入　　B．允许弥补的以前年度亏损

C．免税收入　　D．各项扣除额

三、判断题

1．企业所得税的计税依据是会计利润。（　）

2．纳税人的各种行政性罚款不得税前扣除，所以支付的银行罚息不得扣除。（　）

3．对我国的企业、事业等单位征收企业所得税，其作为征税对象的生产经营所得和其他所得指的是纳税人来源于中国境内的所得，不包括纳税人来源于中国境外的所得。（　）

4．企业取得的逾期未返还买方的包装物押金，不用计入收入征收企业所得税。（　）

5．某公司依照法律、行政法规的规定应当设置但未设置账簿，应采取核定征收方式征收企业所得税。（　）

四、案例分析题

1．某公司2013年度主营业务收入1 200万元，主营业务成本800万元，营业税金及附加50万元；其他业务收入100万元，其他业务支出60万元；销售费用、管理费用、财务费用合计150万元，其中业务招待费25万元；固定资产盘盈收入22万元，国债利息收入13万元，公益性、救济性捐赠10万元；未按期缴纳税金，支付滞纳金5万元；2012年未弥补完的亏损18万元。

要求：

（1）根据以上资料，分项确定是否调整利润总额，并简要说明依据。

（2）计算该企业2013年度应纳的企业所得税。

2．某企业2013年度营业收入1 000万元，营业成本600万元，营业税金30万元，管理费用150万元（其中业务招待费90万元），国库券利息收入20万元，公益、救济性捐赠10万元，违反合同被合作方罚款10万元。无其他纳税调整项目。

要求：计算2013年度该企业应纳的所得税。

3．某公司2013年境内所得为1 000万元，其中加拿大的分支机构取得境外应税所得额为400万元（30%的所得税率），在新加坡的分支机构取得境外应税所得额为100万元（20%的所得税率）。在国外已按税法分别纳税。

要求：计算该企业实际应纳所得税额。

第7章 个人所得税实务与筹划

7

理论目标

1. 理解个人所得税的含义和特点。
2. 熟悉个人所得税的纳税义务人、征税对象和税率。
3. 掌握个人所得税的计算方法。

实践目标

1. 能区分实际情况中的每种应税所得。
2. 正确计算个人所得税税额并进行申报缴纳。
3. 能根据实际进行简单的纳税筹划。

案例导入

某市一家空调安装公司，其生产经营季节性较强，一般情况下，每年6~9月业务规模较大。该公司在向生产一线职工发放工资时，按照劳动强度6~9月为每月工资8 000元，其他月份为每月基本工资2 000元。

思考

1. 该公司全年应该代扣代缴其一线职工的个人所得税是多少？
2. 有什么方法能降低一线职工的税收负担？

7.1 认知个人所得税

7.1.1 个人所得税的含义与特点

1. 个税所得税的含义

个人所得税是对个人（自然人）取得的各项应税所得征收的一种税，它体现了国家与个人之间的分配关系。

个人所得税于 1799 年首创于英国，此后世界各国相继仿效，开征此税种。西方各国的个人所得税发展较快，长期稳居各税之首位，国际上个人所得税占总税收比重通常为 20%~30%，甚至在某些国家的个别年份，达到 40%以上。相对来说，低收入国家的个人所得税所占比例较低，大多数国家在 10%以下，中国个人所得税现在只占总税收的 6%~7%。

我国自 2011 年 9 月 1 日起施行的《中华人民共和国个人所得税法》，于 1980 年 9 月 10 日由第五届全国人民代表大会第三次会议通过后，历经了 6 次修订。

2．个人所得税的特点

（1）实行分类课征

世界各国的个人所得税制有分类所得税制、综合所得税制和分类综合所得税制 3 种类型。受我国目前纳税人的纳税意识和税务征管能力所限，我国目前实行的是分类所得税制，即把个人应税所得划分成 11 类，分别扣除不同的费用和适用不同的税率。

（2）多种税率形式并用

在分类课征条件下，由于个人税收负担不能直接依据某项所得水平的高低来确定，因此，我国个人所得税存在多种税率形式，即比例税率、累进税率和加成征收，形成了集多种税率形式和多种税率水平于一体的税率结构。

（3）实行不同的费用扣除方式

由于个人在确定各项所得时不可能像企业一样进行规范的收入和成本费用核算，因此，个人所得税在征收时按分类所得税制的要求，就不同所得类型需要确定不同的费用扣除方式。目前，我国个人所得税的费用扣除方式有定额扣除、定率扣除、限定据实扣除和据实扣除等，还有对消极所得不扣除费用的方式。

（4）源泉课征和申报课征两种征税方法并用

我国《个人所得税法》规定，对纳税人的应纳税额分别采用由支付单位源泉扣缴和纳税人自行申报两种方法。凡是可以在应税所得的支付环节扣缴个人所得税的，均由扣缴义务人代扣代缴；对没有扣缴义务人的，个人在两处以上取得工资、薪金所得的，以及个人所得超过国务院规定数额（即年所得 12 万元以上）的，由纳税人自行申报纳税。

此外，我国个人所得税以个人作为纳税单位，不实行家庭（夫妻联合）申报。

7.1.2　个人所得税的纳税人、征税对象和税率

1．个人所得税的纳税人

《个人所得税法》规定："在中国境内有住所，或者无住所而在境内居住满 1 年的个人，从中国境内和境外取得的所得，依照本法规定缴纳个人所得税；在中国境内无住所又不居住或者无住所而在境内居住不满 1 年的个人，从中国境内取得的所得，依照本法规定缴纳个人所得税。"这里，既规定了个人所得税纳税义务人，即居民纳税义务人和非居民纳税义务人；又规定了居民纳税义务人与非居民纳税义务人应履行的不同纳税义务。

（1）纳税义务人

1）居民纳税人。居民纳税人是指在中国境内有住所，或者无住所而在中国境内居住满 1 年的个人。了解这一概念必须注意以下几点。

①“在中国境内有住所”是指因户籍、家庭、经济利益关系而在中国境内习惯性居住的地方。习惯性居住，是指个人因学习、工作、探亲等原因消除后，没有理由在其他地方继续居留时所回到的地方，它是税收上判断居民和非居民的一个法律意义上的标准，而不是纳税人实际居住或在某一特定时期内的居住地。例如，某个人为我国驻外大使馆秘书，任期 4 年，赴任前，他在中国办理了户口吊销手续，属于在中国没有户籍的人，且居住在外国，但由于其家庭或经济利益仍在中国，任期届满后，必然要回到中国居住，因此，他虽因公离境，但仍是中国的居民纳税义务人，在 4 年任期内取得的境内、外所得应当在中国缴纳个人所得税。

②“居住满 1 年”是指在一个纳税年度（当年 1 月 1 日至 12 月 31 日止）中，在中国境内居住 365 日。在计算居住天数时，对临时离境的（即在一个纳税年度中一次不超过 30 日或多次累计不超过 90 日的），不扣减日数，应连续计算。

我国税法规定的住所标准和居住时间标准，是判断居民身份的两个并列性标准，个人只要符合或达到其中一个标准，就可以被认定为中国居民。

根据以上标准，居民纳税人有两种：一是在中国境内有住所的中国公民和外国侨民；二是在中国境内无住所而居住满 1 年的个人，包括外籍人员、海外侨胞和香港、澳门、台湾同胞。

居民纳税人负有无限纳税义务，应对来源于全球范围的所得向中国缴纳个人所得税。

2）非居民纳税人。

非居民纳税人是指不符合居民纳税人判定标准的纳税人，即在中国境内无住所又不居住或者在中国境内无住所而在中国境内居住不满一年的个人。

非居民纳税人承担有限纳税义务，仅就来源于中国境内的所得向中国缴纳个人所得税。

（2）所得来源地的认定

对于来源于中国境内的所得，《个人所得税法》及其实施条例中明确规定，下列所得，不论支付地点是否在中国境内，均为来源于中国境内的所得。

1）在中国境内任职、受雇而取得的工资、薪金所得。对工资、薪金这类非独立个人劳动所得的征税，在国际上一般有两种原则：一种是劳务活动地原则；另一种是所得支付地原则。前者是以劳务活动所在地为工资、薪金所得的发生地，由劳务活动所在地政府对该项所得行使征税权；后者是以所得实际支付地为工资、薪金所得的发生地，由所得实际支付地政府对该项所得行使征税权。

当出现跨国非独立个人劳务行为时，就会出现在一国发生劳务活动，在另一国支付工资、薪金所得的情况，从而可能导致两国对同一跨国劳务重复征税。为了解决这一问题，国际社会逐渐形成一个时间标准，即一国居民到另一国从事非独立个人劳动，在其所得是由居住国雇主支付的条件下，该国居民在非居住国停留只有超过一定时间，非居住国政府方能对其所得征税。这里的“一定时间”，我国税法确定的时间标准为 90 日，而国际税收协定范本确定的时间标准为 183 日。

2）在中国境内从事生产经营活动而取得的生产经营所得。

3）因任职、受雇、履约等而在中国境内提供各种劳务取得的劳务报酬所得。

4）转让中国境内的建筑物、土地使用权等不动产或在中国境内转让其他财产取得的所得。

5）许可各种特许权在中国境内使用而取得的所得。

6）从中国境内的公司、企业及其他经济组织或个人取得的利息、股息、红利所得。

7）在中国境内参加各种竞赛活动取得的所得及参加有奖活动、购买彩票等中奖所得。

（3）扣缴义务人

我国个人所得税实行代扣代缴和个人申报纳税相结合的征收管理制度。税法规定，凡支付应纳税所得的单位或个人，都是个人所得税的扣缴义务人。扣缴义务人在向纳税人支付各项应税所得（个体工商户的生产经营所得除外）时，必须履行代扣代缴税款的义务。

2. 个人所得税的征收对象

个人所得税的征税对象是个人取得的应纳税所得额。个人所得的形式包括现金、实物、有价证券和其他形式的经济利益。所得为实物的，应该按照取得的凭证上所注明的价格计算应纳税所得额；无凭证的实物或凭证上注明的价格偏低的，参照市场价格核定应纳税所得额。所得为有价证券的，根据票面价格和市场价格核定应纳税所得额。所得为其他形式的经济利益的，参照市场价格核定应纳税所得额。

我国个人所得税实行分类课征制，将应税所得分为 11 个应税项目。

（1）工资、薪金所得

工资、薪金所得是指个人因任职或受雇而取得的工资、薪金、奖金、年终加薪、劳动分红、津贴、补贴及与任职或受雇有关的其他所得。根据我国目前个人收入的构成情况，规定对于一些不属于工资、薪金性质的补贴、津贴，或者不属于纳税人本人工资、薪金所得项目的收入，不予征税。这些项目包括以下内容。

1）独生子女补贴。

2）执行公务员工资制度未纳入基本工资总额的补贴、津贴差额和家属成员的副食品补贴。

3）托儿补助费。

4）差旅费津贴、误餐补助。其中，误餐补助是指按照财政部规定，个人因公在城区、郊区工作，不能在工作单位或返回就餐的，根据实际误餐顿数，按规定的标准领取的误餐费。单位以误餐补助名义发给职工的补助、津贴不能包括在内。

（2）个体工商户的生产、经营所得

个体工商户的生产、经营所得包括以下几项。

1）个体工商户从事工业、手工业、建筑业、交通运输业、商业、饮食业、服务业、修理业以及其他行业生产、经营取得的所得。

2）个人经政府有关部门批准，取得执照，从事办学、医疗、咨询及其他有偿服务活动取得的所得。

3）上述个体工商户和个人取得的与生产、经营有关的各项应纳税所得。

4）其他个人从事个体工商业生产、经营取得的所得。

（3）企事业单位的承包经营、承租经营所得

企事业单位的承包经营、承租经营所得是指个人承包经营、承租经营及转包、转租取得的所得，还包括个人按月或按次取得的工资、薪金性质的所得。个人对企事业单位的承包、承租形式较多，分配方式也不尽相同，大体上可以分为两类。

1）个人对企事业单位的承包、承租经营后，工商登记改变为个体工商户的。这类承包、承租经营所得，实际上属于个体工商户的生产经营所得，应该按照“个体工商户的生产、

经营所得”项目征收个人所得税。

2）个人对企事业单位的承包、承租经营后，工商登记仍为企业的，不论其分配方式如何，均应先按照企业所得税的有关规定缴纳企业所得税，然后根据承包、承租经营合同规定取得的所得，依照《个人所得税法》的有关规定缴纳个人所得税。具体为：承包、承租人对企业经营成果没有所有权，仅按照合同规定取得一定的所得，应按照“工资、薪金所得”项目征收个人所得税；承包、承租人按照合同规定，只向发包人、发租人缴纳一定费用，其余经营成果归承包人、承租人所有的，其取得的所得按照“对企事业单位的承包、承租经营所得”项目征收个人所得税。

（4）劳务报酬所得

劳务报酬所得是指个人独立从事设计、装潢、安装、制图、化验、测试、医疗、法律、会计、咨询、讲学、新闻、广播、翻译、审稿、书画、雕刻、影视、录音、录像、演出、表演、广告、展览、技术服务、介绍服务、经纪服务、代办服务及其他劳务取得的所得。

在校学生因参加勤工俭学活动（包括参与学校组织的勤工俭学活动）而取得的属于《个人所得税法》规定的应税所得，应该依法缴纳个人所得税。

个人担任董事职务所取得的董事费收入分两种情形：个人担任公司董事、监事且不在公司任职、受雇的情形，属于劳务报酬性质；个人在公司（包括关联公司）任职、受雇，同时兼任董事、监事的，应将董事费、监事费与个人工资收入合并，统一按照“工资、薪金所得”缴纳个人所得税。

（5）稿酬所得

稿酬所得是指个人因其作品以图书、报刊形式出版、发表而取得的所得。

将稿酬所得独立划归一个征税项目，而对不以图书、报刊形式出版、发表的翻译、审稿、书画所得归为劳务报酬所得，主要是考虑了出版、发表作品的特殊性：第一，它是一种依靠较高智力创作的精神产品；第二，它具有普遍性；第三，它与社会主义精神文明和物质文明密切相关；第四，它的报酬相对偏低。因此，稿酬所得应当与一般劳务报酬相对区别，并给予适当的优惠照顾。

（6）特许权使用费所得

特许权使用费所得是指个人提供专利权、商标权、著作权、非专利技术及其他特许权的使用权取得的所得；提供著作权的使用权取得的所得，不包括稿酬所得。

（7）利息、股息、红利所得

利息、股息、红利所得是指个人拥有债权、股权而取得的利息、股息、红利所得。利息，指个人拥有债权而取得的利息，包括存款利息、贷款利息和各种债券的利息。按税法规定，个人取得的利息所得，除国债和国家发行的金融债券利息外，应当依法缴纳个人所得税。股息、红利，指个人拥有股权取得的股息、红利，按照一定的比率对每股发给的息金，叫股息；公司、企业应分配的利润，按股份分配的叫红利。股息、红利所得，除另有规定外，都应当缴纳个人所得税。

（8）财产租赁所得

财产租赁所得是指个人出租建筑物、土地使用权、机器设备、车船及其他财产取得的所得。

（9）财产转让所得

财产转让所得是指个人转让有价证券、股权、建筑物、土地使用权、机器设备、车船及其他财产取得的所得。

目前，国家对股票转让所得暂不征收个人所得税；个人出售自有住房取得的所得应按照“财产转让所得”项目征收个人所得税；对个人转让自用 5 年以上并且是家庭唯一生活用房取得的所得，继续免征个人所得税。

（10）偶然所得

偶然所得是指个人得奖、中奖、中彩及其他偶然性质的所得。得奖是指参加各种有奖竞赛活动，取得名次得到的奖金；中奖、中彩是指参加各种有奖活动，如有奖销售、有奖储蓄，或者购买彩票，经过规定程序，抽中、摇中号码而取得的奖金。偶然所得应缴纳的个人所得税税款，一律由发奖单位或机构代扣代缴。

（11）经国务院财政部门确定征税的其他所得

除上述列举的各项个人应税所得外，其他确有必要征税的个人所得，由国务院财政部门确定。个人取得的所得，难以界定应纳税所得项目的，由主管税务机关确定。广义的成本会计作为企业的一种重要管理活动，包括成本预测、成本决策、成本计划、成本控制、成本核算、成本分析、成本考核、成本检查等具体内容。

3．个人所得税的税率

1）工资薪金所得，适用超额累进税率，税率为 3%～45%，如表 7-1 所示。

表 7-1　工资、薪金所得税税率

级　数	含税级距（月所得）	税率（%）	速算扣除数（元）
1	不超过 1 500 元的	3	0
2	超过 1 500 元至 4 500 元的部分	10	105
3	超过 4 500 元至 9 000 元的部分	20	555
4	超过 9 000 元至 35 000 元的部分	25	1 005
5	超过 35 000 元至 55 000 元的部分	30	2 755
6	超过 55 000 元至 80 000 元的部分	35	5 505
7	超过 80 000 元部分	45	13 505

注：表中所列含税级距，均为按照税法规定减去有关费用后的所得额。

2）个体工商户的生产、经营所得和对企事业单位的承包经营、承租经营所得，以及个人独资企业和合伙企业投资者的生产经营所得，适用 5%~35%的超额累进税率，如表 7-2 所示。

表 7-2　个体工商户的生产、经营所得和

对企事业单位的承包经营、承租经营所得，以及个人独资企业和合伙企业投资者的生产经营所得税率

级　数	含税级距（年所得）	税率（%）	速算扣除数（元）
1	不超过 15 000 元的	5	0
2	超过 15 000 元至 30 000 元的部分	10	750
3	超过 30 000 元至 60 000 元的部分	20	3 750
4	超过 60 000 元至 100 000 元的部分	30	9 750
5	超过 100 000 元的部分	35	14 750

3）稿酬所得，适用比例税率，税率为20%，并按应纳税额减征30%。

4）劳务报酬所得，适用比例税率，税率为20%。对个人一次取得劳务报酬的应纳税所得额超过20 000元的，其超过20 000元至50 000元的部分，依照税法规定计算应纳税额后再按照应纳税额加征五成；超过50 000元的部分，加征十成，如表7-3所示。

表7-3 劳务报酬所得税率

级 数	含税级距	税率（%）	速算扣除数（元）
1	不超过20 000元的	20	0
2	超过20 000元至50 000元的部分	30	2 000
3	超过50 000元的部分	40	7 000

5）特许权使用费所得，利息、股息、红利所得，财产租赁所得，财产转让所得，偶然所得和其他所得，适用比例税率，税率为20%。

7.1.3 个人所得税的税收优惠

《个人所得税法》及其实施条例，以及财政部、国家税务总局的若干规定，都对个人所得税项目给予了减免税优惠，主要有以下几个方面。

1. 免税项目

1）省级人民政府、国务院部委和中国人民解放军军以上单位，以及外国组织、国际组织颁发的科学、教育、技术、文化、卫生、体育、环境保护等方面的奖金。

2）国债和国家发行的金融债券利息。

3）按照国家统一规定发给的补贴、津贴。

4）福利费、抚恤金、救济金。福利费是指根据国家有关规定，从企业、事业单位、国家机关、社会团体提留的福利费或从工会经费中支付给个人的生活补助费；抚恤金是指国家或有关单位依照有关规定发放给死者家属或伤残职工的费用；救济费是指国家民政部门支付给个人的生活困难补助费。

5）保险赔款。

6）军人的转业安置费、复员费。

7）按照国家统一规定发给干部、职工的安家费、退职费、退休工资、离休工资、离休生活补助费。

8）依照我国有关法律规定应予免税的各国驻华使馆、领事馆的外交代表、领事官员和其他人员的所得。

9）中国政府参加的国际公约、签订的协议中规定免税的所得。

10）经国务院财政部门批准免税的所得。

2. 减税项目

根据《个人所得税法》规定，有下列情况之一的，经批准可以减征个人所得税。

1）残疾、孤老人员和烈属的所得。

2）因严重自然灾害造成重大损失的。

3）其他经国务院财政部门批准减税的。

3．暂免征税项目

根据《个人所得税法》规定，有下列情况之一的，经批准可以暂免征收个人所得税。

1）外籍个人以非现金形式或实报实销形式取得的住房补贴、伙食补贴、搬迁费、洗衣费。

2）外籍个人按合理标准取得的境内、境外出差补贴。

3）外籍个人取得的语言训练费、子女教育费等，经当地税务机关审核批准为合理的部分。

4）外籍个人从外商投资企业取得的股息、红利所得。

5）凡符合下列条件之一的外籍专家取得的工资、薪金所得，可免征个人所得税。

① 根据世界银行专项贷款协议，由世界银行直接派往我国工作的外国专家。

② 联合国援助项目来华工作的专家。

③ 为联合国援助项目来华工作的专家。

④ 援助国派往我国专为该国援助项目工作的专家。

⑤ 根据两国政府签订的文化交流项目来华工作两年以内的文教专家，其工资、薪金所得由该国负担的。

⑥ 根据我国大专院校国际交流项目来华工作两年以内的文教专家，其工资、薪金所得由该国负担的。

⑦ 通过民间科研协定来华工作的专家，其工资、薪金所得由该国政府机构负担的。

6）个人举报、协查各种违法、犯罪行为而获得的奖金。

7）个人办理代扣代缴手续，按规定取得的扣缴手续费。

8）个人转让自用达 5 年以上并且是唯一的家庭生活用房取得的所得。

9）对个人购买福利彩票、赈灾彩票、体育彩票，一次中奖收入在 1 万元以下（含 1 万元）的暂免征收个人所得税，超过 1 万元的，全额征收个人所得税。

10）达到离休、退休年龄，但确因工作需要，适当延长离休、退休期间的工资、薪金所得，视同离休、退休工资免征个人所得税。

11）城镇企业事业单位及其职工个人按照《失业保险条例》规定的比例，实际缴付的失业保险费，均不计入职工个人当期的工资、薪金收入，免予征收个人所得税。

12）企业和个人按照国家或地方政府规定的比例，提取并向指定金融机构实际缴付的住房公积金、医疗保险金、基本养老保险金，免予征收个人所得税。

13）个人领取原提存的住房公积金、医疗保险金、基本养老保险金，以及具备《失业保险条例》规定条件的失业人员领取的失业保险金，免予征收个人所得税。

14）个人取得的教育储蓄存款利息所得和按照国家或省级地方政府规定的比例缴付的住房公积金、医疗保险金、基本养老保险金、失业保险金存入银行个人账户所取得的利息所得，免予征收个人所得税。

15）个人将其所得通过中国境内的社会团体、国家机关向教育和其他社会公益事业及遭受严重自然灾害地区、贫困地区的捐赠，捐赠额未超过纳税人申报的应纳税所得额 30% 以内的部分，可以从应纳税所得额中扣除，超过部分不得扣除。

7.2 个人所得税的计算

7.2.1 工资、薪金所得应纳税额的计算

1．应纳税所得额的确定

工资、薪金所得实行按月计征的办法。工资、薪金所得以每月收入额减去费用 3 500 元后的余额，为应纳税所得额。

对在中国境内无住所而在中国境内取得工资、薪金所得的纳税义务人，以及在中国境内有住所而在中国境外取得工资、薪金所得的纳税义务人，可以在每月减去 3 500 元费用的基础上，再附加减去 1 300 元费用。其中，附加减去费用适用范围包括以下几个。

（1）在中国境内的外商投资企业和外国企业中工作的外籍人员。

（2）应聘在中国境内的企事业单位、社会团体、国家机关中工作的外籍专家。

（3）在中国境内有住所而在中国境外任职或受雇取得工资、薪金所得的个人。

（4）国务院财政、税务主管部门确定的其他人员。

华侨和香港、澳门、台湾同胞，参照上述规定执行。

2．工资薪金所得的一般计税方法

以每月取得的工资薪金收入，包括因任职、受雇而取得的奖金、津贴（扣除按国家和地方政府规定比例实际缴纳的住房公积金、医疗保险金、基本养老保险金、失业保险基金）扣除 3 500 元（或 4 800 元）后的余额为应纳税所得，根据七级超额累进税率，计算应纳所得税额。其计算公式为：

应纳税额=（月工资薪金收入–3 500 或 4 800）×税率–速算扣除数

【例 7-1】 某企业的中方员工某月工资收入 6 400 元，扣除 3 500 元抵扣数，为 2 900 元，应适用的七级超额累进税率为第二级，相对应的税率为 10%，速算扣除数为 105。

则具体算式为：

(6 400–3 500)×10%–105=185（元）

3．全年一次性奖金的计税方法

全年一次性奖金，是指行政机关、企事业单位等扣缴义务人根据其全年经济效益和对雇员全年工作业绩的综合考核情况，向雇员发放的一次性奖金。一次性奖金也包括年终加薪、实行年薪制和绩效工资办法的单位根据考核情况兑现的年薪和绩效工资。

纳税义务人取得全年一次性奖金，单独作为一个月的工资、薪金所得计算纳税，由扣缴义务人发放时代扣代缴。具体计算办法如下。

先将雇员当月取得的全年一次性奖金除以 12，按其商数确定适用税率和速算扣除数。如果在发放全年一次性奖金的当月，雇员当月工资薪金所得低于税法规定的费用扣除额，应将全年一次性奖金减去“雇员当月工资薪金所得与费用扣除额的差额”后的余额，按上述办法确定全年一次性奖金的适用税率和速算扣除数。计算公式如下。

1）雇员当月工资薪金所得高于（或等于）税法规定的费用扣除额：

应纳税额=雇员当月取得全年一次性奖金×适用税率−速算扣除数

2）雇员当月工资薪金所得低于税法规定的费用扣除额：

应纳税额=（雇员当月取得全年一次性奖金−雇员当月工资薪金所得与费用扣除额的差额）×适用税率−速算扣除数

【例 7-2】　李平为中国公民，2013 年 1～12 月在我国境内每月的绩效工资为 3 200 元，当年 12 月 31 日又一次性领取年终奖 12 800 元（兑现绩效工资）。计算李平 12 月应纳的个人所得税。

【分析】

李平 12 月的绩效工资 3 200 元不用纳税。

年终奖应纳税额的计算为：

每月奖金平均额=［12 800−(3 500−3 200)］÷12=1 042（元）

根据工资、薪金七级超额累进税率的规定，适用的税率为 3%，速算扣除数为 0。

该笔奖金应纳个人所得税=［12 800−(3 500−3 200)］×3%=375（元）

则李平 12 月应纳的个人所得税为 375 元。

【例 7-3】　承接【案例 7-2】，若李平 12 月取得的绩效工资为 4 200 元，其余情况不变。则 12 月的个人所得税计算如下。

【分析】

12 月的绩效工资为 4 200 元，因此：

应纳税额=(4 200−3 500)×3%=21（元）

年终奖应纳税额的计算为：

每月奖金平均额=12 800÷12=1 067（元）

根据工资、薪金七级超额累进税率的规定，适用的税率为 3%，速算扣除数为 0。

该笔奖金应纳个人所得税=12 800×3%=384（元）

则李平 12 月应纳的个人所得税为 405（21+384）元。

个人取得除全年一次性奖金以外的其他各种名目的奖金，如半年奖、季度奖等，一律与当月工资、薪金收入合并计算应纳税所得额。

4．双薪的计税方法

根据《国家税务总局关于个人所得税若干政策问题的批复》（国税函［2002］629 号）第一条的规定，“国家机关、事业单位、企业和其他单位在实行“双薪制”（按照国家有关规定，单位为其雇员多发放一个月的工资）后，个人因此而取得的“双薪”，应单独作为一个月的工资、薪金所得计征个人所得税。对上述“双薪”所得原则上不再扣除费用，应全额作为应纳税所得额按适用税率计算纳税，但如果纳税人取得“双薪”当月的工资、薪金所得不足 3 500 元的，应以“双薪”所得与当月工资、薪金所得合并减去 3 500 元后的余额作为应纳税所得额，计算缴纳个人所得税。

【例 7-4】　某企业员工某月工资收入 4 000 元，当月企业发给其双薪，金额 3 000 元。则该企业应代扣代缴的个人所得税为多少？

【分析】

该员工工资 4 000 元，根据费用标准扣除 3 500 元，应纳税所得额为 500 元，应适用的七级超额累进税率为第一级，相对应的税率为 3%，速算扣除数为 0。则具体算式为：

(4 000–3 500)×3%=15（元）

员工双薪 3 000 元，应适用的七级超额累进税率为第二级，相对应的税率为 10%，速算扣除数为 105 元，具体算式：3 000×10%–105=195（元）

则该企业应代扣代缴的个人所得税为 210 元。

【例 7-5】 承接【案例 7-4】，若该员工某月工资收入 3 000 元，其余情境不变。则：

员工工资 3 000 元，当月不用纳税；员工双薪 3 000 元，合并纳税的应纳税所得额为 2 500 元（6 000–3 500），应适用的七级超额累进税率为第二级，相对应的税率为 10%，速算扣除数为 105 元，具体算式：2 500×10%–105=145（元）

则该企业应代扣代缴的个人所得税为 145 元。

5．个人因与用人单位解除劳动关系而取得的一次性补偿收入的计税方法

1）个人因与用人单位解除劳动关系而取得的一次性补偿收入（包括用人单位发放的经济补偿金、生活补助费和其他补助费用），其收入在当地上年职工平均工资 3 倍数额以内的部分，免征个人所得税；超过的部分应按“工资、薪金所得”项目计征个人所得税。考虑到个人取得的一次性经济补偿收入数额较大，而且被解聘的人员可能在一段时间内没有固定收入，因此，对于个人取得的一次性经济补偿收入，可视为一次取得数月的工资、薪金收入，允许在一定期限内进行平均。具体平均办法为：以个人取得的一次性经济补偿收入超过 3 倍数额的部分，除以个人在本企业的工作年限数，以其商数作为个人的月工资、薪金收入，按照税法规定计算缴纳个人所得税。个人在本企业的工作年限数按实际工作年限数计算，超过 12 年的按 12 年计算（即工作年限数值最大为 12）。按照上述方法计算的个人一次性经济补偿收入应纳的个人所得税税款，由支付单位在支付时一次性代扣。个人在解除劳动合同后再次任职、受雇的，对个人已缴纳个人所得税的一次性经济补偿收入，不再与再次任职、受雇的工资、薪金所得合并计算补缴个人所得税。

2）个人领取一次性补偿收入时按照国家和地方政府规定的比例实际缴纳的住房公积金、医疗保险费、基本养老保险费、失业保险费，可以在计征其一次性补偿收入的个人所得税时予以扣除。

3）企业依照国家有关法律规定宣告破产，企业职工从该破产企业取得的一次性安置费收入，免征个人所得税。

7.2.2 个体工商户的生产、经营所得应纳税额的计算

1．应纳税所得额的确定

个体工商户的生产、经营所得，以每一纳税年度的收入总额减去成本、费用及损失后的余额，为应纳税所得额。此处所说的成本、费用，是指纳税义务人从事生产、经营所发生的各项直接支出和分配计入成本的间接费用及销售费用、管理费用、财务费用；所说的损失，是指纳税义务人在生产、经营过程中发生的各项营业外支出。从事生产、经营的纳税义务人未提供完整、准确的纳税资料，不能正确计算应纳税所得额的，由主管税务机关

核定其应纳税所得额。

个人独资企业与合伙企业比照此税目执行。个人独资企业的投资者以全部生产经营所得为应纳税所得额；合伙企业的投资者按照合伙企业的全部生产经营所得和合伙协议约定的分配比例，确定应纳税所得额；合伙协议没有约定分配比例的，以全部生产经营所得和合伙人数量平均计算每个投资者的应纳税所得额。

2．个体工商户生产经营所得应纳税额的计算

由于对个人独资企业和合伙企业生产经营所得，实行查账征收或核定征收，个体工商户的生产、经营所得应纳个人所得税的税额以应纳税所得额依 5%～35%的五级超额累进税率或核定的征收率计算应纳税额，具体有两种。

1）对账簿、凭证健全的个体工商户纳税人，实行查账征收的，其生产、经营所得的应纳税额计算公式为：

全年应纳税额=（全年收入总额−成本、费用、损失）×适用税率−速算扣除数

【例 7-6】 赵金为餐饮个体工商户，其经营的金太阳酒楼 2013 年的营业额为 280 000 元，采购原材料成本为 60 000 元，发生水费、房租 30 000 元，税金 8 000 元，工人工资 32 000 元，其他费用 2 000 元。计算该个体户 2013 年度应缴的个人所得税。

【分析】

全年应纳税所得额=280 000−60 000−30 000−8 000−32 000−2 000=148 000（元）

应缴的个人所得税=148 000×35%−14 750=37 050（元）

该个体户全年应缴的个人所得税为 37 050 元。

2）对不建立账簿或账簿、凭证不全的个体工商户纳税人，其生产、经营所得的应纳税额计算公式为：

应纳税额=核定的月经营收入额（结算额）×适用征收率

对于适用的征收率，应根据个体工商户的具体经营行为的性质来确定。

7.2.3　对企事业单位的承包、承租经营所得应纳税额的计算

1．应纳税所得额的确定

对企事业单位的承包经营、承租经营所得，以每一纳税年度的收入总额，减去成本、费用及损失后的余额，为应纳税所得额。这里所说的每一纳税年度的收入总额，是指纳税义务人按照承包经营、承租经营合同规定分得的经营利润和工资、薪金性质的所得；所说的减去必要费用，是指按月减去 3 500 元。具体计算公式为：

应纳税所得额=个人承包、承租经营收入总额−3 500×12

2．对企事业单位的承包、承租经营所得应纳税额的计算

对企事业单位承包、承租经营所得适用五级超额累进税率，以其应纳税额所得额按照适用税率计算应纳税额。具体计算公式为：

全年应纳税额=应纳税所得额×适用税率−速算扣除数

【例 7-7】 王强 2013 年 1 月 1 日与地处某县的国有招待所签订承包合同，期限为 3 年，承包费为每年 10 万元。合同规定，承包期内仍然以该招待所的名义对外营业，有关该招待所经营期内相关的税费在承包期内由王强负责，上缴的承包费在每年的经营成果中支付。

2013 年，该招待所的经营情况如下：取得餐饮收入 300 万元；取得歌厅娱乐收入 150 万元；应扣除的经营成本（不含工资）250 万元；年均雇用职工 30 人，支付年均工资 24 万元；王强每月领取工资 0.5 万元；其他与经营活动有关的费用 30 万元（含印花税）。

【分析】

该招待所 2013 年的相关税款计算如下：

应纳营业税=300×5%+150×20%=45（万元）

应纳城建税和教育费附加=45×（5%+3%）=3.6（万元）

应纳企业所得税=（300+150−250−24−0.5×12−30−45−3.6）×25%

=91.4×25%=22.85（万元）

王强应纳的个人所得税计算如下：

承包招待所的经营成果=91.4−22.85=68.55（万元）

个人所得税的应纳税所得额=68.55−10+0.5×12−0.35×12=60.35（万元）

应缴纳的个人所得税=60.35×35%−1.475=19.6475（万元）

7.2.4 劳务报酬所得应纳税额的计算

1．应纳税所得额的确定

劳务报酬所得以个人每次取得的收入，定额或定率减去规定费用后的余额为应纳税所得额。每次收入不超过 4 000 元的，减去费用 800 元；4 000 元以上的，减去 20%的费用。

劳务报酬所得，属于一次性收入的，以取得该项收入为一次；属于同一项目连续性收入的，以一个月内取得的收入为一次，据以确定应纳税所得额。

2．劳务报酬所得应纳税额的计算

劳务报酬所得以个人每次取得的收入，定额或定率减去规定费用后的余额为应纳税所得额，适用 20%的比例税率，计算公式如下。

1）每次收入不超过 4 000 元的：

应纳税额=（每次收入额−800）×20%

2）每次收入在 4 000 元以上不超过 20 000 元的：

应纳税额=每次收入额×（1−20%）×20%

3）每次应纳税所得额在 20 000 元以上的：

应纳税额=每次收入额×(1−20%)×适用税率−速算扣除数

【例 7-8】 某人参加营业性演出，一次取得劳务报酬 60 000 元。计算其应缴纳的个人所得税。

【分析】

应纳税所得额=60 000×(1−20%)=48 000（元）

该纳税人一次性取得的应纳税所得额超过 20 000 元，应该加成征收。

应纳个人所得税=48 000×30%–2 000=12 400（元）

7.2.5　稿酬所得应纳税额的计算

1．应纳税所得额的确定

稿酬所得以个人每次取得的收入，定额或定率减去规定费用后的余额为应纳税所得额。每次收入不超过 4 000 元的，减去费用 800 元；4 000 元以上的，减去 20%的费用。

每次取得的收入是指每次以出版、发表作品取得的收入为一次，确定其应纳税所得额。

注意：每次取得的收入按如下规定确定。

1）个人每次以图书、报刊方式出版、发表同一作品（文字作品、书画作品、摄影作品以及其他作品），不论出版单位预付还是分笔支付稿酬，或者加印该作品后再付稿酬，均应合并其稿酬所得按一次计征个人所得税。在两处或两处以上出版、发表或再版同一作品而取得的稿酬所得，则可分别各处取得的所得或再版所得按分次所得计征个人所得税。

2）个人的同一作品在报刊上连载，应合并其因连载而取得的所有稿酬所得为一次，按税法规定计征个人所得税。在其连载之后又出书取得稿酬所得，或者先出书后连载取得稿酬所得，应视同再版稿酬分次计征个人所得税。

3）作者去世后，对取得其遗作稿酬的个人，按稿酬所得征收个人所得税。

4）任职、受雇于报刊等单位的记者、编辑等专业人员，在本单位的报刊、杂志上发表作品取得的所得，应当与其当月工资收入合并按照工资、薪金所得征税；其他人员在本单位报刊、杂志上发表作品取得的所得，应当按稿酬所得征收个人所得税。

5）出版社的专业作者撰写、编写或翻译的作品，由本出版社以图书形式出版而取得的稿费收入，应当按稿酬所得征收个人所得税。

2．稿酬所得应纳税额的计算

稿酬所得以个人每次取得的收入，定额或定率减去规定费用后的余额为应纳税所得额，每次收入不超过 4 000 元，定额减去费用 800 元；每次收入在 4 000 元以上的，定率减去 20%的费用。适用 20%的比例税率，并按规定对应纳税额减征 30%，计算公式为：

1）每次收入不超过 4 000 元的：

$$应纳税额=（每次收入额-800）\times 20\% \times（1-30\%）$$

2）每次收入在 4 000 元以上的：

$$应纳税额=每次收入额\times（1-20\%）\times 20\% \times（1-30\%）$$

【例 7-9】　某人因一篇小说出版，获稿费 20 000 元，后又取得加印稿费 10 000 元。则个人所得税的计算情况如下。

第一次缴纳个人所得税=20 000×(1–20%)×20%×(1–30%)=2 240（元）

第二次缴纳个人所得税=(2 000+10 000)×(1–20%)×20%×(1–30%)–2 240=1 120（元）

7.2.6 特许权使用费所得应纳税额的计算

1. 应纳税所得额的确定

特许权使用费所得以个人每次取得的收入，定额或定率减去规定费用后的余额为应纳税所得额。每次收入不超过 4 000 元的，减去费用 800 元；4 000 元以上的，减去 20%的费用。其中，每次收入是指以一项特许权的一次许可使用所取得的收入。

2. 特许权使用费所得应纳税额的计算

特许权使用费所得应纳税额的计算公式如下。

1）每次收入不超过 4 000 元的：

应纳税额=(每次收入额−800)×20%

2）每次收入在 4 000 元以上的：

应纳税额=每次收入额×(1−20%）×20%

【例 7-10】 作家汪洋 2014 年 6 月从出版社取得工资 5 000 元、第二季度奖金 8 000 元，同时从某剧组取得剧本使用费 30 000 元。计算汪洋 2014 年 6 月应纳的个人所得税。

【分析】

汪洋 6 月的个人所得税计算如下。

根据税法规定，季度奖应该并入发奖当月，与工资合并纳税；剧本使用费按照特许权使用费项目纳税。因此，汪洋 6 月应纳的个人所得税分两部分：

工资、薪金所得税=(5 000+8 000−3 500)×25%−1 005=1 370（元）

特许权使用费所得税=30 000×(1−20%)×20%=4 800（元）

因此，汪洋 2014 年 6 月合计应纳个人所得税为 6 170 元。

7.2.7 财产租赁所得应纳税额的计算

1. 应纳税所得额的确定

财产租赁所得以个人每次取得的收入，定额或定率减去规定费用后的余额为应纳税所得额。财产租赁所得，以一个月内取得的收入为一次；一个月扣除一次费用。

2. 财产租赁所得应纳税额的计算

财产租赁所得应纳税额的计算公式如下。

1）每次（月）收入不超过 4 000 元的：

应纳税额=［(每次（月）收入额−准予扣除项目−修缮费用）−800］×20%

2）每次（月）收入在 4 000 元以上的：

应纳税额=［每次(月)收入额−准予扣除项目−修缮费用］×(1−20%)×20%

在确定应纳税额时，纳税人在出租财产过程中缴纳的税金和教育费附加，凭完税凭证扣除。准予扣除项目除了相关税、费外，还可以根据提供的有效、准确的凭证扣除该出租财产实际开支的修缮费用，允许扣除的修缮费用，每次以 800 元为限，一次扣除不完的，准予在下次继续扣除，直到扣完为止。

【例 7-11】　李强 2013 年 1 月将一套自有房屋出租，期限 1 年，每月租金 2 000 元。2013 年 2 月下水道堵塞，发生修理费 1 000 元，有维修部门的正式收据，则李强全年个人所得税应如何交？

【分析】

每月因出租房屋负担的税费=2 000×5%×(1+10%)=110（元）

1 月应纳税额=(2 000–110–800)×20%=218（元）

2 月应纳税额=(2 000–110–800–800)×20%=58（元）

3 月应纳税额=(2 000–110–200–800)×20%=230（元）

4～12 月应纳税额与 1 月相同，均为 218 元。

因此，李强全年个人所得税为 2 468 元。

7.2.8　财产转让所得应纳税额的计算

1．应纳税所得额的确定

财产转让所得，以转让财产的收入额减去财产原值和合理费用后的余额，为应纳税所得额。此处所说的财产原值，是指以下几种情况。

1）有价证券，为买入价以及买入时按照规定缴纳的有关费用。

2）建筑物，为建造费或购进价格及其他有关费用。

3）土地使用权，为取得土地使用权所支付的金额、开发土地的费用及其他有关费用。

4）机器设备、车船，为购进价格、运输费、安装费及其他有关费用。

5）其他财产，参照以上方法确定。

纳税义务人未提供完整、准确的财产原值凭证，不能正确计算财产原值的，由主管税务机关核定其财产原值。

此外所说的合理费用，是指卖出财产时按照规定支付的有关费用。

2．财产转让所得应纳税额的计算

财产转让所得应纳税额的计算公式为：

应纳税额=（应纳税所得额–财产原值–合理费用）×20%

【例 7-12】　李均转让一台旧设备，取得转让收入 10 000 元。该设备购进时的原值为 8 000 元，转让时支付有关费用 200 元。李均应纳税多少？

【分析】

应纳税额=(10 000–8 000–200)×20%=360（元）

7.2.9　利息、股息、红利所得，偶然所得应纳税额的计算

1．应纳税所得额的确定

利息、股息、红利所得，偶然所得，以每次收入额为应纳税所得额。

1）利息、股息、红利所得，以支付利息、股息、红利时取得的收入为一次。

2）偶然所得，以每次取得该项收入为一次。

2．应纳税额的计算

利息、股息、红利所得和偶然所得，以每次收入额为应税所得额，不允许扣除任何费用。其计算公式为：

应纳税额=应纳税所得额×20%=每次收入额×20%

对个人投资者从上市公司取得的股息红利所得，自 2005 年 6 月 13 日起减按 50%计入个人应纳税所得额，依照现行税法规定征收个人所得税。

对证券投资基金从上市公司分配取得的股息红利所得，自 2005 年 6 月 13 日起减按 50%计入个人应纳税所得额，依照现行税法规定征收个人所得税。

自 2008 年 10 月 9 日起，对个人取得的银行存款利息暂免征收个人所得税。

对于个人购买福利彩票等一次性中奖 1 万元（含）以下的，暂免征收个人所得税，超过 1 万元的，全额征收个人所得税。

7.2.10 境外所得应纳税额的计算

1．应纳税所得额的规定

纳税义务人从中国境外取得的所得，准予其在应纳税额中扣除已在境外缴纳的个人所得税税额。但扣除额不得超过该纳税义务人境外所得依照税法规定计算的应纳税额。

（1）已在境外缴纳的个人所得税税额

已在境外缴纳的个人所得税税额，是指纳税义务人从中国境外取得的所得，依照该所得来源国家或地区的法律规定应当缴纳并且实际已经缴纳的税额。

（2）依照税法规定计算的应纳税额

依照税法规定计算的应纳税额，是指纳税义务人从中国境外取得的所得，区别不同国家或地区和不同应税项目，依照税法规定的费用减去标准和适用税率计算的应纳税额；同一国家或地区内不同应税项目的应纳税额之和，为该国家或地区的扣除限额。纳税义务人在中国境外一个国家或地区实际已经缴纳的个人所得税税额，低于依照前述规定计算的该国家或地区扣除限额的，应当在中国缴纳差额部分的税款；超过该国家或地区扣除限额的，其超过部分不得在本纳税年度的应纳税额中扣除，但是可以在以后纳税年度的该国家或地区扣除限额的余额中补扣，补扣期限最长不得超过 5 年。

纳税义务人依照税法规定申请扣除已在境外缴纳的个人所得税税额时，应当提供境外税务机关填发的完税凭证原件。

2．应纳税所得额的计算

【例 7-13】 2014 年 3 月，中国公民郭佳从中国境内取得工资收入 5 600 元，取得稿酬收入 2 000 元。同期，从境外 A 国取得特许权使用费收入 8 000 元，从 B 国取得利息收入 3 000 元，并且在 A 国和 B 国分别缴纳了个人所得税 1 400 元和 500 元。计算郭佳 2014 年 3 月应纳的个人所得税。

【分析】

工资应纳个人所得税税额=(5 600−3 500)×10%−105=105（元）

稿酬收入应纳个人所得税税额=(2 000−800)×20%×(1−30%)=168（元）

来源于 A 国的收入应纳税额准予扣除的部分：

扣除限额=8 000×(1−20%)×20%=1 280（元）

郭佳实际缴纳了 1 400 元，则当月允许抵扣 1 280 元。

来源于 B 国的收入应纳税额准予扣除的部分：

扣除限额=3 000×20%=600（元）

郭佳实际缴纳了 500 元，可以全额抵扣，并补交 100 元。

因此，郭佳 2014 年 3 月应纳的个人所得税为 303（35+168+100）元。

7.3 个人所得税纳税申报

7.3.1 个人所得税的扣缴申报

《个人所得税法实施条例》规定，除自行申报纳税的情形外，个人所得税一律实行代扣代缴。

1．扣缴义务人

凡是支付个人应纳税所得的企业（公司）、事业单位、机关单位、社团组织、军队、驻华机构、个体户等单位或个人，都是个人所得税的扣缴义务人。

扣缴义务人必须依法履行个人所得税全员全额扣缴申报义务。

2．扣缴义务人的义务及应承担的责任

扣缴义务人对纳税人的应扣未扣的税款，其应纳税款仍然由纳税人缴纳，扣缴义务人应承担应扣未扣税款 50%以上至 3 倍的罚款。扣缴义务人已将纳税人拒绝代扣代缴的情况及时报告税务机关的除外。

3．纳税申报表格式

个人所得税纳税申报表主要设置了 6 类 9 种，扣缴义务人申报扣缴的个人所得税应该填写"扣缴个人所得税报告表"，如表 7-4 所示。

表 7-4　扣缴个人所得税报告表

扣缴义务人编码：□□□□□□□□□□□□□□□□□□□□

扣缴义务人名称（公章）：　　　　金额单位：元（列至角分）

序号	纳税人姓名	身份证照类型	身份证照号码	国籍	所得项目	所得期间	收入额	免税收入额	允许扣除的税费	费用扣除标准	准予扣除的捐赠额	应纳税所得额	税率(%)	速算扣除数	应扣税额	已扣税额	备注
1	2	3	4	5	6	7	8	9	10	11	12	13	14	15	16	17	18
合　计										—	—	—	—	—			

续表

扣缴义务人声明	我声明：此扣缴报告表是根据国家税收法律、法规的规定填报的，我确定它是真实的、可靠的、完整的。 声明人签字：															
会计主管签字：负责人签字： 扣缴单位（或法定代表人）（签章）：																
受理人（签章） 受理日期：　　年　月　日 受理税务机关（章）：																

填表日期：　　年　月　日

7.3.2 个人所得税的自行纳税申报

1. 自行申报

按照《个人所得税法实施条例》和《个人所得税自行纳税申报办法》的规定，凡在中国境内负有个人所得税纳税义务的纳税人，具有以下5种情形之一的，应当按照规定自行向税务机关办理纳税申报并缴纳税款。

1）年所得12万元以上的。

2）从中国境内两处或两处以上取得工资、薪金所得的。

3）从中国境外取得所得的。

4）取得应税所得，没有扣缴义务人的。

5）国务院规定的其他情形。

2. 纳税申报表格式

纳税人自行申报个人所得税的，应该填写“个人所得税申报表”，如表7-5所示。

表 7-5　个人所得税纳税申报表

（适用于年所得 12 万元以上的纳税人申报）

所得年份：

填表日期：　　年　月　日

金额单位：人民币元（列至角分）

<table>
<tr><td>纳税人姓名</td><td></td><td>国籍(地区)</td><td></td><td>身份证照类型</td><td colspan="2"></td><td>身份证照号码</td><td colspan="5"></td></tr>
<tr><td>任职、受雇单位</td><td></td><td>任职受雇单位税务代码</td><td></td><td>任职受雇单位所属行业</td><td colspan="2"></td><td>职务</td><td colspan="2"></td><td>职业</td><td colspan="2"></td></tr>
<tr><td>在华天数</td><td></td><td>境内有效联系地址</td><td colspan="4"></td><td>境内有效联系地址邮编</td><td colspan="2"></td><td>联系电话</td><td colspan="2"></td></tr>
<tr><td>此行由取得经营所得的纳税人填写</td><td>经营单位纳税人识别号</td><td></td><td colspan="4"></td><td>经营单位纳税人名称</td><td colspan="5"></td></tr>
<tr><td colspan="2" rowspan="2">所得项目</td><td colspan="3">年所得额</td><td rowspan="2">应纳税所得额</td><td rowspan="2">应纳税额</td><td rowspan="2">已缴（扣）税额</td><td rowspan="2">抵扣税额</td><td rowspan="2">减免税额</td><td rowspan="2">应补税额</td><td rowspan="2">应退税额</td><td rowspan="2">备注</td></tr>
<tr><td>境内</td><td>境外</td><td>合计</td></tr>
<tr><td colspan="2">1．工资、薪金所得</td><td></td><td></td><td></td><td></td><td></td><td></td><td></td><td></td><td></td><td></td><td></td></tr>
<tr><td colspan="2">2．个体工商户的生产、经营所得</td><td></td><td></td><td></td><td></td><td></td><td></td><td></td><td></td><td></td><td></td><td></td></tr>
<tr><td colspan="2">3．对企事业单位的承包经营、承租经营所得</td><td></td><td></td><td></td><td></td><td></td><td></td><td></td><td></td><td></td><td></td><td></td></tr>
<tr><td colspan="2">4．劳务报酬所得</td><td></td><td></td><td></td><td></td><td></td><td></td><td></td><td></td><td></td><td></td><td></td></tr>
<tr><td colspan="2">5．稿酬所得</td><td></td><td></td><td></td><td></td><td></td><td></td><td></td><td></td><td></td><td></td><td></td></tr>
<tr><td colspan="2">6．特许权使用费所得</td><td></td><td></td><td></td><td></td><td></td><td></td><td></td><td></td><td></td><td></td><td></td></tr>
<tr><td colspan="2">7．利息、股息、红利所得</td><td></td><td></td><td></td><td></td><td></td><td></td><td></td><td></td><td></td><td></td><td></td></tr>
<tr><td colspan="2">8．财产租赁所得</td><td></td><td></td><td></td><td></td><td></td><td></td><td></td><td></td><td></td><td></td><td></td></tr>
<tr><td colspan="2">9．财产转让所得</td><td></td><td></td><td></td><td></td><td></td><td></td><td></td><td></td><td></td><td></td><td></td></tr>
<tr><td colspan="2">其中：股票转让所得</td><td></td><td></td><td></td><td>—</td><td>—</td><td>—</td><td>—</td><td>—</td><td>—</td><td>—</td><td></td></tr>
<tr><td colspan="2">个人房屋转让所得</td><td></td><td></td><td></td><td></td><td></td><td></td><td></td><td></td><td></td><td></td><td></td></tr>
<tr><td colspan="2">10．偶然所得</td><td></td><td></td><td></td><td></td><td></td><td></td><td></td><td></td><td></td><td></td><td></td></tr>
<tr><td colspan="2">11．其他所得</td><td></td><td></td><td></td><td></td><td></td><td></td><td></td><td></td><td></td><td></td><td></td></tr>
<tr><td colspan="2">合　计</td><td></td><td></td><td></td><td></td><td></td><td></td><td></td><td></td><td></td><td></td><td></td></tr>
<tr><td colspan="13">我声明，此纳税申报表是根据《中华人民共和国个人所得税法》及有关法律、法规的规定填报的，我保证它是真实的、可靠的、完整的。
纳税人（签字）：</td></tr>
<tr><td colspan="13">代理人（签章）：
联系电话：</td></tr>
</table>

7.3.3 个人所得税纳税申报期限

扣缴义务人每月所扣的税款，自行申报纳税人每月应纳的税款，都应当在次月 7 日内缴入国库，并向税务机关报送纳税申报表。

1）工资、薪金所得应纳的税款，按月计征，由扣缴义务人或纳税义务人在次月 7 日内缴入国库，并向税务机关报送纳税申报表。采掘业、远洋运输业、远洋捕捞业及财政部确定的其他特定行业的工资、薪金所得应纳的税款，可以实行按年计算、分月预缴的方式计征。

2）个体工商户的生产、经营所得应纳的税款，按年计算，分月预缴，由纳税义务人在次月 7 日内预缴，年度终了后 3 个月内汇算清缴，多退少补。

3）对企事业单位的承包经营、承租经营所得应纳的税款，按年计算，由纳税义务人在年度终了后 30 日内缴入国库，并向纳税机关报送纳税申报表。纳税义务人在 1 年内分次取得承包经营、承租经营所得的，应当在取得每次所得后的 7 日内预缴，年度终了后 3 个月内汇算清缴，多退少补。

4）从中国境外取得所得的纳税义务人，应当在年度终了后 30 日内，将应纳的税款缴入国库，并向税务机关报送纳税申报表。扣缴义务人和自行申报纳税义务人，应当按照税法规定期限报送个人所得税报告表或纳税申报表。如遇到特殊原因，不能按照规定期限报送时，应当在报送期限内提出申请，经主管税务机关批准，可以适当延期。

缴纳税款和报送扣缴个人所得税报告表、纳税申报表期限的最后一日，如遇公休假日，可以顺延。

7.4 个人所得税纳税筹划经典措施

在我国，个人所得税是 1994 年税制改革以来收入增长最为强劲的税种之一，目前已成为国内税收中的第四大税种。从分项目收入看，近年来工薪所得项目个人所得税收入占个人所得税总收入的比重约为 50%。其原因是我国个人所得税主要来自城镇居民，目前工资性收入是我国城镇居民收入的主要来源，因此，工薪阶层作为社会的主要群体（在国外包括发达国家也是如此），构成了个人所得税的最大税源。因此，个人所得税的筹划重点也就集中在了工资、薪金所得上。

7.4.1 工资、薪金的纳税筹划

在个人所得税中，覆盖面最广的就是工资、薪金所得。而且，随着经济的发展和工资水平的提高，越来越多人的工资、薪金所得达到了应纳个人所得税的标准，因此，对其筹划也就具有了一定的现实意义。常见的筹划思路有以下几种。

1．尽可能平均工资性收入

由于我国个人所得税对工资、薪金所得采用的是七级超额累进税率，应纳税所得额越大，其适用的税率也越高。因此，某个时期的收入越多，其相应的个人所得税税收比重就越大。如果某个纳税义务人的工资类收入极不平均，相对于工资收入非常平均的纳税义务

人而言，在年度总收入相同的情况下，其缴纳税收的比重就大得多。这个时候，对工资类所得的筹划就显得特别重要了。

【例 7-14】 李明为超市促销员，该超市实行效益工资制，每月的工资额按照基本工资加提成的方式发放。在 2013 年纳税年度里，他每月工资情况如下（按月份先后顺序排列）：4 500 元、4 000 元、4 500 元、3 700 元、5 000 元、5 900 元、1 800 元、4 200 元、3 300 元、2 200 元、5 500 元、6 300 元。

则该纳税人全年的纳税情况为：

1 月应纳税额=(4 500−3 500)×3%=30（元）

2 月应纳税额=(4 000−3 500)×3%=15（元）

……

该纳税人全年应纳税额=30+15+30+6+45+135+0+21+0+0+95+175=552（元）

如果该超市提前为李明进行筹划，根据他以往年度的业绩，估算其月平均工资、薪金水平，确定每月支付标准，到年底再根据其实际情况进行核算，则可使李明节税。

例如，根据测算，2013 年度李明的工资、薪金所得为每月 4 200 元，则超市在 2013 年度可以每月平均发放 4 200 元，到年底再结清余额。这时，超市的实际支付工资额与上一种支付方法相同，但李明的年纳税额却发生了很大的变化，具体计算如下：

1～11 月的应纳税额=(4 200−3 500)×3%×11=231（元）

12 月应纳税额=(4 700−3 500)×3%=36（元）

李明全年应纳税额为 267 元，相对于上一种工资发放方法而言，李明可以少缴纳税款 285（552−267）元。

2．尽可能分摊薪酬性收入

实际操作中，要尽量减少一次性累计发放奖金和补助的现象。不少企业内部业绩考核时，大多是年终一次性兑现奖金及福利补助。这样，就势必造成发放月份税负增多的现象。如果将按年考核改为按季度考核甚至按月考核，并按季度按月兑现收入，那么，职工缴纳的税收就会下降，在企业不增加支出的情况下，职工的收入会增多。

【例 7-15】 某人为中国公民，2013 年 12 月在中国境内企业取得工资收入 2 700 元、年终奖 12 000 元。计算该人 2013 年 12 月应缴纳的个人所得税。

【分析】

工资应纳税额=0

年终奖应纳税所得额=(12 000−800)÷12=933（元）

年终奖应纳税额=(12 000−800)×3%=336（元）

12 月共纳税额=0+336=336（元）

【筹划思路】若本例中奖金分别在各月发放，其他条件不变。则该人 12 月应缴纳个人所得税如下。

工资应纳的个人所得税=(3 700−3 500)×3%=6（元）

全年工资缴纳的个人所得税=6×12=72（元）

【筹划结果】分月发放奖金节税 265 元。

当然，当员工的工资达到起征点后，将年终奖分摊到个月或季度发放有时税额比一次发放还高。

【例 7-16】 某人为中国公民，2013 年 12 月在中国境内企业取得工资收入 4 600 元，年终奖 12 000 元分解到每月发放。计算应缴纳的个人所得税。

工资应纳税额=(4 600+12 000÷12−3 500)×10%−105=105（元）

全年共纳税额=105×12=1 260（元）

【筹划思路】若将年终奖 12 000 元到年底发放，其他条件不变。则该人应缴纳的个人所得税如下。

工资应纳税额=(4 600−3 500)×3%×12=396（元）

年终奖应纳税额=12 000×3%=360（元）

全年共纳税额=36+360=756（元）

【筹划结果】年底发放奖金节税 504 元。

3．尽可能关注纳税临界点

全年一次性奖金计算征收个人所得税方法存在一个税率临界点税负反向变化问题，即多发奖金后适用的税率也提高了，多缴纳的税收反而要超过多发放的奖金。

【例 7-17】 某人为中国公民，2013 年 12 月在中国境内取得工资收入 3 600 元、年终奖 18 000 元。计算应缴纳的个人所得税。

【分析】

工资应纳税额=(3 600−3 500)×3%=3（元）

年终奖应纳税额的计算：18 000÷12=1 500（元）

年终奖应纳税额=18 000×3%=540（元）

如果年终奖变成 19 000 元，则个人所得税负情况为：

工资应纳税额=(3 600−3 500)×3%=3（元）

年终奖应纳税额的计算：19 000÷12=1 583（元）

应纳税额=19 000×10%−105=1 795（元）

由此可见，年终奖多得 1 000 元，个税反而多缴 1 255 元。

因此，企业在发放年终奖金或补助时，一定要算好账，算细账，将政策的实惠真正落实到职工的口袋里。

4．工资薪金福利化

增加薪金能增加个人的收入，满足其消费的需求，但由于工资、薪金个人所得税的税率是超额累进税率，当累进到一定程度，新增薪金带给个人的可支配现金将会逐步减少。把个人现金性工资转为提供必需的福利待遇，照样可以达到其消费需求，而且可少缴个人所得税。

（1）由企业提供员工住宿

企业为员工提供住宿是减少缴纳个人所得税的有效办法，即员工的住房由企业免费提供，并少发员工相应数额的工资。

【例 7-18】 王经理每月工资收入 6 000 元，每月支付房租 1 000 元，除去房租，王经理可用的收入为 5 000 元。这时，王经理应纳的个人所得税是：

【分析】

每月应纳个人所得税额=(6 000−3 500)×10%−105=145（元）

每月王经理实际所得=6 000−1 000−145=4 855（元）

如果公司为王经理提供免费住房，每月工资下调为 5 000 元，则王经理应纳个人所得税为：

应纳个人所得税额=(5 000−3 500)×3%=45（元）

每月王经理实际所得=5 000−45=4 955（元）

如此筹划后，对王经理一方来说，可节税 100（145−45）元；对公司来说，不仅没增加支出，并且可以增加在税前列支的费用 1 000 元（政策规定，企业税前列支的工资是限额的，超过部分必须在税后列支。将工资转化为房租后，其支付不列入工资考核，故全额在税前列支）。

（2）企业提供员工福利设施

如果员工正常生活必需的福利设施，尽可能由企业提供，并通过合理计算后，适当降低员工的工资，这样，对企业来说，既不增加企业费用支出，又能使全额费用在税前扣除，并且企业为员工提供充分的福利设施，对外能提高企业的形象；对员工来说，既享受了企业提供的完善的福利设施，又少交了个人所得税，实现了真正意义的企业和员工双赢。一般情况下企业可为员工提供下列福利。

1）企业提供免费膳食。

2）由企业提供车辆供职工使用。

3）企业为员工提供必需家具及住宅设备。

7.4.2　劳务报酬的纳税筹划

1. 劳务报酬平均化

《个人所得税法实施条例》规定，属于一次性收入的，以取得该项收入为一次；属于同一项目连续性收入的，以一个月内取得的收入为一次。但在现实生活中，劳务报酬为个人从非雇佣单位取得的收入，具有不稳定性和阶段性。这样，就会导致纳税人的劳务报酬有时适用较高的税率，而有时适用较低的税率，有时甚至低于扣除限额。

鉴于以上情况，纳税人可以与对方单位协商，在不改变总体数额的情况下，通过增加支付次数，使每月的劳务报酬趋于平均化，以适用较低的税率。

【例 7-19】　徐小凡是一名演员，2013 年 7 月至 9 月到电视台演出取得一项目劳务收入 60 000 元，其间，徐小凡支付了交通、食宿等费用 9 000 元，9 月一次性取得了该项收入。

【分析】

徐小凡 9 月应交的个人所得税=60 000×(1−20%)×30%−2 000=12 400（元）

徐小凡取得的净收益=60 000−9 000−12 400=38 600（元）

若徐小凡与公司商定，改变支付方式，7 月、8 月和 9 月每月平均支付，并由电视台支付交通、食宿费用 9 000 元，这样支付给徐小凡的劳务收入由 60 000 元降为 51 000 元，每月 17 000 元。

徐小凡每月应交的个人所得税=17 000×(1−20%)×20%=2 720（元）

3个月共纳税=2 720×3=8 160（元）

徐小凡获得的净收益=51 000−8 160=42 840（元）

很明显，第二个方案比第一个方案多获得净收益 4 240 元。同时，企业列支的交通、食宿费用可冲抵收入，少纳企业所得税。

2. 劳务报酬费用化

个人从非雇佣单位取得劳务报酬时，可以考虑由非雇佣单位提供一定的服务或福利，将本应该自己负担的费用改由对方提供。这样，虽然名义收入减少，但是应税所得额降低后，适用的税率也就降低，税负减轻，纳税人的实际收益不降反升。

7.4.3 稿酬所得的纳税筹划

1. 系列丛书筹划法

《个人所得税法》规定，个人以图书、报刊方式出版、发表同一作品（文字作品、书画作品、摄影作品及其他作品），不论出版单位预付还是分笔支付稿酬，或者加印该作品再付稿酬，均应合并稿酬所得按一次计征个人所得税，但对不同的作品却是分开计税，这就给纳税人的筹划创造了条件。如果一本书可以分成几个部分，以系列丛书的形式出现，则该作品将被认定为几个单独的作品，单独计算纳税，这在某些情况下可以节省纳税人不少税款。

使用该种方法应该注意以下几点。首先，该著作可以被分解成一套系列著作，而且该种发行方式不会对发行量有太大的影响，当然最好能够促进发行。如果该种分解导致著作的销量或学术价值大受影响，则这种方式将得不偿失。其次，该种发行方式要想充分发挥作用，最好与后面的著作组筹划法结合。最后，该种发行方式应保证每本书的人均稿酬小于 4 000 元，因为这种筹划法利用的是抵扣费用的临界点，即在稿酬所得小于 4 000 元时，实际抵扣标准大于 20%。

【例 7-20】 某税务专家经过一段时间的辛苦工作，准备出版一本关于纳税筹划的著作，预计稿酬所得 12 000 元。可以进行如下筹划。

【分析】

1）如果该纳税人以一本书的形式出版该著作，则：

应纳税额=12 000 ×(1−20%)×20%×(1−30%)=1 344（元）

2）如果在可能的情况下，该纳税人以 4 本出版一套系列丛书，则该纳税人的纳税情况如下：

每本稿酬=12 000 ÷4=3 000（元）

每本应纳税额=(3 000−800)×20%×(1−30%)=308（元）

共应纳税额=308×4=1 232（元）

由此可见，在这种情况下，该税务专家采用系列丛书法可以节省税款 112 元，他可以考虑选择该种筹划法。

2. 费用转移筹划法

根据税法规定，个人取得的稿酬所得只能在一定限额内扣除费用。众所周知，应纳税款的计算是用应纳税所得额乘以税率而得，税率是固定不变的，应纳税所得额越大，应纳税额就越大。如果能在现有扣除标准下，再多扣除一定的费用，或者想办法将应纳税所得额减少，就可以减少应纳税额。

一般的做法是和出版社商量，让其提供尽可能多的设备或服务，这样就将费用转移给了出版社，自己基本上不负担费用，使得自己的稿酬所得相当于享受两次费用抵扣，从而减少应纳税额。可以考虑由出版社负担的费用有以下几种：资料费、稿纸、绘画工具、作图工具、书写工具、其他材料费、交通费、住宿费、实验费、用餐费、实践费等。有些行业甚至可以要求提供办公室及电脑等办公设备。现在对收入明晰化的呼声普遍较高，而且由出版社提供条件容易造成不必要的浪费，因此出版社可以考虑采用限额报销制，问题就好解决了。

【例 7-21】　某经济学家欲创作一本关于中国经济发展状况与趋势的专业书籍，需要到广东某地区进行实地考察研究，由于该经济学家学术水平很高，预计这本书的销路很好。出版社与该经济学家达成协议，全部稿费 20 万元，预计到广东考察费用支出 5 万元。计算这位经济学家的应纳税额。

【分析】

1）如果该经济学家自己负担考察费用，则：

应纳税额=200 000×(1–20%)×20%×(1–30%)=22 400（元）

实际收入=200 000–22 400–50 000=127 600（元）

2）如果改由出版社支出考察费用，限额为 50 000 元，实际支付给该经济学家的稿费为 15 万元，则：

应纳税额=150 000×(1–20%)×20%×(1–30%)=16 800（元）

实际收入=150 000–16 800=133 200（元）

133 200–127 600=5 600（元）

因此，通过费用转移，可以节约税款 5 600 元。

复习思考题

一、单项选择题

1. 某演员演出一次获得收入 50 000 元，通过当地民政部门向贫困地区捐赠 10 000 元，该演员本次劳务收入应缴纳的个人所得税为（　　）元。

A．4 600　　B．4 720

C．5 200　　D．7 000

2．下列表述不正确的是（　　）。

A．个人发表一篇作品，出版单位分 3 次支付稿酬，则这 3 次稿酬应合并为一次征税

B．个人在两处出版同一作品而分别取得稿酬，应分别单独纳税

C．个人的同一作品连载之后又出书取得稿酬的收入视同再版稿酬分别征税

D．因作品加印而获得稿酬，应就此次稿酬单独纳税

3．下列人员属于个人所得税中居民纳税人的是（　）。

A．2013 年在中国境内居住时间为 156 天的台湾同胞

B．2013 年 3 月 12 日至 2014 年 3 月 11 日在中国境内工作的外籍专家

C．在中国境内无住所且不居住的华侨人员

D．在北京开设小卖部的个体工商户王军

4．某人为中国公民，2013 年 1 月在中国境内取得工资收入 1 800 元、年终奖 12 000 元，其应缴纳的个人所得税为（　）元。

A．1 185　　B．1 155

C．309　　D．1 000

5．美国人约翰先生 2012 年 5 月 8 日来华工作，2013 年 5 月 1 日回国休假，2013 年 6 月 10 日又来华，2013 年 8 月 25 日回国。则约翰先生（　）。

A．2012 年度为居民纳税人，2013 年度为非居民纳税人

B．2012 年度为非居民纳税人，2013 年度为居民纳税人

C．2012 年度和 2013 年度均为居民纳税人

D．2012 年度和 2013 年度均为非居民纳税人

6．下列收入中，应按照"劳务报酬所得"缴纳个人所得税的是（　）。

A．在其他单位兼职取得的收入　　B．退休后再受雇取得的收入

C．在任职单位取得的董事费收入　　D．个人购买彩票取得的中奖收入

7．中国公民李某出版散文集取得稿酬 40 000 元，将其中 6 000 元通过民政部门捐给贫困山区。李某稿酬所得应缴纳个人所得税（　）元。

A．3 640　　B．3 808

C．4 480　　D．4 760

8．2013 年 2 月中国公民赵先生买进某公司债券 20 000 份，每份卖价 8 元，共支付手续费 800 元；11 月卖出 10 000 份，每份卖价 8.3 元，共支付手续费 415 元；12 月底其余债券到期，取得债券利息 2 700 元。赵某 2013 年以上收入应缴纳个人所得税（　）元。

A．977　　B．940

C．697　　D．437

二、多项选择题

1．下列所得中，应该按照"稿酬所得"缴纳个人所得税的有（　）。

A．书法家为企业题字获得的报酬

B．杂志社记者在本社杂志上发表文章获得的报酬

C．电视剧制作中心的编剧编写剧本获得的报酬

D．出版社的专业作者翻译的小说由该出版社出版获得的报酬

E．报社印刷车间工作人员在该报纸上发表作品获得的报酬

2．下列所得中，应该按照"工资、薪金所得"缴纳个人所得税的有（　）。

A．编剧从任职单位取得的剧本使用费

B．雇主为员工购买的补充性商业保险

C．个人从任职的上市公司取得的股票增值权所得

D．出版社的专业作者撰写、编写或翻译的作品，由本出版社以图书形式出版取得

的所得

E．任职、受雇于报刊等单位的记者、编辑等专业人员，在本单位的报刊、杂志上发表作品取得的所得

3．下列关于个人独资企业和合伙企业的征税规定，描述正确的有（　　）。

A．个人独资企业和合伙企业本身都需要缴纳企业所得税

B．个人独资企业和合伙企业均以企业本身为个人所得税的纳税人

C．投资者的工资、薪金收入按照工资、薪金所得征收个人所得税

D．投资者及其家庭发生的生活费用不允许在税前扣除

E．个人独资企业和合伙企业对外投资分回的利息、股息、红利，应该按照“利息、股息、红利所得”缴纳个人所得税

4．某出版社要出版某作者的一本小说，由该作者提供书稿，然后出版社委托翻译人员翻译，整理成中英文对照出版发行，出版社与作者和翻译人员达成协议：小说出版后作者署名，译者没有署名，出版社支付给作者 10 万元，支付给译者 2 万元。则下列说法正确的是（　　）。

A．该作者的所得应该按照稿酬所得缴纳个人所得税

B．翻译人员所得应该按照劳务报酬所得缴纳个人所得税

C．翻译人员所得应该按照稿酬所得缴纳个人所得税

D．该作者的所得应该缴纳个人所得税 1.12 万元

E．翻译人员的所得应该缴纳个人所得税 0.22 万元

5．下列项目中计征个人所得税时，允许从总收入中减去费用 800 元的有（　　）。

A．承租承包所得

B．外企中方雇员的工资、薪金所得

C．提供咨询服务一次取得收入 2 000 元

D．出租房屋收入 3 000 元

三、判断题

1．中国公民张默承揽一项为期 2 个月的房屋装饰工程，业主第一个月支付给张默 15 000 元，第 2 个月支付余款 20 000 元。张默应纳个人所得税 6 400 元。（　　）

2．中国公民从境外取得的所得不用缴纳个人所得税。（　　）

3．退休人员再任职取得的收入应按照“工资、薪金所得”缴纳个人所得税。（　　）

4．对个人转让自用达 5 年以上的家庭生活用房取得的所得，免征个人所得税。（　　）

5．在个人所得税的应税项目中，同时采用费用定额扣除或定率扣除的有财产转让所得、财产租赁所得和劳务报酬所得。（　　）

四、案例分析题

1．中国公民沈先生 2013 年 3 月按照市场价格出租自有住房，每月租金 2 000 元，并缴纳有关税费 110 元。2013 年 8 月对房屋进行装修，发生修缮费 1 050 元，修缮费由沈先生承担。2013 年沈先生租金收入应缴纳个人所得税为多少？

若每月租金 1 000 元，相关税费 55 元，8 月发生修缮费 550 元，其他条件不变，沈先生应缴纳个人所得税又是多少？

2．中国作家王先生 2013 年 5 月出版一本书，取得稿酬 5 000 元。该书于 2013 年 6 月至 8 月被某晚报连载，6 月取得稿酬 1 000 元，7 月取得稿酬 1 000 元，8 月取得稿酬 1 500 元。因其畅销，9 月出版社增加印数，又取得追加稿酬 3 000 元。则王先生当年的稿费收入应纳个人所得税额为多少？

3．中国公民孙前为国内某企业的高级技术人员，2013 年 3～12 月的收入情况如下。

（1）每月取得工薪收入 8 400 元。

（2）3 月转让 2010 年购买的一套三居室，售价 230 万元，转让过程中支付了相关税费 13.8 万元。该套房的购进价为 100 万元，购房过程中支付的相关税费为 3 万元。所有税费支出均取得合法凭证。

（3）6 月因提供重要线索，协助公安机关侦破重大经济案件，获得公安机关奖金 2 万元，已经取得公安部门提供的获奖证明。

（4）9 月参加某商场组织的有奖销售活动中，中奖所得共计价值 30 000 元，将其中的 10 000 元通过市教育局用于公益捐赠。

（5）10 月，将自有的一项非职务专利技术提供给境外某公司使用，一次性取得特许权使用费收入 60 000 元，该项收入已经在境外缴纳个人所得税 7 800 元。

要求：根据以上资料，分析计算下列各项应纳税额。

（1）计算 2013 年 3～12 月工薪收入应缴纳的个人所得税。

（2）计算转让房屋所得应缴纳的个人所得税。

（3）计算从公安部门获得的奖金应缴纳的个人所得税。

（4）计算中奖所得应缴纳的个人所得税。

（5）计算从境外所取得的特许权使用费在我国实际应该缴纳的个人所得税。

第8章

其他税种纳税实务与筹划

理论目标

1. 理解资源税类、财产税类、行为税类等税的含义和特点。
2. 熟悉资源税类、财产税类、行为税类等税的纳税基本要素。
3. 掌握资源税类、财产税类、行为税类等税的计算方法。

实践目标

1. 正确计算资源税类、财产税类、行为税类等税的税额并进行申报缴纳。
2. 能根据实际进行简单的资源税类、财产税类、行为税类纳税筹划。

案例导入

2013年10月某煤矿企业生产销售原煤20万吨，煤矿生产天然气600万立方米，自用原煤加工洗煤3万吨（当月全部用于销售），综合回收率为60%。该煤矿企业原煤适用的单位税额为1.5元/吨，天然气适用的单位税额为10元/立方千米。同年12月该企业销售一栋旧楼，售价为800万元，建造时总价为400万元，现在六成新，如果按12月建材价格和人工费用计算，建造同样的楼房需要700万元，支付转让楼房的相关税费40万元。

思考

该企业应缴纳多少资源税和土地增值税？

8.1 资源税类纳税实务

8.1.1 资源税实务

1．资源税的含义与特点

资源税是对在我国境内从事开采应税资源矿产品和生产盐的单位和个人征收的一种

税，其目的是调节资源开发过程中的级差收入。

我国现行的资源税与其他税种相比有以下几个特点。

1）征税范围的特定性。资源税是对资源矿产品和盐进行征税，并非针对全部的自然资源。在征税时还根据矿产品的价格和采掘业的实际情况选择品目，分批分步实施征收。

2）一次课征性。资源税以开采者取得的原料产品级差收入为征税对象，即在开采和生产环节征收，不包括加工环节。

3）计税方法的从量性。资源税按应税产品销售数量，采取较大幅度的定额税率，以投资条件好坏、赢利多少区别计算其应纳税额。

2．资源税的纳税义务人、征税对象和税率

（1）纳税义务人

资源税的纳税义务人是指在我国境内开采应税资源的矿产品或生产盐的单位和个人。

中外合作开采石油、天然气的企业不是资源税的纳税义务人。

为了加强资源税的税源管理，避免漏税，《资源税暂行条例》还规定，收购未税矿产品的单位为资源税的扣缴义务人，具体包括独立矿山、联合企业及其他单位（包括收购未税矿产品的个体户）。

（2）征税对象和税率（见表 8-1）

表 8-1　资源税征税对象和税率

税目		范围	计税单位	税额（元）	不征税项目
1	原油	开采的天然原油	吨	8～30	人造石油
2	天然气	专门开采的或与原油同时开采的天然气	立方千米	2～15	煤矿生产的天然气
3	煤炭	原煤	吨	0.3～8	洗煤、选煤、和其他煤炭制品
4	其他非金属矿原矿	原油、天然气、煤炭和井矿盐以外的非金属矿原矿	吨、克拉、立方米	0.5～20	
5	黑色金属矿原矿	铁矿石、锰矿石、铬矿石	吨	2～30	
6	有色金属矿原矿	铜矿石、铅锌矿石、铝土矿石等	吨、立方米	0.4～30	
7	固体盐	海盐原盐、湖盐原盐、井矿盐	吨	10～60	
8	液体盐	氯化钠含量达到一定程度的溶液，是用于生产碱和其他产品的原料	吨	2～10	

3．资源税的税收优惠

（1）减、免税项目

1）开采原油过程中用于加热、修井的原油，免税。

2）纳税人开采或生产应税产品过程中，因意外事故或自然灾害等原因遭受重大损失的，由各省、自治区、直辖市人民政府酌情决定减税或免税。

3）国务院规定的其他减税、免税项目，具体如下。

① 自 2002 年 4 月 1 日起，对冶金联合企业矿山（含 1993 年 12 月 31 日后从联合企业矿山中独立出来的铁矿山企业）铁矿石资源税，按规定税额标准的 40%征收。

② 对有色金属矿的资源税在规定税额的基础上减征 30%，按规定税额标准的 70%征收。

③ 自 2007 年 2 月 1 日起，北方海盐资源税暂减按每吨 15 元征收；南方海盐、湖盐、井矿盐资源税暂减按每吨 10 元征收；液体盐资源税暂减按每吨 2 元征收。

④ 自 2007 年 1 月 1 日起，对地面抽采煤层气暂不征收资源税。煤层气是指储存于煤层及其围岩中与煤炭资料伴生的非常规天然气，也称煤矿瓦斯。

纳税人的减税、免税项目，应当单独核算课税数量；未单独核算或不能准确提供课税数量的，不予减税或免税。

（2）出口应税产品不退（免）资源税的规定

资源税仅对在中国境内开采或生产应税产品的单位和个人征收，对进口的矿产品和盐则不征收资源税。与之相应，对出口应税产品也不免征或退还已纳资源税。

4. 资源税的计算方法

（1）计税依据

1）确定课税数量的基本办法。

① 纳税人开采或生产应税产品销售的，以销售数量为课税数量。

② 纳税人开采或生产应税产品自用的，以自用数量为课税数量。

2）特殊情况课税数量的确定办法。

① 纳税人不能准确提供应税产品销售数量或移送使用数量的，按应税产品的产量或主管税务机关确定的折算比换算成的数量课税。

② 原油中的稠油、高凝油与稀油划分不清或不易划分的，一律按原油的数量课税。

③ 对于连续加工前无法正确计算原煤移送使用量的煤炭，可按加工产品的综合回收率，将加工产品实际销量和自用量折算成原煤数量课税。

④ 金属和非金属矿产品原矿，因无法准确掌握纳税人移送使用原矿数量的，可将其精矿按选矿比折算成原矿数量，以此作为课税数量。选矿比的计算公式为：

$$选矿比=精矿数量\div耗用原矿数量$$

⑤ 纳税人以自产的液体盐加工固体盐的，按固体盐税额征税，课税数量为加工的固体盐数量。若纳税人以外购的液体盐加工成固体盐，则其加工固体盐所耗用液体盐的已纳税额准予抵扣。

纳税人开采或生产不同税目应税产品的，应当分别核算；不能准确提供不同税目应税产品课税数量的，从高适用税额。

（2）应纳税额的计算

应纳税额的计算，关键是确定正确的课税数量和适用的单位税额。其计算公式为：

$$应纳税额=课税数量\times单位税额$$

$$代扣代缴应纳税额=收购未税矿产品的数量\times适用的单位税额$$

【例 8-1】　某煤矿企业 2013 年 10 月生产销售煤炭 30 万吨，另自用煤炭 20 万吨加工煤炭制品。已知该煤矿企业煤炭适用的税额为 1.2 元/吨，计算该煤矿 10 月应纳的资源税额。

【分析】

应纳税额=课税数量×单位税额=(30+20)×1.2=60（万元）

5. 资源税的申报与缴纳

（1）纳税义务发生时间（见表 8-2）

表 8-2 资源税纳税义务发生时间

销售方式	结算方式	纳税义务发生时间
销售	分期收款结算	销售合同规定的收款日期的当天
	预收货款结算	发出应税产品的当天
	其他方式结算	收讫销售款或取得索取销售款凭据的当天
自产自用	—	移送使用应税产品的当天
代扣代缴	—	支付首笔货款或开具应支付货款凭据的当天

（2）纳税期限

资源税纳税人发生纳税义务后的纳税期限分为 1 日、3 日、5 日、10 日、15 日或 1 个月，纳税人的纳税期限由主管税务机关根据实际情况具体核定。不能按固定期限计算纳税的，可以按次计算纳税。

纳税人以 1 个月为一期纳税的，自期满之日起 10 日内申报纳税；以 1 日、3 日、5 日、10 日或 15 日为一期纳税的，自期满之日起 5 日内预缴税款，于次月 1 日起 10 日内申报纳税并结清上月税款。

（3）纳税地点

1）凡是缴纳资源税的纳税人，都应当向应税产品的开采或生产所在地主管税务机关缴纳税款。

2）如果纳税人在本省、自治区、直辖市范围内开采或生产应税产品，其纳税地点需要调整的，由所在地省、自治区、直辖市税务机关决定。

3）如果纳税人应纳的资源税属于跨省开采，其下属生产单位与核算单位不在同一省、自治区、直辖市的，对其开采的矿产品一律在开采地纳税，其应纳税款由独立核算、自负盈亏的单位，按照开采地的实际销售量（或自用量）及适用的单位税额计算划拨。

4）扣缴义务人代扣代缴的资源税，应当向收购地主管税务机关缴纳。

（4）纳税申报

纳税人要按时进行资源税纳税申报，并填写“资源税纳税申报表”，如表 8-3 所示。

8.1.2 城镇土地使用税实务

1. 城镇土地使用税的含义

城镇土地使用税是国家在城市、县城、建制镇和工矿区范围内，对使用土地的单位和个人，以其实际占用的土地面积为计税依据，按照规定的税额计算征收的一种税。

表 8-3　资源税纳税申报表

填表日期：　　年　月　日

纳税人识别号：

纳税人名称（公章）：

税款所属期限：自　　年　月　日至　　年　月　日　　　　　　　　　　金额单位：元（列至角分）

<table>
<tr><td colspan="2">产品名称</td><td>课税单位</td><td>课税数量</td><td>单位税额</td><td>本期应纳税额</td><td>本期已纳税额</td><td>本期应补（退）税额</td><td>备注</td></tr>
<tr><td colspan="2">1</td><td>2</td><td>3</td><td>4</td><td>5=3×4</td><td>6</td><td>7=5−6</td><td></td></tr>
<tr><td rowspan="4">应纳税项目</td><td></td><td></td><td></td><td></td><td></td><td></td><td></td><td></td></tr>
<tr><td></td><td></td><td></td><td></td><td></td><td></td><td></td><td></td></tr>
<tr><td></td><td></td><td></td><td></td><td></td><td></td><td></td><td></td></tr>
<tr><td></td><td></td><td></td><td></td><td></td><td></td><td></td><td></td></tr>
<tr><td rowspan="4">减免税项目</td><td></td><td></td><td></td><td></td><td></td><td></td><td></td><td></td></tr>
<tr><td></td><td></td><td></td><td></td><td></td><td></td><td></td><td></td></tr>
<tr><td></td><td></td><td></td><td></td><td></td><td></td><td></td><td></td></tr>
<tr><td></td><td></td><td></td><td></td><td></td><td></td><td></td><td></td></tr>
<tr><td colspan="3" rowspan="6">纳税人或代理人声明
此纳税申报表是根据国家税收法律的规定填报的，我确信它是真实的、可靠的、完整的</td><td colspan="6">如纳税人填报，由纳税人填写以下各栏</td></tr>
<tr><td>经办人（签章）</td><td></td><td>会计主管（签章）</td><td></td><td>法定代表人（签章）</td><td></td></tr>
<tr><td colspan="6">如委托代理人填报，由代理人填写以下各栏</td></tr>
<tr><td colspan="2">代理人名称</td><td colspan="2"></td><td colspan="2" rowspan="3">代理人（公章）</td></tr>
<tr><td colspan="2">经办人（签章）</td><td colspan="2"></td></tr>
<tr><td colspan="2">联系电话</td><td colspan="2"></td></tr>
<tr><td colspan="9">以下由税务机关填写</td></tr>
<tr><td colspan="4">受理人</td><td colspan="2">受理日期</td><td colspan="3">受理税务机关（签章）</td></tr>
</table>

资源税纳税申报表填报说明：

① 本表适用于资源税纳税人填报。

② “纳税人识别号”：填写办理税务登记时，由税务机关确定的税务登记号。

③ “纳税人名称”：填写企业全称或业主字号，无字号的填业主姓名，并且是工商登记或主管部门批准的名称。

④ “课税单位”：填写课税数量的单位，如吨、立方米、立方千米等。

2．城镇土地使用税的纳税义务人、征税范围和税率

（1）纳税义务人

城镇土地使用税的纳税义务人，是指在城市、县城、建制镇、工矿区范围内使用土地的单位和个人。由于用地者的情况不同，大致分为以下几类。

1）拥有土地使用权的单位和个人。

2）拥有土地使用权的单位和个人不在土地所在地的，其土地的实际使用人和代管人为纳税人。

3）土地使用权未确定或权属纠纷未解决的，其实际使用人为纳税人。

4）土地使用权共有的，共有各方都是纳税人，由共有各方分别纳税。

（2）征税范围

凡在城市、县城、建制镇、工矿区范围内的土地，都属于城镇土地使用税的征税范围。

1）城市，是指国务院批准设立的市，其征税范围包括市区和郊区的土地。

2）县城，是指县人民政府所在地，其征税范围为县人民政府所在地的城镇土地。

3）建制镇，是指经省、自治区、直辖市人民政府批准设立的建制镇，其征税范围为镇人民政府所在地的地区。

4）工矿区，是指工商业比较发达、人口比较集中，符合国务院规定的建制镇标准，但尚未设立建制镇的大中型工矿企业所在地，其设立必须经省、自治区、直辖市人民政府批准。

建立在城市、县城、建制镇和工矿区以外的工矿企业则不需缴纳城镇土地使用税。

对外商投资企业和外国企业在华机构的用地不征收城镇土地使用税。

（3）税率

我国城镇土地使用税采用从量定额税率，即采用有幅度的差别税额，按大、中、小城市和县城、建制镇和工矿区采用税额，具体标准如表 8-4 所示。

表 8-4　城镇土地使用税税率

土地所在地区	人口（人）	每平方米税额（元）
大城市	50 万以上	1.5～30
中等城市	20 万～50 万	1.2～24
小城市	20 万以下	0.9～18
县城、建制镇、工矿区		0.6～12

各省、自治区、直辖市人民政府可对经济落后地区的适用税额标准适当降低，但降低额不得超过上述规定最低税额的 30%；对经济发达地区的适用税额标准报经财政部批准后，则可以适当提高。

3．城镇土地使用税的税收优惠

下列土地免征城镇土地使用税。

1）国家机关、人民团体、军队自用的土地。

2）由国家财政部门拨付事业经费的单位自用的土地。

3）宗教寺庙、公园、名胜古迹自用的土地。

4）市政街道、广场、绿化地带等公共用地。

5）直接用于农、林、牧、渔业的生产用地。

6）经批准开山填海整治的土地和改造的废弃土地。这部分土地从使用的月份起免缴土地使用税 5～10 年。具体免税期限由各省、自治区、直辖市地方税务局在符合税法规定的期限内自行确定。

7）医疗、卫生机构自用的土地。对非营利性医疗机构、疾病控制机构和妇幼保健机构等卫生机构自用的土地，免征城镇土地使用税。对营利性医疗机构自用的土地自 2000 年起免征城镇土地使用税 3 年。

8）企业创办的学校、医院、托儿所及幼儿园用地。其用地能与企业其他用地明确区分的，免征城镇土地使用税。

9）由财政部另行规定免税的能源交通、水利设施用地和其他用地。

4．城镇土地使用税的计算方法

（1）计税依据

城镇土地使用税是以纳税人实际占用的土地面积为依据计算的，具体按以下办法确定。

1）凡由省级人民政府确定的单位组织测定土地面积的，以测定的土地面积为准。

2）尚未组织测定，但纳税人持有政府部门核发的土地使用证书的，以证书上确定的土地面积为准。

3）尚未核发土地使用证书的，应由纳税人据实申报土地面积，待核发土地使用证书后再做调整。

（2）应纳税额的计算

全年应纳税额=实际占用应税土地面积（平方米）×适用税额

【例 8-2】　某城市一家公司，占地面积为 2 000 平方米，其中生产用地 1 700 平方米，幼儿园占地 300 平方米，该地区适用土地使用税年税额标准为 10 元/平方米，计算该单位年应征城镇土地使用税额。

【分析】

应纳税额=实际占用应税土地面积（平方米）×适用税额=(2 000−300)×10=17 000（元）

5．城镇土地使用税的申报与缴纳

（1）纳税义务发生的时间

1）纳税人购置新建商品房，自房屋交付使用之次月起，缴纳城镇土地使用税。

2）纳税人购置存量房，自办理房屋权属转移、变更登记手续，房地产权属登记机关签发房屋权属证书之次月起，缴纳城镇土地使用税。

3）纳税人出租、出借房产，自交付出租、出借房产之次月起，缴纳城镇土地使用税。

4）房地产开发企业自用、出租、出借本企业建造的商品房，自房屋使用或交付之次月起，缴纳城镇土地使用税。

5）纳税人新征用的耕地，自批准征用之日起满 1 年时开始缴纳土地使用税。

6）纳税人新征用的非耕地，自批准征用次月起缴纳土地使用税。

7）自 2009 年 1 月 1 日起，纳税人因土地的权利发生变化而依法终止城镇土地使用税纳税义务的，其应纳税款的计算应截至土地权利发生变化的当月末。

（2）纳税期限

城镇土地使用税实行按年计算、分期缴纳的征收方法，具体纳税期限由各省、自治区、直辖市人民政府确定。

（3）纳税地点

城镇土地使用税在土地所在地缴纳。

纳税人使用的土地不属于同一省、自治区、直辖市管辖的，由纳税人分别向土地所在地的税务机关缴纳土地使用税；在同一省、自治区、直辖市管辖范围内，纳税人跨地区使用的土地，其纳税地点由各省、自治区、直辖市地方税务局确定。

（4）纳税申报

纳税人应及时办理纳税申报，并如实填写“城镇土地使用税纳税申报表”，如表 8-5 所示。

表 8-5 城镇土地使用税纳税申报表

填表日期：　　年　月　日

纳税人识别号：□□□□□□□□□□□□□□□□□□□□□□□□□　　金额单位：元（列至角分）

<table>
<tr><td>纳税人名称</td><td colspan="7"></td><td colspan="4">税款所属时期</td><td colspan="3"></td></tr>
<tr><td>房产坐落地点</td><td></td><td></td><td></td><td></td><td></td><td></td><td></td><td></td><td></td><td></td><td></td><td></td><td></td><td></td></tr>
<tr><td rowspan="2">坐落地点</td><td rowspan="2">上期占地面积（m^2）</td><td rowspan="2">本期增减（m^2）</td><td rowspan="2">本期实际占地面积（m^2）</td><td rowspan="2">法定免税面积（m^2）</td><td rowspan="2">应税面积（m^2）</td><td colspan="2">土地等级</td><td colspan="2">适用税率</td><td rowspan="2">全年应缴税额</td><td rowspan="2">缴纳次数</td><td colspan="3">本期</td></tr>
<tr><td>Ⅰ</td><td>Ⅱ</td><td>Ⅰ</td><td>Ⅱ</td><td>应纳税额</td><td>已纳税额</td><td>应补（退）税额</td></tr>
<tr><td>1</td><td>2</td><td>3</td><td>4=2+3</td><td>5</td><td>6=4−5</td><td>7</td><td>8</td><td>9</td><td>10</td><td>11=6×9 或 6×10</td><td>12</td><td>13=11÷12</td><td>14</td><td>15=13−14</td></tr>
<tr><td></td><td></td><td></td><td></td><td></td><td></td><td></td><td></td><td></td><td></td><td></td><td></td><td></td><td></td><td></td></tr>
<tr><td></td><td></td><td></td><td></td><td></td><td></td><td></td><td></td><td></td><td></td><td></td><td></td><td></td><td></td><td></td></tr>
<tr><td>合计</td><td></td><td></td><td></td><td></td><td></td><td></td><td></td><td></td><td></td><td></td><td></td><td></td><td></td><td></td></tr>
<tr><td colspan="6">如纳税人填报，由纳税人填写以下各栏</td><td colspan="9">如委托代理人填报，由代理人填写以下各栏</td></tr>
<tr><td colspan="3" rowspan="3">会计主管（签章）</td><td colspan="3" rowspan="3">纳税人（签章）</td><td colspan="4">代理人名称</td><td></td><td colspan="4" rowspan="2">代理人（公章）</td></tr>
<tr><td colspan="4">代理人地址</td><td></td></tr>
<tr><td colspan="4">经办人姓名</td><td></td><td colspan="2">电话</td><td colspan="2"></td></tr>
<tr><td colspan="15">以下由税务机关填写</td></tr>
<tr><td colspan="4">收到申报表日期</td><td colspan="2"></td><td colspan="4">接收人</td><td></td><td colspan="4"></td></tr>
</table>

城镇土地使用税纳税申报表填报说明：

①“坐落地点”：按土地证上标明的地点或实际位置分行填列。

②“上期占用面积”：上期申报纳税时实际占用的面积。

③“本期增减”：实际使用的面积增加或减少的数量。

④ “全年应缴税额”：按应税面积和适用税额计算汇总填列。

⑤ “本期应纳税额”：按全年应缴纳税额和缴纳次数计算填列。

⑥ 其他各栏的填报方法可根据纳税申报注明的计算关系进行。

8.1.3 耕地占用税实务

1. 耕地占用税的含义

耕地占用税是国家对占用耕地建房或从事其他非农业建设的单位和个人，就其实际占用的耕地面积征收的一种税。耕地占用税的特点是：兼具资源税与特定行为税的性质，采用地区差别税率，一次性课征，税收收入专用于耕地开发与改良等。

2．耕地占用税的纳税义务人、征税范围和税率

1）耕地占用税的纳税义务人，是占用耕地建房或从事非农业建设的单位和个人。

2）耕地占用税征税范围：国家所有和集体所有的农业耕地。耕地是指种植农作物的土地，包括菜地、园地。其中园地包括花圃、苗圃、果园、桑园和其他种植经济林木的土地。占用鱼塘及其他农用土地建房或从事其他非农业建设也视同占用耕地，必须依法征收耕地占用税。

3）耕地占用税在税率设计上采用地区差别定额税率，如表 8-6 所示。

表 8-6　耕地占用税税率表

人均耕地面积（亩）	每平方米税额（元）
1 以下	10～50
1～2	8～40
2～3	6～30
3 以上	5～25

经济特区、经济技术开发区和经济发达、人均耕地特别少的地区，适用税额可以适当提高，但最多不得超过上述规定税额的 50%。

3．耕地占用税的税收优惠

下列情形免征或减征耕地占用税。

1）军事设施训用耕地，免征耕地占用税。

2）学校、幼儿园、养老院、医院占用耕地。

3）铁路线路、公路线路、飞机场跑道、停机坪、港口、航道占用耕地，减按每平方米 2 元的税额征收耕地占用税。

4）农村居民占用耕地新建住宅，按照当地适用税额减半征收耕地占用税。

免征或减征耕地占用税后，纳税人改变原占地用途，不再属于免征或减征耕地占用税情形的，应当按照当地适用税额补缴耕地占用税。

4．耕地占用税的计算方法

耕地占用税以纳税人实际占用的耕地面积为计税依据，按适用的定额税率计税。计算公式为：

应纳税额=实际占用耕地面积（平方米）×适用定额税率

【例 8-3】　某企业占用林地 50 万平方米建造生产厂房，因有新项目，占用林地 80 万平方米开发经济林木，所占耕地适用的定额税率为 10 元/平方米，该企业应缴纳耕地占用税是多少？

【分析】

应纳税额=实际占用耕地面积（平方米）×适用定额税率=50×10=500（万元）

5．耕地占用税的申报与缴纳

《耕地占用税暂行条例》规定，耕地占用税由地方税务机关负责征收，纳税人临时占用耕地，应当依照本条例的规定缴纳耕地占用税。纳税人在批准临时占用耕地的期限内恢复所占用耕地原状的，全额退还已经缴纳的耕地占用税。

获准占用耕地的单位或个人应当在收到土地管理部门的通知之日起 30 日内缴纳耕地占用税。土地管理部门凭耕地占用税完税凭证或免税凭证和其他有关文件发放建设用地批准书。

纳税人应及时办理纳税申报，并如实填写“耕地占用税纳税申报表”，如表 8-7 所示。

表 8-7 耕地占用税纳税申报表

申报时间：　　年　月　日

单位：元（列至角、分）、平方米（保留到小数点后两位）

纳税人全称				税务计算机代码	
详细地址				联系电话	
开户银行				银行账号	
建设项目名称					
批准占地文号				批准占地日期	
占地位置				批准占地面积	
计税面积（m^2）	适用税额	计征税额	减免面积（m^2）	减免税额	应纳税额
1	2	3=1×2	4	5=4×2	6=3−5
纳税人签章：		法人代表签章：		税务机关同意受理盖章： 年　月　日	

耕地占用税纳税申报表填报说明：

① 本申报表适用耕地占用税纳税人填报。此表一式两份，一份报送税务机关，一份纳税人留存。

② 计税面积：纳税人实际占用的耕地面积，包括经批准占用的耕地面积和未经批准占用的耕地面积。

8.1.4 土地增值税实务

1. 土地增值税的含义与特点

土地增值税是对有偿转让土地使用权、地上建筑物及其附着物并取得收入的单位和个人，就其转让房地产所取得的增值额征收的一种税。土地增值税具有以转让房地产取得的增值额为征税对象、范围较广、实行超率累进税率、实行按次征收等特点。

2. 土地增值税的纳税义务人、征税对象和税率

（1）纳税义务人

土地增值税的纳税义务人为转让国有土地使用权、地上建筑物及其附着物，并取得收入的单位和个人。

（2）征税对象

土地增值税的征税范围包括两部分内容：转让国有土地使用权，地上建筑物及其附着物连同国有土地使用权一并转让。准确界定土地增值税的征税范围十分重要，在实际工作中，通过以下标准来判定。

1）判定标准一：转让的土地使用权为国家所有。城市的土地属于国家所有，其转让属

于土地增值税的征税范围；农村和城市郊区的土地，属于集体所有，集体所有的土地不得自行转让，只有根据有关法律规定，由国家征用以后变为国家所有时才能进行转让。

2）判定标准二：土地使用权、地上建筑物使用权及其附着物的产权发生转让。

① 不包括国有土地使用权出让所取得的收入。国有土地使用权出让，是指国家以土地所有者的身份将土地使用权在一定年限内让与土地使用者，并由土地使用者向国家支付土地使用权出让金的行为。

② 不包括土地使用权、房产产权未转让（如房地产的出租）所取得的收入。

3）判定标准三：必须取得收入。如房地产的继承，尽管房地产的权属发生了变更，但权属人并没有取得收入，因此也不征收土地增值税。

只要取得收入，无论单独转让国有土地使用权，还是房屋产权与国有土地使用权一并转让的，均属于土地增值税征税范围。

若干具体情况的判定，如表 8-8 所示。

表 8-8　土地增值税征税范围若干具体情况判定

相关情况	具体规定
出售	征税，包括：出售国有土地使用权；取得国有土地使用权后进行房屋开发建造后出售；存量房地产的买卖
继承、赠与	不征
出租	不征
房地产抵押	抵押不征；若发生房地产权属转让的，征税
房地产交换	单位之间换房，有收入的征税；个人之间交换自住房不征税
以房地产投资、联营	以土地作价入股的不征；房地产再转让的，征税
合作建房	建成后自用不征；建成后转让的征收。
企业兼并转让房地产	暂免征
代建房、重新评估	不征
国家收回房地产、市政搬迁	不征

（3）税率

土地增值税实行四级超率累进税率，如表 8-9 所示。

表 8-9　土地增值税税率

级数	增值额与扣除项目金额的比率	税率（%）	速算扣除系数（%）
1	不超过 50%	30	0
2	50%～100%	40	5
3	100%～200%	50	15
4	超过 200%	60	35

3．土地增值税的税收优惠

有以下情形之一的，免征减征土地增值税。

1）纳税人建造普通标准住宅出售，增值额未超过扣除项目金额 20%的，免征土地增值税。增值额超过扣除项目金额 20%的，应就其全部增值额按规定计税。

2）因国家建设需要依法征用、收回的房地产，免征土地增值税。

3）个人因工作调动或改善居住条件而转让原自用住房，经向税务机关申报核准，凡居住满 5 年以上的，免予征收土地增值税；居住满 3 年未满 5 年的，减半征收土地增值税；居住未满 3 年的，按规定计征土地增值税。

4．土地增值税的计算方法

（1）计税依据

土地增值税的计税依据是纳税人转让房地产所取得的增值额，增值额是纳税人转让房地产所取得的应税收入减去规定的扣除项目金额后的余额。

1）应税收入的确定。纳税人转让房地产取得的应税收入，应包括转让房地产的全部价款及有关的经济利益，从收入的形式来看，包括货币收入、实物收入和其他收入。

2）扣除项目的确定。税法准予纳税人从转让收入额中减去的扣除项目包括以下几项。

① 取得土地使用权所支付的金额。

- 地价款。确定方法：若以协议、招标、拍卖等出让方式取得的，纳税人所支付的土地出让金为地价款；若以行政划拨方式取得的，按照国家有关规定补交土地出让金为地价款；若以转让方式取得的，为向原土地使用权人实际支付的地价款。
- 按照国家统一规定缴纳的有关费用，包括办理手续的有关登记、过户手续费。

② 房地产开发成本。房地产开发成本是指纳税人房地产开发项目实际发生的成本，包括土地的征用及拆迁补偿费、前期工程费、建筑安装工程费、基础设施费、公共配套设施费、开发间接费用等。

③ 房地产开发费用。房地产开发费用是指与房地产开发项目有关的销售费用、管理费用和财务费用。对于财务费用中的利息支出，若能够按转让房地产项目计算分摊并提供金融机构证明的，允许据实扣除，但最高不能超过按商业银行同类同期贷款利率计算的全额；其他房地产开发费用，按取得土地使用权所支付的金额和房地产开发成本的金额之和的 5%以内计算扣除，即：利息+（取得土地使用权所支付的金额+房地产开发成本）×5%以内（利息最高不能超过按商业银行同类同期贷款利率计算的金额）。

凡不能按转让房地产项目计算分摊利息支出或不能提供金融机构证明的，房地产开发费用按上述两项金额之和的 10%以内计算扣除，即（取得土地使用权所支付的金额+房地产开发成本）×10%以内。

计算扣除的具体比例，由各省、自治区、直辖市人民政府规定。利息的上浮幅度按国家的有关规定执行，超过上浮幅度的部分不允许扣除；对于超过贷款期限的利息部分和加罚的利息不允许扣除。

④ 与转让房地产有关的税金。与转让房地产有关的税金是指在转让房地产时缴纳的营业税、城市维护建设税、印花税、教育费附加。

房地产开发企业在转让时缴纳的印花税因已经列入管理费用中，故在此不允许单独扣除。其他纳税人缴纳的印花税（按产权转移书据所载金额的 5‰贴花）允许在此扣除。

⑤ 其他扣除项目。对从事房地产开发的纳税人，按取得土地使用权所支付的金额和房地产开发成本的金额之和，加计 20%的扣除，即（取得土地使用权所支付的金额+房地产开发成本）×20%。此条优惠只适用于从事房地产开发的纳税人，除此之外的其他纳税人不适用。

⑥ 旧房及建筑物的评估价格。旧房及建筑物的评估价格是指在转让已使用的房屋及建筑物时，由政府批准设立的房地产评估机构评定的重置成本价乘以新折扣率后的价格。评估价格需经当地税务机关批准。

例如，一栋房屋的造价为 1 000 万元，已经使用 10 年，按转让时的建材及人工费用计算，建同样的新房需花费 3 000 万元，该房六成新，则该房屋的评估价格为 3 000×60%=1 800（万元）。

此外，转让旧房的，应按房屋及建筑物的评估价格、取得土地使用权所支付的地价款和按国家统一规定缴纳的有关费用及在转让环节缴纳的税金作为扣除项目金额，计征土地增值税。对取得土地使用权时未支付地价款或不能提供已支付的地价款凭据的，在计征土地增值税时不允许扣除。

⑦ 增值额的确定。

土地增值额=转让房地产所取得的收入−规定的扣除项目金额

（2）应纳税额的计算方法

土地增值税应纳税额的计算方法有两种。

应纳税额=Σ（每级距的土地增值额×适用税率）

在实际工作中，分步计算比较烦琐，一般采用速算扣除法计算，即：

应纳税额=土地增值额×适用税率−扣除项目金额×速算扣除率

【例 8-4】 某企业转让房地产取得收入 1 000 万元，按规定允许扣除项目金额为 200 万元，请计算该企业应纳的土地增值税。

（1）第一种方法

1）计算增值额。

增值额=1 000−200=800（万元）

2）计算增值额与扣除项目金额的比例。

增值额与扣除项目金额的比例=800÷200×100%=400%

由于增值额超过扣除项目金额的 200%，应分别适用 30%、40%、50%、60%四档税率。

3）分别计算各级次土地增值税税额。

增值额未超过 50%：

增值额=200×50%=100（万元）

应纳土地增值税税额=100×30%=30（万元）

增值额在 50%～100%：

增值额=200×(100%−50%)=100（万元）

应纳土地增值税税额=100×40%=40（万元）

增值额在 100%～200%：

增值额=200×(200%−100%)=200（万元）

应纳土地增值税税额=200×50%=100（万元）

增值额超过 200%：

增值额=800−200×200%=400（万元）

应纳土地增值税税额=400×60%=240（万元）

4）计算应纳土地增值税税额

应纳土地增值税税额=30+40+100+240=410（万元）

（2）第二种方法

1）计算增值额。

增值额=1 000–200=800（万元）

2）计算增值额与扣除项目金额的比例。

增值额与扣除项目金额的比例=800÷200×100%=400%

3）计算应纳土地增值税税额。

应纳土地增值税税额=增值额×60%–扣除项目金额×35%

=800×60%–200×35%

=410（万元）

5. 土地增值税的申报与缴纳

土地增值税的纳税人应在房地产合同签订后的 7 日内，向房地产所在地主管税务机关办理纳税申报，缴纳土地增值税。

在实际工作中，纳税地点分为以下两种情况。

1）纳税人是法人的。当转让的房地产坐落地与其机构所在地或经营所在地一致时，则在办理税务登记的原管辖税务机关申报纳税即可；当转让的房地产坐落地与其机构所在地或经营所在地不一致时，则应在房地产坐落地所管辖的税务机关申报纳税。

2）纳税人是自然人的。当转让的房地产坐落地与其居住所在地一致时，则在居住所在地税务机关申报纳税；当转让的房地产坐落地与其居住所在地不一致时，在办理过户手续所在地的税务机关申报纳税。

纳税人应及时办理纳税申报，根据自己的实际情况如实填写“土地增值税纳税申报表”。根据使用对象不同，土地增值税申报表有两种，分别适用于从事房地产开发的纳税人和适用于非从事房地产开发的纳税人，如表 8-10 和表 8-11 所示。

表 8-10　土地增值税纳税申报表（一）

（从事房地产开发的纳税人适用）

填表日期：　　年　月　日

纳税人识别号：　　　　　　　　　　　　　　　　　　金额单位：元（列至角分）

纳税人名称		税款所属时期	
项　目		行　次	金　额
一、转让房地产收入总额（1=2+3）		1	
其中	货币收入	2	
	实物收入及其他收入	3	
二、扣除项目金额合计（4=5+6+13+16+20）		4	
1．取得土地使用权所支付的金额		5	
2．房地产开发成本（6=7+8+9+10+11+12）		6	

续表

<table>
<tr><td rowspan="6">其中</td><td colspan="2">土地征用及拆迁补偿费</td><td colspan="2">7</td><td></td></tr>
<tr><td colspan="2">前期工程费</td><td colspan="2">8</td><td></td></tr>
<tr><td colspan="2">建筑安装工程费</td><td colspan="2">9</td><td></td></tr>
<tr><td colspan="2">基础设施费</td><td colspan="2">10</td><td></td></tr>
<tr><td colspan="2">公共配套设施费</td><td colspan="2">11</td><td></td></tr>
<tr><td colspan="2">开发间接费用</td><td colspan="2">12</td><td></td></tr>
<tr><td colspan="3">3．房地产开发费用（13=14+15）</td><td colspan="2">13</td><td></td></tr>
<tr><td rowspan="2">其中</td><td colspan="2">利息支出</td><td colspan="2">14</td><td></td></tr>
<tr><td colspan="2">其他房地产开发费用</td><td colspan="2">15</td><td></td></tr>
<tr><td colspan="3">4．与转让房地产有关的税金等（16=17+18+19）</td><td colspan="2">16</td><td></td></tr>
<tr><td rowspan="3">其中</td><td colspan="2">营业税</td><td colspan="2">17</td><td></td></tr>
<tr><td colspan="2">城市维护建设税</td><td colspan="2">18</td><td></td></tr>
<tr><td colspan="2">教育费附加</td><td colspan="2">19</td><td></td></tr>
<tr><td colspan="3">5．财政部规定的其他扣除项目</td><td colspan="2">20</td><td></td></tr>
<tr><td colspan="3">三、增值额（21=1–4）</td><td colspan="2">21</td><td></td></tr>
<tr><td colspan="3">四、增值额与扣除项目金额之比（%）（22=21÷4）</td><td colspan="2">22</td><td></td></tr>
<tr><td colspan="3">五、适用税率（%）</td><td colspan="2">23</td><td></td></tr>
<tr><td colspan="3">六、速算扣除系数（%）</td><td colspan="2">24</td><td></td></tr>
<tr><td colspan="3">七、应纳土地增值税额（25=21×23–4×24）</td><td colspan="2">25</td><td></td></tr>
<tr><td colspan="3">八、已纳土地增值税额</td><td colspan="2">26</td><td></td></tr>
<tr><td colspan="3">九、应补（退）土地增值税额（27=25–26）</td><td colspan="2">27</td><td></td></tr>
<tr><td colspan="2">如纳税人填报，由纳税人填写以下各栏</td><td colspan="3">如委托代理人填报，由代理人填写以下各栏</td><td>备注</td></tr>
<tr><td rowspan="3">会计主管（签章）</td><td rowspan="3">纳税人（签章）</td><td>代理人名称</td><td></td><td rowspan="2">代理人（公章）</td><td rowspan="3"></td></tr>
<tr><td>代理人地址</td><td></td></tr>
<tr><td>经办人姓名</td><td></td><td>电话</td></tr>
<tr><td colspan="6">以下由税务机关填写</td></tr>
<tr><td>收到申报表日期</td><td colspan="2"></td><td>接收人</td><td></td><td></td></tr>
</table>

土地增值税纳税申报表（一）填报说明：

① 本表适用于从事房地产开发并转让的土地增值税纳税人。其转让已经完成开发的房地产并取得转让收入，或者预售正在开发的房地产并取得预售收入的，应按照税法和本表要求，根据税务机关确定的申报时间，定期向主管税务机关填报本表，进行纳税申报。

② 主要项目填表说明。本表中各主要项目内容，应根据土地增值税的基本计税单位作为填报对象。纳税人如果在规定的申报期内转让两个或两个以上计税单位的房地产，对每个计税单位应分别填写一份申报表。纳税人如果既从事普通标准住宅开发，又从事其他房地产开发的，应分别填写本表。

- “转让房地产收入总额”，按纳税人转让房地产取得的全部收入额填写。
- “货币收入”，按纳税人转让房地产开发项目所取得的货币形态的收入额填写。
- “实物收入及其他收入”，按纳税人转让房地产取得的实物形态的收入和无形资产等其他形式的收入额填写。

- “取得土地使用权所支付的金额”，按纳税人为取得该房地产开发需要的土地使用权而实际支付（补交）的土地出让金（地价款）及按国家统一规定缴纳的有关费用的数额填写。

表 8-11　土地增值税纳税申报表（二）

（非从事房地产开发的纳税人适用）

填表日期：　　年　月　日

纳税人识别号：　　　　　　　　　　　　　　　　　　　　金额单位：元（列至角分）

<table>
<tr><td>纳税人名称</td><td colspan="5"></td><td colspan="2">税款所属时期</td><td></td></tr>
<tr><td colspan="6">项　目</td><td colspan="2">行　次</td><td>金　额</td></tr>
<tr><td colspan="6">一、转让房地产收入总额（1=2+3）</td><td colspan="2">1</td><td></td></tr>
<tr><td rowspan="2">其中</td><td colspan="5">货币收入</td><td colspan="2">2</td><td></td></tr>
<tr><td colspan="5">实物收入及其他收入</td><td colspan="2">3</td><td></td></tr>
<tr><td colspan="6">二、扣除项目金额合计（4=5+6+9）</td><td colspan="2">4</td><td></td></tr>
<tr><td colspan="6">1．取得土地使用权所支付的金额</td><td colspan="2">5</td><td></td></tr>
<tr><td colspan="6">2．旧房及建筑物的评估价格（6=7×8）</td><td colspan="2">6</td><td></td></tr>
<tr><td rowspan="2">其中</td><td colspan="5">旧房及建筑物的重置成本价</td><td colspan="2">7</td><td></td></tr>
<tr><td colspan="5">成新度折扣率</td><td colspan="2">8</td><td></td></tr>
<tr><td colspan="6">3．与转让房地产有关的税金等（9=10+11+12+13）</td><td colspan="2">9</td><td></td></tr>
<tr><td rowspan="4">其中</td><td colspan="5">营业税</td><td colspan="2">10</td><td></td></tr>
<tr><td colspan="5">城市维护建设税</td><td colspan="2">11</td><td></td></tr>
<tr><td colspan="5">印花税</td><td colspan="2">12</td><td></td></tr>
<tr><td colspan="5">教育费附加</td><td colspan="2">13</td><td></td></tr>
<tr><td colspan="6">三、增值额（14=1–4）</td><td colspan="2">14</td><td></td></tr>
<tr><td colspan="6">四、增值额与扣除项目金额之比（%）（15=14÷4）</td><td colspan="2">15</td><td></td></tr>
<tr><td colspan="6">五、适用税率（%）</td><td colspan="2">16</td><td></td></tr>
<tr><td colspan="6">六、速算扣除系数（%）</td><td colspan="2">17</td><td></td></tr>
<tr><td colspan="6">七、应纳土地增值税额（18=14×16–4×17）</td><td colspan="2">18</td><td></td></tr>
<tr><td colspan="3">如纳税人填报，由纳税人填写以下各栏</td><td colspan="5">如委托代理人填报，由代理人填写以下各栏</td><td>备注</td></tr>
<tr><td rowspan="3">会计主管
（签章）</td><td rowspan="3" colspan="2">经办人（签章）</td><td rowspan="3">纳税人
（签章）</td><td colspan="2">代理人名称</td><td></td><td rowspan="2">代理人
（公章）</td><td rowspan="3"></td></tr>
<tr><td colspan="2">代理人地址</td><td></td></tr>
<tr><td colspan="2">经办人姓名</td><td></td><td>电话</td></tr>
<tr><td colspan="9">以下由税务机关填写</td></tr>
<tr><td colspan="2">收到申报表日期</td><td colspan="4"></td><td>接收人</td><td></td><td></td></tr>
</table>

土地增值税纳税申报表（二）填报说明：

① 本表中各主要项目内容，应根据纳税人转让的每处房地产项目作为填报对象。纳税人如果转让两个或两个以上房地产的，应分别填写申报表。

② 具体项目说明：

- “转让房地产收入总额”，按纳税人转让房地产取得的全部收入额填写。

- "货币收入"，按纳税人转让房地产开发项目所取得的货币形态的收入额填写。
- "实物收入及其他收入"，按纳税人转让房地产取得的实物形态的收入和无形资产等其他形式的收入额填写。
- "取得土地使用权所支付的金额"，按纳税人为取得该房地产开发需要的土地使用权而实际支付（补交）的土地出让金（地价款）及按国家统一规定缴纳的有关费用的数额填写。

8.2　财产税类纳税实务

8.2.1　房产税实务

1. 房产税的含义与特点

房产税是以房产为征税对象，依据房产价格或房产租金收入向房产所有人或经营人征收的一种税。

房产税具有属于个别财产税、征税范围限于城镇的经营性房屋、按房屋的经营使用方式规定征税办法等特点。此外，作为一种地方性税收，房产税税源稳定，是地方财政收入的重要来源之一。

2. 房产税的纳税义务人、征税范围和税率

（1）纳税义务人

房产税的纳税人，是指在我国城市、县城、建制镇和工矿区内拥有房屋产权的单位和个人，具体包括产权所有人、经营管理单位、承典人、房产代管人或使用人。外商投资企业和外国企业暂不缴纳房产税。房产税纳税人具体规定如下。

1）产权属国家所有的，经营管理单位为纳税人；产权属集体和个人所有的，集体单位和个人为纳税人。

2）产权出典的，承典人为纳税人。所谓产权出典，是指产权所有人将房屋、生产资料等的产权，在一定期限内典当给他人使用而取得资金的一种融资业务。税法规定，在房屋出典期间，对房屋具有支配权的承典人缴纳房产税。

3）产权所有人、承典人不在房屋所在地的，房产代管人或使用人为纳税人。

4）产权未确定及租典纠纷未解决的，房产代管人或使用人为纳税人。

5）无租使用其他房产的问题。纳税单位和个人无租使用房产管理部门、免税单位及纳税单位的房产，应由使用人代为缴纳房产税。

（2）征税范围

房产税的征税范围为城市、县城、建制镇和工矿区。不包括农村是为了减轻农民的负担，促进农业发展和繁荣农村经济。

（3）税率

我国现行房产税采用的是比例税率。计税依据有两种，分别为：从价计征，税率为 1.2%，即按房产原值一次减去 10%～30%后余值的 1.2%计征；从租计征，税率为 12%，即按房产出租租金收入的 12%计征。

从 2001 年 1 月 1 日起，对个人按市场价格出租的居民住房，用于居住的，可暂减按 4%的税率征收房产税。

3．房产税的税收优惠

目前，房产税的税收优惠政策如表 8-12 所示。

表 8-12 房产税税收优惠政策

序号	免征范围	不免征项目
1	国家机关、人民团体、军队自用的房产	出租房产及非自身业务使用的生产、营业用房
2	由国家财政部门拨付事业经费的单位自用的房产	所属的附属工厂、商店、招待所等
3	宗教寺庙、公园、名胜古迹自用的房产	附设的营业单位，如影剧院、饮食部、茶社、照相馆等所使用及出租的房产
4	个人所有非营业用的房产	个人拥有的营业用房或出租的房产
5	对行使国家行政管理职能的中国人民银行总行（含国家外汇管理局）所属分支机构自用的房产	
6	损坏不堪使用的房屋和危险房屋，经有关部门鉴定，在停止使用后，可免征	
7	纳税人因房屋大修，期间导致连续停用半年以上的	
8	对高校后勤实体免征房产税	
9	非营利性医疗机构、疾病控制机构和妇幼保健机构等卫生机构自用的房产	
10	老年服务机构自用的房产	
11	从 2001 年 1 月 1 日起，按政府规定价格出租的公有住房和廉租住房	
12	向居民供热并向居民收取采暖费的供热企业	从事热力生产而不直接向居民供热的企业

除上面提到的可以免征房产税的情况以外，如纳税人确有困难的，可由各省、自治区、直辖市人民政府确定，定期减征或免征房产税。

4．房产税的计算方法

（1）计税依据

1）从价计征依据。从价计征是按照房产计税价值征税的。房产税依照房产原值一次减去 10%～30%后的余值计算缴纳。房产原值是指纳税人按照会计制度规定，在账簿“固定资产”科目中记载的房屋原值（或原价）。房产余值是房产的原值减去规定比例后的剩余价值。

从价计征房产税应注意以下几个问题。

① 账簿中有记载房屋原价的，房产余值以房屋原价减去一定比例后作为计征房产税；没有记载房屋原价的，参照同类房屋，确定房产原值，按规定计征房产税。

② 房产原值应包括与房屋不可分割的各种附属设备或一般不单独计算价值的配套设施。主要有：暖气、卫生、通风、照明、煤气等设备；各种管线，如蒸汽、压缩空气、石油、给水排水等管道及电力、电信、电缆导线；电梯、升降机、过道、晒台等。属于房屋

附属设备的水管、下水道、暖气管、煤气管等应从最近的探视井或三通管起，计算原值；电灯网、照明线从进线盒连接管起，计算原值。

③ 房屋附属设备和配套设施计征房产税按以下规定执行。

- 凡以房屋为载体，不可随意移动的附属设备和配套设施，如给排水、采暖、消防、中央空调、电气及智能化楼宇设备等，无论在会计核算中是否单独记账与核算，都应计入房产原值，计征房产税。
- 对于更换房屋附属设备和配套设施的，在将其价值计入房产原值时，可扣减原来相应设备和设施的价值；对附属设备和配套设施中易损坏、需要经常更换的零配件，更新后不再计入房产原值。

④ 纳税人对原有房屋进行改建、扩建的，要相应增加房屋的原值。

⑤ 对于以房产投资联营，投资者参与投资利润分红，共担风险的，计征房产税以“房产余值”作为计税依据；对以房产投资，收取固定收入，不承担联营风险的，应从租计征。

⑥ 对融资租赁房屋的情况，由于租赁费包括购进房屋的价款、手续费、借款利息等，租赁期满后，当承租方偿还最后一笔租赁费时，房屋产权要转移到承租方。这实际是一种分期付款购买固定资产的形式，所以在计征房产税时应以房产余值计算征收，至于租赁期内房产税的纳税人，由当地税务机关根据实际情况确定。

2）从租计征的计税依据。房产出租的，以房产租金收入为房产税的计税依据。

所谓房产的租金收入，是房屋产权所有人出租房产使用权所得的报酬，包括货币收入和实物收入。如果是以劳务或其他形式为报酬抵付房租收入的，应根据当地同类房产的租金水平，确定一个标准租金额从租计征。

（2）房产税应纳税额的计算

1）从价计征的应纳税额计算。其计算公式为：

$$应纳税额=应税房产原值\times（1-扣除比例）\times1.2\%$$

【例 8-5】 根据某企业“固定资产”账户的记载，自有经营用房的原值为 5 000 万元，当地政府规定房产税按减去 30%后的余值计税，适用税率为 1.2%。请计算其应纳房产税税额。

【分析】

应纳税额=5 000×(1−30%)×1.2%=42（万元）

2）从租计征的应纳税额的计算。其计算公式为：

$$应纳税额=租金收入\times12\%（或 4\%）$$

【例 8-6】 某公司出租房屋一间，年租金收入为 60 000 元，适用税率为 12%。请计算其当年应纳房产税税额。

【分析】

应纳税额=60 000×12%=7 200（元）

5．房产税的申报与缴纳

（1）纳税义务发生时间（见表 8-13）

表 8-13 房产税纳税义务发生时间

项　目	纳税义务发生时间
将原有房产用于生产经营的	从生产经营之当月起
自行新建房屋用于生产经营的	从建成之次月起
委托施工企业建设的房屋	从办理验收手续之次月起
购置新建商品房	自房屋交付使用之次月起
购置存量房	自办理房屋权属转移、变更登记手续，房地产权属登记机关签发房屋权属证书之次月起
出租、出借房产	自交付出租、出借房产之次月起
房地产开发企业自用、出租、出借本企业建造的商品房	自房屋使用或交付之次月起

（2）纳税期限

房产税实行按年计算、分期缴纳的征收方法，具体纳税期限由各省、自治区、直辖市人民政府确定。

（3）纳税地点

房产税在房产所在地缴纳。房产不在同一地方的纳税人，应按房产的坐落地点分别向房产所在地的税务机关纳税。

（4）纳税申报

纳税人应及时办理纳税申报，据实填写“房产税纳税申报表”，如表 8-14 所示。

8.2.2 车船税实务

1．车船税的含义与特点

车船税是以车船为征税对象，向拥有车船的单位和个人征收的一种税。车船税具有属于特定财产税类、征税范围广泛、从量定额征收的特点。

2．车船税的纳税义务人、征税范围和税率

（1）纳税义务人

车船使用税的纳税义务人，是指在我境内，车船的所有人或管理者。一般情况下，拥有并且管理车船的单位和个人是同一的。若二者不同一时，则应由双方商定确认；双方未商定的，由管理人纳税。车船的所有人或管理人未缴纳车船税的，使用人应代为缴纳。

外商投资企业、外国企业、华侨和港澳台同胞投资兴办的企业，外籍人员、港澳台同胞也是车船使用税的纳税人。

（2）征税范围

车船使用税的征收范围，包括车辆和船舶两大类。

车辆，包括机动车辆和非机动车辆。机动车辆是以燃油、电力等能源作为动力运行的车辆，如汽车、无轨电车等；非机动车辆是指依靠人力、畜力运行的车辆，如三轮车、自行车等。

船舶，包括机动船舶和非机动船舶。机动船舶是指以燃料等能源作为动力运行的船舶，如客轮、气垫船等；非机动船舶是指依靠人力或其他力量运行的船舶，如木船、帆船等。

表 8-14　房产税纳税申报表

填表日期：　　年　　月　　日

纳税人识别号：□□□□□□□□□□□□□□□□□□□□　　　　金额单位：元（列至角分）

纳税人名称								税款所属时期									
坐落地点						建筑面积（m^2）						房屋结构					
上期申报房产原值	本期增减房产	本期实际房产原值	其中			扣除率	以房产余值计征房产税			以租金收入计征房产税					本期		
			从价计税的房产原值	从租计税的房产原值	免税房产原值		房产余值	适用税率 1.2%	应纳税额	租金收入	适用税率 12%	应纳税额	全年应纳税额	缴纳次数	应纳税额	已纳税额	应补（退）税款
1	2	3=1+2	4=3−5−6	5=3−4−6	6	7	8=4−4×7	9	10=8×9	11	12	13=11×12	14=10+13	15	16=14÷15	17	18=16−17
合计																	
如纳税人填报，由纳税人填写以下各栏						如委托代理人填报，由代理人填写以下各栏											
会计主管（签章）			经办人（公章）			纳税人（公章）				经办人（签章）				代理人（公章）			
以下由税务机关填写																	
收到申报表日期								接收人									

房产税纳税申报表填报说明：

① 房产原值："固定资产"借方记载的房屋造价（或构价）。

② "上期申报房产原值"：经税务机关审核认可的房产原值，或者没有房产原值经税务机关评估的原值。

③ "本期增减房产"：反映纳税人因为原有房产进行改建、扩建或因毁损而增减的房屋原值。

(3) 税率

车船税实行定额税率，根据车船的种类和性能分别按辆、净吨位或载重吨位从量计征，具体情况如表 8-15 所示。

表 8-15　车船税税率

税　　目	计税标准	每年税额（元）	备　　注
载客汽车	每辆	60～660	电车
载货汽车	自重每吨	16～120	半挂牵引车、挂车
三轮车低速货车	自重每吨	24～120	
摩托车	每辆	36～180	
船舶	净吨位每吨	3～6	拖船和非机动驳船分别按船舶税额的 50%计算

3．车船税的税收优惠

以下情况免征车船税：非机动车（如残疾人机动轮椅车）、电动自行车；拖拉机；捕捞、养殖渔船；军队、武警专用的车船；警用车船等。

4．车船税的计算方法

(1) 计税依据

车船税以征税对象的计量标准为计税依据，从量计征。

车船税的计税依据，按车船的种类和性能，分别确定为辆、净吨位和载重吨位 3 种。

1）以辆为计税依据，包括载客汽车、电车、摩托车、人力车和畜力车。

2）以净吨位为计税依据，包括载货汽车、机动船。所谓净吨位，是指额定（或称预定）装运货物的船舱（或车厢）所占用的空间容积。

3）以载重吨位为计税依据，包括非机动船。所谓载重吨位，是指船舶的实际载重量。

(2) 应纳税额的计算方法

车船税应纳税额的计算公式如下。

载客机动车和非机动车的应纳税额=车辆数×适用单位税额．

载货汽车和机动船的应纳税额=净吨位数×适用单位税额

非机动船的应纳税额=载重吨位数×适用单位税额

拖船和非机动驳船的应纳税额=所挂拖车净吨位×适用单位税额×50%

【例 8-7】 某公司拥有通勤用大客车 3 辆，载重汽车（净吨位 40 吨）5 辆，计算该公司每年应缴纳的车船税税额（该公司所在省规定载货汽车年纳税额每吨 40 元，大客车年纳税额每辆 180 元）。

【分析】

应纳税额=5×40×40+3×180=8 540（元）

5．车船税的申报与缴纳

（1）纳税义务发生时间

车船税的纳税义务发生时间如表 8-16 所示。

表 8-16　车船税纳税义务发生时间

项　　目	发生车船税的纳税义务时间
使用应税车船	从使用之日起
新购置车船使用的	从购置使用的当月起
已向交通航运管理机关上报全年停运或报废的车船	当年不发生纳税义务
停运后又重新使用的	从重新使用的当月起

（2）纳税期限

车船税按年征收，分期缴纳。具体纳税期限由各省、自治区、直辖市人民政府确定。

（3）纳税地点

车船税的纳税地点为纳税人所在地。对单位而言，是经营所在地或机构所在地；对个人而言，是住所所在地。需要注意的是，企业的车船在外省上车船牌照的，仍应在企业经营所在地纳税。

（4）纳税申报

纳税人应及时办理纳税申报，据实填写“车船税纳税申报表”，如表 8-17 所示。

表 8-17　车船税纳税申报表

税款所属时期：　　年　月至　年　月　　　　金额单位：元

<table>
<tr><td colspan="3">纳税人名称或姓名</td><td></td><td colspan="2">纳税人识别号码</td><td colspan="3"></td></tr>
<tr><td colspan="3">住　址</td><td></td><td colspan="2">联系电话或手机</td><td colspan="3"></td></tr>
<tr><td colspan="3">开户银行</td><td></td><td colspan="2">银行账号</td><td colspan="3"></td></tr>
<tr><td>序号</td><td>车船类别</td><td>车架号码/车辆识别代码或船舶初次登记号</td><td>车船登记证书或行驶证书核发时间</td><td>车辆牌号</td><td>车辆载客人数或自重吨位数、船舶净吨位数或发动机功率数</td><td>计税单位</td><td>年税额标准</td><td>申报纳税额</td></tr>
<tr><td>1</td><td></td><td></td><td></td><td></td><td></td><td></td><td></td><td></td></tr>
<tr><td>2</td><td></td><td></td><td></td><td></td><td></td><td></td><td></td><td></td></tr>
<tr><td>3</td><td></td><td></td><td></td><td></td><td></td><td></td><td></td><td></td></tr>
<tr><td>4</td><td></td><td></td><td></td><td></td><td></td><td></td><td></td><td></td></tr>
<tr><td colspan="4" rowspan="2">上栏不够填写的，请继续填写附表。</td><td colspan="4">小计（1）</td><td></td></tr>
<tr><td colspan="4">合计</td><td></td></tr>
<tr><td colspan="4">纳税人声明：此纳税申报表是根据《中华人民共和国车船税暂行条例》及其实施细则、《上海市车船税实施办法》的规定填报的，我确认上述申报是真实的、可靠的、完整的。
声明人签字（或盖章）：</td><td colspan="5">如果委托代理人申报，请填写以下资料：为代理一切税务事宜，现授权（代理人名称：　经办人：　电话：　）为本纳税人的代理申报人。
授权人签字：</td></tr>
<tr><td colspan="9">以下由税务机关填写</td></tr>
<tr><td colspan="3">收到日期：　年 月 日</td><td>接收人：</td><td colspan="2">审核日期：　年 月 日</td><td colspan="3">审核人：</td></tr>
<tr><td colspan="4">审核记录：</td><td colspan="5">主管税务机关盖章</td></tr>
</table>

填表日期：　　年　月　日

8.2.3 契税实务

1．契税的含义与特点

契税是以所有权发生转移变动的不动产为征税对象，向产权承受人征收的一种财产税。只要所有权转移都要依法缴纳契税。契税具有属于财产转移税、由财产承受人缴纳的特点。

2．契税的纳税义务人、征税范围和税率

（1）纳税义务人

契税的纳税义务人是在我国境内承受土地、房屋权属转移的单位和个人。

契税由权属的承受人缴纳。“承受”是指以受让、购买、受赠、交换等方式取得土地、房屋权属的行为。土地、房屋权属是指土地使用权和房屋所有权。

（2）征税对象

契税以在我国境内转移土地、房屋权属的行为作为征税对象，具体包括以下6种行为。

1）国有土地使用权出让，是指土地使用者向国家交付土地使用权出让费用，国家将国有土地使用权在一定年限内让予土地使用者的行为。

2）土地使用权转让，是指土地使用者以出售、赠与、交换或其他方式将土地使用权转移给其他单位和个人的行为。土地使用权的转让不包括农村集体土地承包经营权的转移。

3）房屋买卖，是指房屋所有者将其房屋出售，由承受者交付货币、实物、无形资产或其他经济利益的行为。

4）房屋赠与，是指房屋所有者将其房屋无偿转让给受赠者的行为。合法的房屋赠与行为必须无房屋产权纠纷，赠与人和受赠人双方自愿。

5）房屋交换，是指房屋所有者之间相互交换房屋的行为。

6）以特殊方式转移土地使用权的，应视同土地使用权转让，照章征收契税。例如，以土地使用权抵债或以实物交换土地使用权，以土地使用权做投资、入股等。

（3）税率

契税实行3%～5%的幅度税率，各省、自治区、直辖市人民政府可以根据本地区的实际情况确定当地契税税率。

3．契税的税收优惠

有下列情形之一的，减征或免征契税。

1）国家机关、事业单位、社会团体、军事单位承受土地、房屋用于办公、教学、医疗、科研和军事设施的，免征契税。

2）城镇职工按规定第一次购买公有住房的，免征契税。

3）因不可抗力丧失住房而重新购买住房的，酌情减免契税。

4）土地、房屋被县级以上人民政府征用、占用后，重新承受土地、房屋权属的，是否减免由省级人民政府确定。

5）承受荒山、荒沟、荒丘、荒滩土地使用权，并用于农、林、牧、渔业生产的，免征契税。

6）经外交部确认，依照我国有关法律规定及我国缔结或参加的双边和多边条约或协定，应当予以免税的外国驻华使馆、领事馆、联合国驻华机构及其外交代表、领事官员和其他外交人员承受土地、房屋权属的，免征契税。

7）继承土地、房屋权属。对于法定继承人（包括配偶、子女、父母、兄弟姐妹、祖父母、外祖父母）继承土地、房屋权属的，不征契税。但是，非法定继承人根据遗嘱承受死者生前的土地、房屋权属的，属于赠与行为，应征收契税。

8）企业公司制改造，对改建后的公司承受原企业土地、房屋权属，免征契税。

9）企业股权重组，企业土地、房屋权属不发生转移，不征收契税。

10）企业合并，对其合并后的企业承受原合并各方的土地、房屋权属，免征契税。

11）企业分立，对派生方、新设方承受原企业土地、房屋权属，不征契税。

12）企业出售，买受人妥善安置原企业 30%以上职工的，减半征收契税；全部安置原企业职工的，免征契税。

13）企业关闭、破产，债权人（包括关闭、破产企业职工）承受关闭、破产企业土地、房屋权属以抵偿债务的，免征契税。对非债权人承受关闭、破产企业土地、房屋权属，凡妥善安置原企业 30%以上职工的，减半征收契税；全部安置原企业职工的，免征契税。

14）房屋的附属设施。对承受与房屋相关的附属设施（包括停车位、汽车库、自行车库、顶层阁楼及储藏室）所有权或土地使用权的行为，征收契税；对不涉及土地使用权和房屋所有权转移变动的，不征收契税。

4．契税的计算方法

（1）计税依据

契税的计税依据为不动产的价格。具体计税依据确定如下。

1）国有土地使用权出让、土地使用权出售、房屋买卖的计税依据为成交价格。成交价格是指土地、房屋权属转移合同确定的价格，包括承受者应交付的货币、实物、无形资产或其他经济利益。

2）土地使用权赠与、房屋赠与的计税依据由征收机关参照土地使用权出售、房屋买卖的市场价格核定。

3）土地使用权交换、房屋交换的计税依据为所交换的土地使用权、房屋的价格差额。当交换价格不等时，由多交付货币、实物、无形资产或其他经济利益的一方缴纳契税。如果交换价格相等，则免征契税。

4）以划拨方式取得土地使用权，经批准转让房地产时，由房地产转让者补交契税。计税依据为补交的土地使用权出让费用或土地收益。

5）房屋附属设施征收契税的依据。

① 采取分期付款方式购买房屋附属设施土地使用权、房屋所有权的，计税依据为合同规定的总价款。

② 如果承受的房屋附属设施权属为单独计价的，按照当地确定的适用税率征收契税；如果与房屋统一计价的，适用的契税税率与房屋相同。

成交价格或所交换土地使用权、房屋的价格的差额明显不合理并且无正当理由的，征收机关可以参照市场价格核定计税依据。

（2）应纳税额的计算方法

契税采用比例税率，计算公式为：

$$应纳税额=计税依据\times税率$$

【例 8-8】 居民小王将其拥有的一套住房出售给小李，成交价格为 60 万元。试计算小王、小李应缴纳的契税（假定税率为 3%）。

【分析】

小李契税应纳税额=60×3%=1.8（万元）

小王不纳契税。

5．契税的申报与缴纳

（1）纳税义务发生时间

契税的纳税义务发生时间是纳税人签订土地、房屋权属转移合同的当天，或者纳税人取得其他具有土地、房屋权属转移合同性质凭证的当天。

（2）纳税期限

纳税人应当自纳税义务发生之日起 10 日内，向土地、房屋所在地的契税征收机关办理纳税申报，并在契税征收机关核定的期限内缴纳税款。

（3）纳税地点

契税在土地、房屋所在地的征收机关缴纳。

（4）纳税申报

纳税人应及时办理纳税申报，据实填写“契税纳税申报表”，如表 8-18 所示。

表 8-18 契税纳税申报表

填表日期：　　年　月　日　　　　　　　　　　　　单位：元/平方米

<table>
<tr><td rowspan="2">承受方</td><td>名称</td><td colspan="2"></td><td>识别号</td><td colspan="2"></td></tr>
<tr><td>地址</td><td colspan="2"></td><td>联系电话</td><td colspan="2"></td></tr>
<tr><td rowspan="2">转让方</td><td>名称</td><td colspan="2"></td><td>识别号</td><td colspan="2"></td></tr>
<tr><td>地址</td><td colspan="2"></td><td>联系电话</td><td colspan="2"></td></tr>
<tr><td rowspan="3">土地、房屋权属转移</td><td>合同签订时间</td><td colspan="5"></td></tr>
<tr><td>土地房屋地址</td><td colspan="5"></td></tr>
<tr><td>权属转移类别</td><td colspan="5"></td></tr>
<tr><td rowspan="2"></td><td>权属转移面积</td><td colspan="5"></td></tr>
<tr><td>成交价格</td><td colspan="5"></td></tr>
<tr><td>适用税率</td><td colspan="6"></td></tr>
<tr><td>计征税额</td><td colspan="6"></td></tr>
<tr><td>减免税额</td><td colspan="6"></td></tr>
<tr><td>应纳税额</td><td colspan="6"></td></tr>
<tr><td>纳税人员（签章）</td><td></td><td colspan="2">经办人员（签章）</td><td colspan="3"></td></tr>
<tr><td colspan="7">（以下部分由征收机关负责填写）</td></tr>
<tr><td>征收机关收到日期</td><td></td><td>接收人</td><td></td><td>审核日期</td><td></td><td></td></tr>
<tr><td>审核记录</td><td colspan="6"></td></tr>
<tr><td>审核人员（签章）</td><td></td><td colspan="2">征收机关（签章）</td><td colspan="3"></td></tr>
</table>

契税纳税申报表填报说明：

① 本表适用于在中国境内承受土地、房屋权属的单位和个人。

② 承受方及转让方名称：若是单位，按照人事部门批准或工商部门注册登记的全称填写；若是个人，填写姓名。

③ 承受方及转让方识别号：若是单位，填写税务登记号，没有的填写组织机构代码；若是个人，填写个人身份证号或护照号。

④ 合同签订时间：承受方签订土地、房屋转移合同的当日，或者其取得其他具有土地、房屋转移合同性质凭证的当日。

⑤ 权属转移类别：（土地）出让、买卖、赠与、交换、作价入股等行为。

8.3 行为税类纳税实务

8.3.1 印花税实务

1. 印花税的含义与特点

印花税是对经济活动和经济交往中书立、使用、领受具有法律效力的凭证的单位和个人征收的一种税。印花税是一种具有凭证税性质的行为税，具有征税面广、税负较轻、自行完成纳税义务等特点。

2. 印花税的纳税义务人、征税范围和税率

（1）纳税义务人

印花税的纳税义务人，是指在中国境内书立、领受、使用税法所列举凭证的单位和个人。

按照书立、领受、使用应税凭证的不同，可将印花税的纳税义务人分为以下 5 种。

1）立合同人，是指合同的当事人，即对凭证有直接权利义务关系的单位和个人，不包括合同的担保人、证人、鉴定人。当事人的代理人有代理纳税义务。共同签订合同的各方都是纳税人。

2）立据人，是指书立产权转移书据的单位和个人。共同书立凭证的各方都是纳税人。

3）立账簿人，是指开立并使用营业账簿的单位和个人。

4）领受人，是指领取或接受并持有权利、许可证照的单位和个人。

5）使用人，是在国外书立、领受，但在国内使用的应税凭证，其使用人是纳税人。

（2）征税范围

印花税征税范围十分广泛，凡税法列举的合同或具有合同性质的凭证等，都必须依法纳税。具体分为以下五大类。

1）经济合同，包括购销、加工承揽、建设工程承包、财产租赁等合同或具有合同性质的凭证。

2）产权转移书据，包括财产所有权、版权、专利权等转移书据。

3）营业账簿，包括单位或个人记载生产经营活动的财务会计核算账簿。

4）权利、许可证照，包括政府部门颁发的房屋产权证、工商营业执照等。

5）其他财政部确定的征税凭证。

（3）税率

印花税的税率有两种形式：比例税率和定额税率。与其他税种相比，印花税税率低，最高税率为1‰，最低税率为0.05‰；按定额税率征税的，每件5元。

1）比例税率。印花税的比例税率分为4个档次，由低到高分别是0.05‰、0.3‰、0.5‰、1‰。

① 0.05‰税率适用于借款合同。

② 0.3‰税率适用于购销合同、建筑安装工程承包合同、技术合同。

③ 0.5‰税率适用于加工承揽合同、建筑工程勘察设计合同、货物运输合同、产权转移书据、营业账簿税目中记载资金的账簿。

④ 1‰税率适用于财产租赁合同、仓储保管合同、财产保险合同、股权转让书据。

2）定额税率。对权利、许可证照和营业账簿税目中的其他账簿采用定额税率，均为按件贴花，单位税额为每件5元。

印花税税目、税率如表8-19所示。

表8-19 印花税税目、税率

税　目	范　围	税　率	纳税人	说　明
1. 购销合同	供应、预购、采购、购销结合及协作、调剂、补偿、贸易等合同	按购销金额0.3‰贴花	立合同人	
2. 加工承揽合同	加工、定做、修缮、修理、印刷、广告、测绘、测试等合同	按加工或承揽收入0.5‰贴花	立合同人	
3. 建设工程勘察设计合同	勘察、设计合同	按收取费用0.5‰贴花	立合同人	
4. 建筑安装工程承包合同	建筑、安装工程承包合同	按承包金额0.3‰贴花	立合同人	
5. 财产租赁合同	租赁房屋、船舶、飞机、机动车辆、机械、器具、设备等合同	按租赁金额1‰贴花；税额不足1元的，按1元贴花	立合同人	
6. 货物运输合同	民用航空、铁路运输、海上运输、公路运输和联运合同	按运输收取的费用0.5‰贴花	立合同人	单据作为合同使用的，按合同贴花
7. 仓储保管合同	仓储、保管合同	按仓储收取的保管费用1‰贴花	立合同人	仓单或栈单作为合同使用的，按合同贴花
8. 借款合同	银行及其他金融组织与借款人（不包括银行同业拆借）所签订的借款合同	按借款金额0.05‰贴花	立合同人	单据作为合同使用的，按合同贴花

续表

税　　目	范　　围	税　　率	纳 税 人	说　　明
9. 财产保险合同	财产、责任、保证、信用等保险合同	按收取的保险费收入1‰贴花	立合同人	单据作为合同使用的，按合同贴花
10. 技术合同	技术开发、转让、咨询、服务等合同	按所记载金额0.3‰贴花	立合同人	
11. 产权转移书据	财产所有权和版权、商标专用权、专利权、专有技术使用权等转移书据	按所记载金额0.5‰贴花	立据人	注：股权转让书据按1‰贴花
12. 营业账簿	生产、经营用账簿	记载资金的账簿，按实收资本和资本公积的合计金额0.5‰贴花；其他账簿按件贴花5元	立账簿人	
13. 权利、许可证照	政府部门发给的房屋产权证、工商营业执照、商标注册证、专利证、土地使用证	按件贴花5元	领受人	

3. 印花税的税收优惠

有以下情形之一的，可免征印花税。

1）对已缴纳印花税凭证的副本或抄本免税。

2）对财产所有人将财产赠给政府、扶养孤老伤残的社会福利单位、学校所立书据免税。

3）对国家指定的收购部门与村民委员会、农民个人书立的农副产品收购合同免税。

4）对无息、贴息贷款合同免税。

5）对外国政府或国际金融组织向我国政府及国家金融机构提供优惠贷款所书立的合同免税。

6）对房地产管理部门与个人签订的用于生活居住的租赁合同免税。

7）对农牧业保险合同免税。

8）对特殊货运凭证免税。

9）经财政部确定免税的其他凭证。

4. 印花税的计算方法

（1）计税依据

根据应税凭证的性质将印花税计税依据分为以下情况。

1）合同或具有合同性质的凭证，以凭证所载金额作为计税依据。

2）营业账簿中记载资金的账簿，以实收资本和资本公积金额作为计税依据。

3）不记载金额的权利许可证照，如营业执照、专利证等，按凭证或账簿的件数纳税。

（2）应纳税额的计算方法

印花税的计算公式为：

应纳税额=应税凭证计税金额（或应税凭证件数）×适用税率

【例 8-9】 某运输企业 2013 年 6 月 12 日开业，领受房屋产权证、工商营业执照、土地使用证各 1 件；企业记载资金的账簿“实收资本”、“资本公积”账户所记载金额合计为 200 万元；签订货物运输合同一份，所载金额 3 000 万元，收取运输费 180 万元；其他营业账簿 10 本。请计算该公司 2013 年 6 月 12 日应缴纳的印花税。

【分析】

企业领受权利、许可证照应纳税额=3×5=15（元）

企业记载资金的账簿应纳税额=2 000 000×0.5‰=1 000（元）

企业货物运输合同应纳税额=1 800 000×0.5‰=900（元）

企业其他营业账簿应纳税额=10×5=50（元）

该企业 2013 年 6 月实际应缴纳的印花税税额总额=15+1 000+900+50=1 965（元）

5. 印花税的申报与缴纳

（1）纳税方法

1）自行贴花办法。纳税人应当采用“三自”纳税办法，即：自行计算应纳税额，自行购买印花税票，自行一次贴足印花税票并加以注销或划销。该方法一般适用于应税凭证较少或贴花次数较少的纳税人。对已贴花的凭证，修改后所载金额增加的，其增加部分应当补贴印花税票。凡多贴印花税票者，不得申请退税或抵用。

2）汇贴或汇缴办法。一份凭证应纳税额超过 500 元的，应向当地税务机关申请填写缴款书或完税证，将其中一联粘贴在凭证上或由税务机关在凭证上加注完税标记代替贴花。这就是通常所说的“汇贴”办法，一般适用于应纳税额较大或贴花次数频繁的纳税人。

同一种类应纳税凭证，需频繁贴花的，纳税人可以根据实际情况自行决定是否采用按期汇总缴纳印花税的方式，汇总缴纳的期限为 1 个月。凡汇总缴纳印花税的凭证，应加注税务机关指定的汇缴戳记、编号并装订成册后，将已贴印花或缴款书的一联粘附册后，盖章注销，保存备查。

3）委托代征办法。该办法是指通过税务机关的委托，经由发放或办理应纳税凭证的单位代为征收印花税税款。所谓发放或办理应纳税凭证的单位，是指发放权利、许可证照的单位和办理凭证的鉴证、公证及其他有关事项的单位。税务机关应与代征单位签订代征委托书。税务机关按代售金额的一定比例支付代售手续费，代征单位则负有监督纳税人依法纳税的义务。

（2）纳税环节

印花税应当在书立或领受时贴花，即在合同签订时、账簿启用时和证照领受时贴花。如果合同是在国外签订，并且不便在国外贴花的，应在将合同带入境时办理贴花纳税手续。

（3）纳税地点

印花税一般实行就地纳税。对于全国性商品物资订货会（包括展销会、交易会等）上所签订合同应纳的印花税，由纳税人回其所在地后及时办理贴花完税手续；对地方主办、不涉及省际关系的订货会、展销会上所签合同的印花税，其纳税地点由各省、自治区、直辖市人民政府自行确定。

（4）违章处罚

自 2004 年 1 月 29 日起，印花税纳税人有下列行为之一的，由税务机关根据情节轻重予以处罚。

1）在应纳税凭证上未贴或少贴印花税票的，税务机关除责令其补贴印花税票外可处以应补贴印花税票金额 3 倍至 5 倍的罚款。

2）已粘贴在应纳税凭证上的印花税票未注销或未划销的，税务机关可处以未注销或未划销印花税票金额 1 倍至 3 倍的罚款。

3）已贴用的印花税票揭下重用的，税务机关可处以重用印花税票金额 5 倍或 2 000 元以上 10 000 元以下的罚款。伪造印花税票的，由税务机关提请司法机关追究刑事责任。

（5）纳税申报

纳税人应及时办理纳税申报，据实填写“印花税纳税申报表”，如表 8-20 所示。

表 8-20　印花税纳税申报表

填表日期：　　　年　月　日

纳税人识别号：　　　　　　　　　　　　　　　　　　金额单位：元（列至角分）

<table>
<tr><td colspan="2">纳税人名称</td><td colspan="4"></td><td colspan="3">税款所属时期</td><td colspan="2"></td></tr>
<tr><td rowspan="2">应税凭证名称</td><td rowspan="2">件数</td><td rowspan="2">计税金额</td><td rowspan="2">适用税率</td><td rowspan="2">应纳税额</td><td rowspan="2">已纳税额</td><td rowspan="2">应补（退）税额</td><td colspan="4">购花贴花情况</td></tr>
<tr><td>上期结存</td><td>本期购进</td><td>本期贴花</td><td>本期结存</td></tr>
<tr><td>1</td><td>2</td><td>3</td><td>4</td><td>5=2×3×4</td><td>6</td><td>7=5−6</td><td>8</td><td>9</td><td>10</td><td>11=8+9−10</td></tr>
<tr><td></td><td></td><td></td><td></td><td></td><td></td><td></td><td></td><td></td><td></td><td></td></tr>
</table>

<table>
<tr><td colspan="3">如纳税人填报，由纳税人填写以下各栏</td><td colspan="3">如委托代理人填报，由代理人填写以下各栏</td><td>备注</td></tr>
<tr><td rowspan="3">会计主管（签章）</td><td rowspan="3">经办人（签章）</td><td rowspan="3">纳税人（签章）</td><td>代理人名称</td><td></td><td>代理人（签章）</td><td></td></tr>
<tr><td>代理人地址</td><td></td><td></td><td></td></tr>
<tr><td>经办人姓名</td><td></td><td>电话</td><td></td></tr>
<tr><td colspan="7">以下由税务机关填写</td></tr>
<tr><td colspan="2">收到申报表日期</td><td></td><td colspan="2">接收人</td><td colspan="2"></td></tr>
</table>

印花税纳税申报表填报说明：

①“件数”：合同、资金账簿的数量，或者其他账簿、证照的件数。

②“已纳税额”：“计税金额”与“税率”数据的乘积。

8.3.2　车辆购置税实务

1. 车辆购置税的含义与特点

车辆购置税是以在中国境内购置规定车辆为课税对象，在特定的环节向车辆购置者征收的一种税。车辆购置税具有征收范围单一、征税环节单一、价外征收等特点。

2. 车辆购置税的纳税义务人、征税范围和税率

（1）纳税义务人

车辆购置税的纳税义务人是指在我国境内购置应税车辆的单位和个人。此处的购置行

为包括购买、进口、受赠、自产自用、获奖、拍卖、抵债、走私、罚没等方式取得并使用车辆的行为。

（2）征税范围

车辆购置税的征税范围包括汽车、电车、挂车、农用运输车，具体规定如下。

1）汽车，包括各类汽车。

2）摩托车，包括轻便摩托车、二轮摩托车、三轮摩托车。

3）电车，包括无轨电车、有轨电车。

4）挂车，包括全挂车、半挂车。

5）农用运输车，包括三轮农用运输车、四轮农用运输车。

（3）税率

现行车辆购置税实行比例税率，税率为 10%。

3．车辆购置税的税收优惠

有下列情形之一的，可减征或免征车辆购置税。

1）外国驻华使馆、领事馆和国际组织驻华机构及其外交人员自用车辆免税；

2）中国人民解放军和中国人民武装警察部队列入军队武器装备订货计划的车辆免税。

3）设有固定装置的非运输车辆免税。

4）有国务院规定予以免税或减税的其他情形的，按照规定免税或减税。

5）纳税人已经缴纳车辆购置税，但在办理车辆登记手续前，因下列原因需要办理退还车辆购置税的，由纳税人申请，征收机构审查后办理退还车辆购置税手续。

① 公安机关车辆管理机构不予办理车辆登记注册手续的，凭公安机关车辆管理机构出具的证明办理退税手续。

② 因质量等原因发生退回所购车辆的，凭经销商的退货证明办理退税手续。

4．车辆购置税的计算方法

（1）计税依据

1）购买自用应税车辆的，计税依据为纳税人购买应税车辆而支付给销售方的全部价款和价外费用（不包含增值税）。

2）进口自用应税车辆的，计税依据为组成的计税价格，其计算公式为：

组成计税价格=关税完税价格+关税+消费税

3）其他自用应税车辆，即纳税人自产、受赠、获奖和以其他方式取得并自用的应税车辆，凡不能或不能准确提供车辆价格的，由主管税务机关依国家税务总局核定的相应类型的应税车辆的最低计税价格确定计税依据。

纳税人购买自用或进口自用应税车辆，申报的计税价格等于或高于最低计税价格时，按申报的价格计税；当纳税人申报的计税价格低于最低计税价格时，按最低计税价格计税。

（2）应纳税额的计算

车辆购置税实行从价定率计算应纳税额，计算公式为：

应纳税额=计税依据×税率

【例 8-10】 张某于 2013 年 10 月购买一辆国产品牌汽车，购进价格为 556 000 元，计算该企业应纳车辆购置税。

【分析】

应纳税额=556 000×10%=55 600（元）

5．车辆购置税的申报与缴纳

（1）纳税环节

车辆购置税的纳税环节为使用环节，即最终消费环节。纳税人在向公安机关等车辆管理机构办理车辆登记注册前，缴纳车辆购置税。

（2）纳税地点

车辆购置税由国家税务局负责征收，因此纳税人应当向车辆登记注册地的主管税务机关申报纳税。

（3）纳税期限

纳税人购买自用的应税车辆，自购买之日起 60 日内申报纳税；进口自用的应税车辆，自进口之日起 60 日内申报纳税；自产、受赠、获奖和以其他方式取得并自用的应税车辆，自取得之日起 60 日内申报纳税。

（4）纳税申报

纳税人应及时办理纳税申报，据实填写“车辆购置税纳税申报表”，如表 8-21 所示。

表 8-21　车辆购置税纳税申报表

填表日期：　　年　月　日　　　　行业代码：　　　　注册类型代码：

纳税人名称：　　　　　　　　　　　　　　　　　　　金额单位：元

<table>
<tr><td>纳税人证件名称</td><td colspan="2"></td><td colspan="2">证件号码</td><td></td></tr>
<tr><td>联系电话</td><td></td><td>邮政编码</td><td></td><td>地址</td><td></td></tr>
<tr><td colspan="6">车辆基本情况</td></tr>
<tr><td>车辆类别</td><td colspan="5">1．汽车　2．摩托车　3．电车　4．挂车　5．农用运输车</td></tr>
<tr><td>生产企业名称</td><td colspan="2">.</td><td colspan="2">机动车销售统一发票（或有效凭证）价格</td><td></td></tr>
<tr><td>厂牌型号</td><td colspan="2"></td><td colspan="2">关税完税价格</td><td></td></tr>
<tr><td>发动机号码</td><td colspan="2"></td><td colspan="2">关税</td><td></td></tr>
<tr><td>车辆识别代号(车架号码)</td><td colspan="2"></td><td colspan="2">消费税</td><td></td></tr>
<tr><td>购置日期</td><td colspan="2"></td><td colspan="2">免（减）税条件</td><td></td></tr>
<tr><td>申报计税价格</td><td>计税价格</td><td>税率</td><td>免税、减税额</td><td colspan="2">应纳税额</td></tr>
<tr><td>1</td><td>2</td><td>3</td><td>4=2×3</td><td colspan="2">5=1×3 或 2×3</td></tr>
<tr><td></td><td></td><td>10%</td><td></td><td colspan="2"></td></tr>
<tr><td></td><td></td><td></td><td></td><td colspan="2"></td></tr>
<tr><td colspan="3">申报人声明</td><td colspan="3">授权声明</td></tr>
<tr><td colspan="3">此纳税申报表是根据《中华人民共和国车辆购置税暂行条例》的规定填报的，我相信它是真实的、可靠的、完整的。
声明人签字：</td><td colspan="3">如果你已委托代理人申报，请填写以下资料：
为代理一切税务事宜，现授权（________），地址（________）为本纳税人的代理申报人，任何与本申报表有关的往来文件，都可寄予此人。
授权人签字：</td></tr>
</table>

续表

<table>
<tr><td rowspan="5">纳税人签名或盖章</td><td colspan="3">如委托代理人的，代理人应填写以下各栏</td></tr>
<tr><td>代理人名称</td><td></td><td rowspan="4">代理人（章）</td></tr>
<tr><td>地址</td><td></td></tr>
<tr><td>经办人</td><td></td></tr>
<tr><td>电话</td><td></td></tr>
<tr><td colspan="2">接收人：
接收日期：</td><td colspan="2">主管税务机关（章）：</td></tr>
</table>

车辆购置税纳税申报表填报说明：

① 本表由车辆购置税纳税人（或代理人）在办理纳税申报时填写。

② “纳税人名称”栏，填写车主名称。

③ “纳税人证件名称”栏，单位车辆填写“组织机构代码证书”；个人车辆填写“居民身份证”或其他身份证明名称。

④ “证件号码”栏，填写“组织机构代码证书”、“居民身份证”及其他身份证件的号码。

⑤ “车辆类别”栏，在表中所列项目中画“✓”。

⑥ “生产企业名称”栏，国产车辆填写国内生产企业名称，进口车辆填写国外生产企业名称。

⑦ “购置日期”栏，填写机动车销售统一发票（或有效凭证）上注明的日期。

⑧ “机动车销售统一发票（或有效凭证）价格”栏，填写机动车销售统一发票（或有效凭证）上注明的价费合计金额。

8.4　其他税种筹划经典措施

8.4.1　印花税纳税筹划

由于印花税的计税依据是合同金额，因而可以通过合理地缩小计税金额来达到筹划的目的。

1．利用分别核算不同事项筹划

《印花税暂行条例实施细则》第十七条规定，同一凭证，因载有两个或两个以上经济事项而适用不同税目税率，如分别记载金额的，应分别计算应纳税额，相加后按合计税额贴花；如未分别记载金额的，从高适用税率纳税。

对于加工承揽合同，合同中如有受托方提供原材料金额，原材料金额应从总收入中剔除，另做购销处理。但同时税法又规定，受托方提供的辅助材料等金额不能剔除。显然，在遇到这样的问题时，纳税人应分开进行核算，让合同上不同税目的金额适用不同的税率，从而达到节税目的。

【例 8-11】　某企业与铁路部门签订运输合同，合同中所载运输费及保管费共计 400 万元，其中，货物运输费 250 万元，仓储保管费 150 万元。由于该合同中涉及货物运输合同和仓储保管合同两个印花税税目，而且两者税率不相同，前者为 0.5‰，后者为 1‰。根据上述规定，未分别记载金额的，按税率高的计税贴花，即按 1‰税率计算应贴印花，筹划前双方各自应纳税款为 0.4（400×1‰）万元。

【分析】

纳税人只要进行一下简单的筹划，便可以节省不少税款。如果纳税人能在合同上详细地注明各项费用及具体数额，便可以分别适用税率。

【筹划结果】

双方各自印花税应纳税额=250×0.5‰+150×1‰=0.275（万元）

筹划后比筹划前双方各自节省税款 1 250 元，筹划结果是双赢的。

2．利用减少转包环节筹划

根据印花税法的规定，应税凭证的纳税人是订立合同的双方或多方当事人。减少合同当事人的筹划思路，就是尽量减少书立使用各种凭证的人数，使更少的人缴纳印花税，这样当事人的整体税负就会下降，从而达到少缴税款的目的。

【例 8-12】　甲公司将一笔价款为 8 000 万元的工程承包给乙公司，乙公司将其中 3 000 万元的工程分包给丙公司，2 000 万元的工程承包给丁公司。

【分析】

筹划前，应纳印花税额如下。

甲公司应纳税额 8 000×0.03%=2.4（万元）

乙公司应纳税额 8 000×0.03%+3 000×0.03%+2 000×0.03%=3.9（万元）

丙公司应纳税额 3 000×0.03%=0.9（万元）

丁公司应纳税额 2 000×0.03%=0.6（万元）

四公司应纳税额总额为 7.8 万元。

【筹划思路】若乙公司与甲公司协商，让甲公司与丙公司、丁公司分别签订 3 000 万元和 2 000 万元的合同，剩下的由乙公司与甲公司签订合同，这样甲、丙、丁的应纳税额不变，乙公司的应纳税额为 0.9 万元。

【筹划结果】

乙公司税负减轻 3 万元。

这里要注意一个问题，甲公司与丙、丁公司签订的合同中的工程量必须与乙公司原先打算分包给丙、丁的工程量相同，否则乙将损失部分转包利润，但只要乙公司与甲公司协商一致，就很容易达到节税的目的。

8.4.2　资源税纳税筹划

资源税的纳税筹划主要围绕税收优惠和应纳税额计算的特殊规定进行。

1．利用分别核算进行筹划

《资源税暂行条例》规定，纳税人的减税、免税项目，应当单独核算课税数量；未单独核算或不能准确提供减、免税产品课税数量的，不予减税或免税。纳税人开采或生产不同税目应税产品的，应当分别核算不同税目应税产品的课税数量。未分别核算或不能准确提供不同税目应税产品的课税数量的，从高适用税额计税。

根据上述规定，纳税人不仅要准确核算征免项目，而且对不同税目的产品要准确区分，以避免遭受不必要的税收负担，真正做到“该交的税一点不少，不该交的税一分不交”。

【例 8-13】 一家开采铁矿石的矿山企业2014年2月共生产销售铁矿石原矿20 000吨。在开采铁矿石的过程中，还开采销售了伴生矿锰矿石2 000吨、铬矿石1 000吨。同时，该矿山企业还在另一个采矿点开采并销售了3 000吨瓷土。该矿山企业开采的矿石全部用于对外销售。已知铁矿石原矿的单位税额是每吨16元，锰矿石、铬矿石和瓷土原矿的单位税额分别是每吨2元、每吨3元和每吨3元。对独立矿山企业应纳的铁矿石资源税减征40%。

【分析】

当该矿山分别核算时：

应纳资源税税额=20 000×16×40%+2 000×2+1 000×3+3 000×3=144 000（元）

当该矿山未分别核算时，仅知道铁矿石及伴生矿的总量是23 000吨，瓷土矿的总量是3 000吨。按照资源税的相关规定，应从高适用税额征税，则。

应纳资源税税额=23 000×16+3 000×3=377 000（元）

由此可知，未分别核算时，要多纳税233 000元。通过纳税筹划，对不同税额的产品分开核算，可以减轻纳税负担233 000元。

2．利用折算比进行筹划

税法规定，纳税人不能准确提供应税产品销售数量或移送使用数量的，以应税产品的产量或主管税务机关确定的折算比换算成的数量为课税数量。

纳税人自产自用应税产品，因无法准确提供移送使用量而采取折算比换算课税数量办法的，具体规定如下。

1）煤炭。对于连续加工前无法正确计算原煤移送使用量的，可按加工产品的综合回收率，将加工产品实际销量和自用量折算成原煤数量作为课税数量。

2）金属和非金属矿产品原矿。因无法准确掌握纳税人移送使用原矿数量的，可将其精矿按选矿比折算成原矿数量作为课税数量。

税务机关确定折算比一般是按照同行业的平均水平确定的，而各个企业的实际综合回收率或选矿比总是围绕这个平均折算比上下波动。这种情况给纳税人进行纳税筹划提供了空间，即纳税人可预先测算自己企业的综合回收率或选矿比，如果相对于同行业折算比较低，就无须准确核算提供应税产品的销售数量或移送使用数量，这样，税务机关在根据同行业企业的平均综合回收率或选矿比折算应税产品数量时，就会少算课税数量，从而节省不少税款。

【例 8-14】 某煤矿企业2013年10月对外销售原煤400万吨，使用本矿生产的原煤加工洗煤80万吨。已知该煤矿企业加工产品的综合回收率为80%，税务机关确定的同行业综合回收率为60%，原煤适用单位税额为每吨2元。该煤矿应纳资源税计算如下。

【分析】

根据现行税法规定，对洗煤、选煤和其他煤炭制品不征税，但对加工洗煤、选煤和其他煤炭制品的原煤照章征收资源税。对于连续加工前无法正确计算原煤移送使用量的煤炭，可按加工产品的综合回收率，将加工产品实际销量和自用量折算成原煤数量，以此作为课税数量。

1）按实际综合回收率计算：

应纳资源税=400×2+80÷80%×2=1 000（万元）

2）按税务机关确定的综合回收率计算：

应纳资源税=400×2+80÷60%×2≈1 067（万元）

比较计算结果可以发现，按实际综合回收率计算可节省税款 67 万元。

因此，当企业实际综合回收率高于税务机关确定的综合回收率时，应当加强财务核算，准确提供应税产品销售数量或移送数量，方可免除不必要的税收负担。

8.4.3　土地增值税纳税筹划

进行土地增值税的纳税筹划，应根据土地增值税的特点和优惠政策来进行。

1. 利用化整为零进行筹划

化整为零筹划法，是将可以分开单独处理的部分，如房屋里面的各种设施，从整个房地产项目中分离出来，使价款由整化零，通过减少应税收入来达到减轻税负的目的；对不同性质的项目改整体纳税为分开核算、分开纳税。

【例 8-15】　新月房地产企业建造的精装修住宅 10 幢，总售价定为 8 000 万元（其中毛坯房售价收入 4 800 万元，精装修售价收入 3 200 万元，建造安装成本合计 3 800 万元（其中商品房开发成本等 3 000 万元，精装修成本 800 万元），该企业应缴纳的各项税金计算如下。

【分析】

应缴纳营业税=8 000×5%=400（万元）

应缴纳城市维护建设税及教育费附加=400×(7%+3%)=40（万元）

扣除项目金额合计=3 800+400+40=4 240（万元）

土地增值额=8 000−4 240=3 760（万元）

土地增值率=3 760÷4 240=88.68%

应缴纳土地增值税=3 760×40%−4 240×5%=1 292（万元）

应缴纳企业所得税=(8 000−4 240−1 292)×25%=617（万元）

企业税后利润=2 468−617=1 851（万元）

【筹划思路】企业改变销售合同签订方式，将毛坯房销售和精装修装饰分别签订合同，毛坯房销售合同定为售价收入 4 800 万元，精装修装饰合同定为装饰收入 3 200 万元，总合同收入不变。经分立合同后，企业应缴纳的各项税金计算如下。

1）毛坯房销售合同应缴纳的各项税金计算如下。

应缴纳营业税=4 800×5%=240（万元）

应缴纳城市维护建设税及教育费附加=240×(7%+3%)=24（万元）

扣除项目金额合计=3 000+240+24=3 264（万元）

土地增值额=4 800−3 264=1 536 万元；

土地增值率=1 536÷3 264=47.06%

应缴纳土地增值税=1 536×30%=460.80（万元）

2）精装修装饰合同应缴纳的各项税金计算如下。

应缴纳营业税=3 200×3%=96（万元）

应缴纳城市维护建设税及教育费附加=96×（7%+3%）=9.60（万元）

应缴纳企业所得税=（毛坯房销售+精装修装饰）×25%

=［(4 800–3 264–460.80)+（3 200–800–96–9.60)］×25%=842.40（万元）

企业税后利润=3 369.60–842.40=2 527.20（万元）

经过上述筹划，企业税后利润增加了 676.20（2 527.20–1 851）万元。

2．利用临界点进行纳税筹划

税法规定，纳税人建造普通标准住宅出售，增值额未超过扣除项目金额 20%的，免征土地增值税；增值额超过扣除项目金额 20%的，应就其全部增值额按规定计税。这里的“20%的增值额”就是临界点。根据临界点的税负效应，可以对此进行纳税筹划。

实际工作中，首先要测算增值率（增值额与允许扣除项目金额的比率），然后设法调整增值率。改变增值率的方法有两种：一是合理定价，如在销售过程中增值率略高于两极税率档次交界的增值率，通过适当降低价格可以减少增值额，降低土地增值税的适用税率，从而减轻税负；二是增加扣除额，主要是通过加大投入来提高市场竞争力。按《土地增值税暂行条例实施细则》规定，房地产开发成本中包括很多可以扣除的内容：土地征用及拆迁补偿费、前期工程费、建筑安装费、基础设施费、公共配套设施费、开发间接费用。纳税人应该在公共配套设施费和开发间接费用上做文章，通过改善住房环境，一方面适当增加了扣除项目，另一方面还会受到消费者的欢迎。开发商只有通过合理的定价和加大投入，才能以高质低价来占领市场。

【例 8-16】 某房地产企业出售商品房取得销售收入 5 000 万元，其中普通标准住宅销售额为 3 000 万元，豪华住宅销售额为 2 000 万元。扣除项目金额为 3 200 万元，其中普通标准住宅的扣除项目金额为 2 200 万元，豪华住宅的扣除项目金额为 1 000 万元。

【分析】

销售普通标准住宅：

营业税金及附加=3 000×5%×(1+7%+3%)=165（万元）

合计扣除项目金额=2 200+165=2 365（万元）

增值额=3 000–2 365=635（万元）

增值率=635/2 365×100%=27%

适用 30%的税率，因此：

缴纳的土地增值税=635×30%=190.5（万元）。

销售豪华住宅：

营业税金及附加=2 000× 5%×(1+7%+3%)=110（万元）

合计扣除项目金额=1 000+110=1 110（万元）

增值额=2 000–1 110=890（万元）

增值率=890+1 110×100%=80%

适用 40%的税率，因此：

缴纳的土地增值税=890×40%–1 110×5%=300.5（万元）

该房地产企业共缴纳土地增值税 491（190.5+300.5）万元。

通过上述计算可以看出，普通标准住宅的增值率为 27%，超过了 20%，无法享受免税待遇，只有将增值率控制在 20%以内才能获得免税待遇，其筹划方法有以下两种。

(1) 增加扣除项目金额

假定上例其他条件不变，只是普通标准住宅的扣除项目金额发生变化，假设其为 x，则：合计扣除项目金额=x+165

增值额=3 000−(x+165)=2 835−x

增值率=(2 835−x) ÷ (x+165)×100%

由(2 835−x)÷(x +165)×100%=20%解得：

x =2 335（万元）

即当扣除项目金额增加到 2 335 万元时普通标准住宅可以免税，企业缴纳的总的土地增值税仅为销售豪华住宅应纳税额，即 300.5 万元。

(2) 降低销售价格

降低销售价格虽然会使增值率降低，但也会导致销售收入减少，影响企业的利润，这种方法是否合理要在比较了减少的收入和少缴纳的税金后再做决定。仍假定上例中其他条件不变，只是普通标准住宅的销售价格发生变化，假定其为 y，则：

营业税金及附加=y×5%×(1+7%+3%)=5.5%y

合计扣除项目金额=2 200+5.5%y

增值额=y−(2 200+5.5%y)=y−2 200−5.5%y

增值率=(y −2 200−5.5% y)÷(2 200+5.5% y)× 100%

由(y−2 200−5.5%y)÷(2 200+5.5% y)×100%=20%解得：

y=2 827（万元）

即当销售价格降低至 2 827 万元时普通标准住宅可以免税，企业缴纳的总的土地增值税仍为销售豪华住宅应纳税额，即 300.5 万元。

两种方法下，销售收入减少了 173（3 000−2 827）万元，少纳税 190.5 万元，企业仍获利 17.5（190.5−173）万元。

3. 利用增加中间销售环节进行纳税筹划

通过增加中间销售环节，可以降低土地增值税的适用税率。

【例 8-17】 万江集团公司有一块土地准备出售给华跃公司，原土地购入成本为 1 000 万元，现准备 6 000 万元出售，该企业应缴纳的各项税金计算如下。

【分析】

应缴纳营业税=(6 000−1 000)×5%=250（万元）

应缴纳城市维护建设税及教育费附加=250×(7%+3%)=25（万元）

扣除项目金额合计=1 000+250+25=1 275（万元）

土地增值额=6 000−1 275=4 725（万元）

土地增值率=4 725÷1 275=370.59%

应缴纳土地增值税=4 725×60%−1 275×35%=2 388.75（万元）

应缴纳企业所得税=(6 000−1 275−2 388.75)×25%=584.06（万元）

企业税后利润=2 336.25−584.0625=1 752.19（万元）

【筹划思路】 企业可考虑增加销售环节，利用二次销售的方法降低土地增值额，具体方法为万江集团公司将土地作价 3 000 万元出售给下属全资子公司安庆公司，再由安庆公司将土地作价 6 000 万元出售给华跃公司。经筹划后万江集团公司应缴纳的各项税金计算如下。

应缴纳营业税=(3 000–1 000)×5%=100（万元）

应缴纳城市维护建设税及教育费附加=100×(7%+3%)=10（万元）

扣除项目金额合计=1 000+100+10=1 110（万元）

土地增值额=3 000–1 110=1 890（万元）

土地增值率=1 890÷1 110×100%=170.27%

应缴纳土地增值税=1 890×50%–1 110×15%=778.50（万元）

应缴纳企业所得税=(3 000–1 110–778.50)×25%=277.88（万元）

万江集团公司税后利润=1 111.50–277.88=833.62（万元）

安庆公司应缴纳的各项税金计算如下。

应缴纳营业税=(6 000–3 000)×5%=150（万元）

应缴纳城市维护建设税及教育费附加=150×(7%+3%)=15（万元）

扣除项目金额合计=3 000+150+15=3 165（万元）

土地增值额=6 000–3 165=2 835（万元）

土地增值率=2 835÷3 165×100%=89.57%

应缴纳土地增值税=2 835×40%–3 165×5%=975.75（万元）

应缴纳企业所得税=(6 000–3 165–975.75)×25%=464.81（万元）

安庆公司税后利润=1 859.25–464.81=1 394.45（万元）

经过上述筹划，万江集团公司合并安庆公司税后利润合计 2 228.07（833.63+1 394.44）万元，比筹划前万江集团公司税后利润增加 475.87（2 228.06–1 752.19）万元。

8.4.4 契税纳税筹划

在目前的经济生活中，涉及转移土地、房屋权属的契税缴纳行为较多，根据契税缴纳的税收政策进行纳税筹划，降低契税支出，日益为各方面纳税人所重视。

1. 利用签订分立合同进行纳税筹划

根据《财政部、国家税务总局关于房屋附属设施有关契税政策的批复》（财税〔2004〕126 号）的规定：

1）对于承受与房屋相关的附属设施（包括停车位、汽车库、自行车库、顶层阁楼及储藏室，下同）所有权或土地使用权的行为，按照契税法律、法规的规定征收契税；对于不涉及土地使用权和房屋所有权转移变动的，不征收契税。

2）采取分期付款方式购买房屋附属设施土地使用权、房屋所有权的，应按合同规定的总价款计征契税。

3）承受的房屋附属设施权属如为单独计价的，按照当地确定的适用税率征收契税；如与房屋统一计价的，适用与房屋相同的契税税率。

因此，企业在出售房屋及其附着物的时候，应分别签订合同，房屋、土地作为一份合同签订，其他非房屋、土地作为另一份合同。

【例 8-18】　红叶实业公司有一化肥生产车间拟出售给月星化工公司，该化肥生产车间有一幢生产厂房及其他生产厂房附属物，附属物主要为围墙、烟囱、水塔、变电塔、油池油柜、若干油气罐、挡土墙、蓄水池等，化肥生产车间总占地面积 3 000 平方米，整体评估价为 600 万元（其中生产厂房评估价为 160 万元，3 000 平方米土地评估价为 240 万元，其他生产厂房附属物评估价为 200 万元）。若月星化工公司按整体评估价 600 万元签合同购买，应缴纳契税=600×4%=24（万元）。

【筹划思路】根据对免征契税的相关法律规定，在支付独立于房屋之外的建筑物、构筑物及地面附着物价款时不征收契税，由此提出纳税筹划方案如下。

红叶实业公司与月星化工公司签订两份销售合同，第一份合同为销售生产厂房及占地 3 000 平方米土地使用权的合同：销售合同价款为 400 万元；第二份合同为销售独立于房屋之外的建筑物、构筑物及地面附着物（主要包括围墙、烟囱、水塔、变电塔、油池油柜、若干油气罐、挡土墙、蓄水池等）的合同，销售合同价款为 200 万元。经上述筹划，月星化工公司只就第一份销售合同缴纳契税，应缴纳契税 16（400×4%）万元，从而节约契税支出 8 万元。

2．利用减少中间环节进行筹划

【例 8-19】　A 公司欠 B 公司货款 2 000 万元，准备以 A 公司原价值 2 000 万元的商品房偿还所欠债务。B 公司接受 A 公司商品房抵债后又以 2 000 万元的价格转售给 C 公司偿还所欠债务 2 000 万元。B 公司接受 A 公司抵债商品房应缴纳契税为 80（2 000×4%）万元。

【筹划思路】B 公司最终需将抵债商品房销售给 C 公司抵债，A 公司抵债商品房在 B 公司账面上只是过渡性质，却需多缴纳契税 80 万元，在三方欠款均相等的情况下，进行纳税筹划后这 80 万元多缴纳的中间环节契税可免征，可考虑纳税筹划方案如下。

B 公司与 A 公司、C 公司签订债务偿还协议，由 A 公司将抵债商品房直接销售给 C 公司，C 公司将房款汇给 A 公司，A 公司收到 C 公司房款后再汇给 B 公司偿还债务，B 公司收 A 公司欠款后再汇给 C 公司偿还债务。经上述筹划后，三方欠款清欠完毕，且 B 公司可享受免征契税，节约契税支出 80 万元。

3．利用改变投资方式进行筹划

根据《财政部、国家税务总局关于企业改制重组若干契税政策的通知》（财税〔2003〕184 号）的规定，非公司制企业，按照《公司法》的规定，整体改建为有限责任公司（含国有独资公司）或股份有限公司，或者有限责任公司整体改建为股份有限公司的，对改建后的公司承受原企业土地、房屋权属，免征契税。

【例 8-20】　王明有一幢商品房价值 500 万元，李立有货币资金 300 万元，两人共同投资开办新华有限责任公司，新华公司注册资本为 800 万元。则新华公司接受房产投资后应缴纳契税 20（500×4%）万元。

【筹划思路】根据对免征契税的相关规定，提出纳税筹划方案如下。

第一步，王明到工商局注册登记成立王明个人独资公司，将自有房产投入王明个人独资公司，由于房屋产权所有人和使用人未发生变化，故无须办理房产变更手续，不需缴纳契税。

第二步，王明对其个人独资公司进行公司制改造，改建为有限责任公司，吸收李立投资，改建为新华有限责任公司，改建后的新华有限责任公司承受王明个人独资公司的房屋，免征契税，新华公司减少契税支出20万元。

在以上对于契税缴纳的若干筹划案例中，要注意契税缴纳和土地增值税缴纳密切相关，进行纳税筹划时需同时考虑土地增值税的税负，并结合有关营业税和企业所得税的相关免征政策，综合考虑企业总体税负支出，方能取得较好的筹划效果。

复习思考题

一、单项选择题

1．在资源税中，煤炭的征税范围包括（　　）。

A．洗煤　　B．选煤

C．原煤　　D．煤炭制品

2．下列各项中，不应征收耕地占用税的有（　　）。

A．铁路线路占用耕地　　B．学校占用耕地

C．公路线路占用耕地　　D．居民建设占用耕地

3．某企业占用土地面积600平方米，该土地适用税额为5元/平方米，则该企业全年应缴纳的土地使用税为（　　）元。

A．3 500　　B．4 000

C．5 000　　D．3 000

4．纳税人如果不能按转让房地产项目计算分摊利息支出，其房地产开发费用按地价款加开发成本之和的（　　）计算扣除。

A．5%以内　　B．10%

C．10%以内　　D．20%以内

5．下列有关房产税纳税义务发生时间的表述正确的是（　　）。

A．纳税人自建房屋的，自房屋建成之日起开始缴纳房产税

B．纳税人委托施工企业建设的房屋，自办理验收手续之日起缴纳房产税

C．纳税人办理验收手续之前已经使用的房屋应从使用的当月起征收房产税

D．纳税人将房屋出典的，以签订合同的时间为纳税义务发生时间

6．房屋赠与缴纳契税的计税依据以（　　）核定。

A．评估定价　　B．不征契税

C．市场价格　　D．商定价格

7．下列对印花税凭证的处理方法正确的有（　　）。

A．出版社与发行单位之间的订购单属于购销合同

B．融资租赁合同属租赁合同

C．房屋产权证纳税人是售房单位

D．国外签订的购销合同，在国内使用时，不需要缴纳印花税

8．王某购入新车一辆，向经销商支付车辆含税价款 117 000 元，手续费 11 700 元。则王某应缴纳车辆购置税（　　）元。

A．10 000　　B．11 000

C．11 170　　D．12 870

二、多项选择题

1．资源税与流转税、所得税比较，具有（　　）特点。

A．兼有有偿性和强制性　　B．实行差别税

C．只对特定资源征税　　D．从量定额征收

2．房地产开发企业在计算土地增值税时，允许从收入中扣减的税金有（　　）。

A．营业税　　B．城市维护建设税

C．印花税　　D．教育费附加

3．免缴城镇土地使用税的土地包括（　　）。

A．国家机关自用的土地　　B．某市生产企业闲置的土地

C．直接用于农、牧、渔业的生产用地　　D．宗教寺庙、公园自用的土地

4．某学校因生源减少，将闲置的教室无偿让企业做仓库使用，条件是企业每年捐助该学校 10 万元。关于该部分教室房产税的处理办法为（　　）。

A．免缴房产税　　B．年应缴房产税 1.2 万元

C．由企业缴纳　　D．由学校缴纳

5．下列使用的车船中，属于应缴纳车船税的有（　　）。

A．私人拥有的汽车　　B．外商投资企业拥有的汽车

C．国有运输业拥有的货船　　D．旅游公司拥有的客船

6．以下关于契税说法正确的有（　　）。

A．重组过程中，以名下土地、房屋权属对其全资子公司进行增资，不征收契税

B．在股权转让中，单位、个人承受企业股权，企业的土地、房屋权属不属于转移，不征契税

C．两个企业合并改建为一个企业，而且原投资主体存续的，合并后的企业承受原企业的土地免征契税。

D．全资子公司承受母公司土地、房屋权属行为，不征收契税

7．对于印花税的计税依据，下列说法错误的有（　　）。

A．应纳税额不足 1 元的，免税；其税额尾数不满 5 角的不计，满 5 角的按 1 元计算

B．按金额比例贴花的应税凭证，未标明金额的，应按照凭证所载数量及市场价格计算金额，然后按规定税率计算应纳税额

C．对已履行并贴花的合同，所载金额与合同履行后实际结算金额不一致的，应当对实际结算金额超过合同所载金额的部分补贴印花

D．运输合同中列明的保管费，应当按仓储保管合同计税

三、判断题

1．经济特区和经济发达、人均耕地特别少的地区，计算耕地占用税时，适用税额可适当降低，但最低不得低于中央规定税额的 50 %。（　）

2．农田水利占用耕地的，减半征收耕地占用税。（　）

3.纳税人使用的土地不属于同一省管辖的,纳税人可选择其中一地统一办理纳税申报。（　）

4．旧房及建筑物的评估价格，是指在转让已使用的房屋及建筑物时，由政府批准设立的房地产评估机构评定的重置成本。（　）

5．融资租赁租入的房产应按房产余值计算缴纳房产税。（　）

6．车船的所有人或管理人未缴纳车船税的，使用人应当代为缴纳车船税。（　）

7．契税的征税范围不包括农村。（　）

四、案例分析题

1．某单位（非房地产开发单位）转让写字楼一幢，取得转让价款收入 5 000 万元（已缴纳营业税 250 万元，城建税及教育附加合计 25 万元，印花税 25 万元)，该单位为此楼支付的地价款为 800 万元，房地产开发成本 1 600 万元；房地产开发费用中的利息支出为 300 万元（能够按转让房地产项目计算分摊并提供金融机构利息)。该单位所在地政府规定的其他房地产开发费用的计算扣除比例为 10%。请计算该单位应纳的土地增值税。

2．甲企业 2013 年在市区有房屋 3 套，其中两套用于企业生产经营，房产账面原值共为 800 万元；另外一套房屋租给乙企业，年租金收入为 30 万元。当地政府规定允许按房产原值一次扣除 30%。计算甲企业 2013 年应缴纳的房产税。

3．甲乙两人互换住房，甲的房屋价格 40 万元，乙的房屋价格为 60 万元，当地政府规定的契税税率为 3%。甲、乙双方关于契税应如何处理?

4．甲企业 2013 年 3 月开业，发生以下业务：领受房屋产权证、工商营业执照各 1 件；与乙企业订立货物运输合同 1 份，所载金额为 500 万元；订立产品购销合同 1 份，所载金额为 900 万元；订立借款合同 1 份，所载金额为 400 万元；企业记载资金的账簿，“实收资本”、“资本公积”账户合计为 1 000 万元；其他营业账簿 8 本。试计算该企业 2013 年应缴纳的印花税。

第9章 税收征收管理

理论目标

1. 了解在税收征管过程中征纳双方的权利与义务。
2. 理解税务检查的范围、程序和检查双方的权利与义务。
3. 熟悉税收违法的责任和制裁等内容。

实践目标

能依法准确处理好税收征纳过程中的相关问题。

案例导入

某事业单位按照税法规定为个人所得税的扣缴义务人。该单位认为自己是行政事业单位，因此，虽经税务机关多次通知，还是未按照税务机关确定的申报期限报送“扣缴个人所得税报告表”，被主管地方税务机关责令限期改正并处以罚款500元。对此，该单位负责人非常不理解，认为自己不是个人所得税的纳税义务人，而是替税务机关代扣税款，只要税款没有少扣，晚几天申报不应受到处罚，故派财务人员前往某税务师事务所进行政策咨询。

思考

请判断税务机关的处罚决定是否正确？为什么？

9.1 税款征收

9.1.1 税款征收中双方的权利与义务

根据《税收征管法》及其他有关行政法规及规章的规定，征纳双方在税收征收管理中既享有各自的权利，也须承担各自的义务。

1．税务机关的权利与义务

税务机关作为国家税收征收管理的职能部门，其权利与义务具体如表 9-1 所示。

表 9-1 税务机关的权利与义务

项目	内 容	备 注
权利	税务管理权	包括对纳税人进行税务登记管理、账簿和凭证管理、纳税申报管理
	税款征收权	包括依法计征权、核定税款权、税收保全和强制执行权、追征税款权
	税收优惠的审批权	主要是指在法律、行政法规规定的权限内，对纳税人的减免退税及延迟纳税的申请予以审批
	税务检查权	包括查账权、场地检查权、询问权、责成提供资料和存款账户核查权
	行政处罚权	是指对税收违法行为依照法定的标准予以行政制裁的权利，如罚款等
	其他权利	包括委托代征权、估税权、代位权与撤销权、阻止欠税纳税人离境权、定期对纳税人欠缴税款情况予以公告的权利
义务	宣传、辅导	包括宣传税法、辅导纳税人依法纳税的义务
	保密	为纳税人、扣缴义务人的情况保密，为检举违反税法行为者保密，为纳税人办理税务登记、开具完税凭证的义务；受理减、免、退税及延期缴纳税款申请的义务
	进行回避的义务	税务人员在执行其权利时，应与纳税人、扣缴义务人或其法定代表人、直接责任人没有利害关系，包括夫妻关系、直系血亲关系、三代以内旁系血亲关系、近姻亲关系、可能影响公正执法的其他利害关系
	其他义务	包括出示税务检查证明，多征税款立即返还，保护纳税人合法权益，实施税收保全，受理税务行政复议

2．纳税人、扣缴义务人的权利与义务

在税收法律关系中，纳税人、扣缴义务人处于行政管理相对人的地位，除须承担纳税义务外，仍然享有自己相应的法定权利，具体内容如表 9-2 所示。

表 9-2 纳税人、扣缴义务人的权利与义务

项目	内 容	备 注
权利	知情权	纳税人、扣缴义务人有权向税务机关了解国家税收法律、行政法规的规定，以及与纳税程序有关的情况
	要求保密权	纳税人、扣缴义务人有权要求税务机关对自己的生产经营情况和财务状况及有关资料保守秘密
	享受税收优惠权	纳税人、扣缴义务人有权享受税法规定的减免税和出口退税优待权
	延期纳税申报权	纳税人、扣缴义务人不能按期办理纳税申报或有特殊困难不能按期缴纳税款的，有权提出申请，经税务机关审核，可以延期申报和缴纳

续表

项目	内　容	备　注
权利	多缴税款申请退还权	纳税人超过应纳税额缴纳的税款，税务机关发现后应当立即退还；纳税人自结算缴纳税款 3 年内发现的，可以向税务机关要求退还多缴的税款并加算银行同期存款利息，税务机关及时查实后应立即退还；涉及从国库中退库的，依照法律、行政法规有关国库管理的规定退还
	请求赔偿权	纳税人、扣缴义务人认为税务机关具体行政行为不当，致使自己的合法利益遭受损失时，有权要求税务机关进行赔偿
	陈述和申辩权	纳税人、扣缴义务人对税务机关做出的决定，享有采用一定的方式表达自己的意见，对自己的行为做出陈述与辩护的权利，如要求听证、申请行政复议和向法院提起诉讼
	其他权利	税务人员未出示税务检查证和税务通知书的，有权拒绝税务检查；对税务不法行为有权进行揭露、检举和控告
义务	按期办理税务登记，并按规定使用税务登记证件	
	按规定设置账簿，并正确使用、保管有关凭证	
	按期办理纳税申报	
	按期缴纳或解缴税款	
	滞纳税款须缴滞纳金	
	接受税务检查	
	纳税人、扣缴义务人和纳税担保人与税务机关在纳税上发生争议时，必须先依照税务机关的纳税决定缴纳或解缴税款或滞纳金，或者提供相应的担保，然后才可以申请行政复议或起诉	
	其他义务，包括：向税务机关报告的义务；欠缴税款数额比较大的纳税人在处分其不动产或大额资产之前，应当向税务机关报告等	

9.1.2　税款征缴的方式及适用范围

1．税款的征收方式及适用范围（见表 9-3）

表 9-3　税务机关征收税款的方式及适用范围

征税方式	适用范围
查账征收	适用于财务会计制度健全，能够如实核算和提供生产经营情况，并能正确计算应纳税款和如实履行纳税义务的纳税人
查定征收	适用于生产经营规模较小、产品零星、税源分散、会计账册不健全，但能控制原材料或进销货的小型厂矿和作坊
查验征收	适用于纳税人财务制度不健全，生产经营不固定，零星分散、流动性大的税源
定期定额征收	适用于经主管税务机关认定和县以上税务机关（含县级）批准的生产、经营规模小，达不到设置账簿标准，难以查账征收，不能准确计算计税依据的个体工商户（包括个人独资企业，又称定期定额户）

2．税款的缴纳方式及适用范围（见表 9-4）

表 9-4 纳税人缴纳税款的方式及适用范围

缴税方式	适用范围
纳税人直接向国库经收处缴纳	适用于在设有国库经收处的银行和其他金融机构开设账户，并且向税务机关申报的纳税人
税务机关自收税款并办理入库手续	适用于由税务机关代开发票的纳税人缴纳的税款；临时发生纳税义务，需向税务机关直接缴纳的税款；税务机关采取强制执行措施，以拍卖所得或变卖所得缴纳的税款
代扣代缴	适用于零星分散、不易控制的税源，目的是对此类税源实行源泉控制
代收代缴	一般适用于税收网络覆盖不到或很难控制的领域
委托代征	适用于受委托的有关单位按照税务机关核发的代征证书的要求，以税务机关的名义向纳税人征收零散税款
其他方式	如利用网络纳税、用 IC 卡纳税、邮寄纳税等

9.1.3 税款征收的保障制度

税款征收的保障制度包括税收保全制度、税收强制执行制度和其他保障制度。

1．税收保全制度

税收保全制度包括责令限期缴纳税款、冻结存款、扣押查封财产、税收代位权和撤销权等制度。

对未按照规定办理税务登记的从事纳税人生产、经营的纳税人及临时从事经营的纳税人，由税务机关核定其应纳税额，责令缴纳；纳税人不缴纳的，税务机关可以扣押其价值相当于应纳税款的商品、货物。税务机关扣押商品、货物后纳税人缴纳应纳税款的，税务机关必须立即解除扣押，并归还所扣押的商品、货物；税务机关扣押后纳税人仍不缴纳应纳税款的，经县以上税务局（分局）局长批准，依法拍卖或变卖所扣押的商品、货物，以拍卖或变卖所得抵缴税款。

税务机关有根据认为从事生产、经营的纳税人有逃避纳税义务行为的，可以在规定的纳税期之前，责令限期缴纳应纳税款；在限期内发现纳税人有明显的转移、隐匿其应纳税的商品、货物及其他财产或应纳税收入的迹象的，税务机关可以责成纳税人提供纳税担保。如果纳税人不能提供纳税担保，经县以上税务局（分局）局长批准，税务机关可以采取下列税收保全措施：① 书面通知纳税人开户银行或其他金融机构冻结纳税人的金额相当于应纳税款的存款；② 扣押、查封纳税人的价值相当于应纳税款的商品、货物或其他财产，其他财产包括纳税人的房地产、现金、有价证券等不动产和动产。

纳税人在规定的限期内缴纳税款的，税务机关必须立即解除税收保全措施；限期期满仍未缴纳税款的，经县以上税务局（分局）局长批准，税务机关可以书面通知纳税人开户银行或者其他金融机构从其冻结的存款中扣缴税款，或者依法拍卖或变卖所扣押、查封的商品、货物或其他财产，以拍卖或变卖所得抵缴税款。

个人及其所扶养家属维持生活必需的住房和用品，不在税收保全措施的范围之内。机动车辆、金银饰品、古玩字画、豪华住宅或一处以外的住房不属于个人及其所扶养家属维持生活必需的住房和用品。税务机关对单价 5 000 元以下的其他生活用品，不采取税收保全措施和强制执行措施。

欠缴税款的纳税人因怠于行使到期债权，或者放弃到期债权，或者无偿转让财产，或者以明显不合理的低价转让财产，而且受让人知道该情形，对国家税收造成损害的，税务机关可以依照《合同法》第七十三条、第七十四条的规定行使代位权、撤销权。

2．税收强制执行制度

从事生产、经营的纳税人、扣缴义务人未按照规定的期限缴纳或解缴税款，纳税担保人未按照规定的期限缴纳所担保的税款，由税务机关责令限期缴纳，逾期仍未缴纳的，经县以上税务局（分局）局长批准，税务机关可以采取下列强制执行措施：①书面通知其开户银行或其他金融机构从其存款中扣缴税款；②扣押、查封、依法拍卖或变卖其价值相当于应纳税款的商品、货物或其他财产，以拍卖或变卖所得抵缴税款。税务机关采取强制执行措施时，对纳税人、扣缴义务人、纳税担保人未缴纳的滞纳金同时强制执行。

个人及其所扶养家属维持生活必需的住房和用品，不在强制执行措施的范围之内。

3．其他保障制度

其他保障制度主要包括税收优先权制度、纳税担保制度和离境清税制度。

（1）税收优先权制度

纳税人欠缴的税款发生在纳税人以其财产设定抵押、质押或纳税人的财产被留置之前的，税收应当先于抵押权、质权，留置权执行；纳税人欠缴税款，同时又被行政机关决定处以罚款、没收违法所得的，税收优先于罚款、没收违法所得。

（2）纳税担保制度

纳税担保包括经税务机关认可的纳税保证人为纳税人提供的纳税保证，以及纳税人或第三人以其未设置或未全部设置担保物权的财产提供的担保。纳税担保人同意为纳税人提供纳税担保的，应当填写纳税担保书，写明担保对象、担保范围、担保期限、担保责任及其他有关事项。担保书须经纳税人、纳税担保人签字盖章并经税务机关同意，方为有效。纳税人或第三人以其财产提供纳税扣保的，应当填写财产清单，并写明财产价值及其他有关事项。纳税担保财产清单须经纳税人、第三人签字盖章并经税务机关确认，方为有效。

（3）离境清税制度

欠缴税款的纳税人或其法定代表人需要出境的，应当在出境前向税务机关结清应纳税款、滞纳金或提供担保。未结清税款、滞纳金，又不提供担保的，税务机关可以通知出境管理机关阻止其出境。

9.2 税务检查

9.2.1 税务检查的含义和特点

1．税务检查的含义

税务检查是税务机关根据国家税法和财务会计制度的规定，对纳税人履行纳税义务的情况进行监督、审查的制度。税务检查是税收征收管理的重要内容，也是税务监督的重要组成部分。

通过税务检查，既有利于全面贯彻国家的税收政策，严肃税收法纪，加强纳税监督，查处偷税、漏税和逃骗税等违法行为，确保税收收入足额入库，也有利于帮助纳税人端正经营方向，促使其加强经济核算，提高经济效益。搞好税务检查，对于加强依法治税、保证国家财政收入，有着十分重要的意义。

2. 税务检查的特点

税务检查是众多经济监督手段之一，与会计检查、审计检查、物价检查相比较，有其自身的特点。

1）特定的检查主体。税务检查的主体是税务机关，代表国家行使政治权力，依法对纳税人的所有经济行为和应税行为进行检查。

2）特定的检查对象。税务检查的对象仅限于具有纳税义务的纳税人、扣缴义务人。

3）特定的检查目的。税务检查的目的是保障国家财政收入的及时足额入库，严肃财经纪律，规范纳税秩序，实现税收职能。

4）特定的检查依据。税务检查是依据国家税收法律、法规进行的，是以会计核算为前提，建立在会计制度实施基础之上的一种经济监督活动。

9.2.2 税务检查的范围

根据《税收征收管理法》的规定，税务机关有权进行下列检查。

1）检查纳税人的账簿、记账凭证、报表和有关资料，检查扣缴义务人代扣代缴、代收代缴税款账簿、记账凭证和有关资料。

2）到纳税人的生产、经营场所和货物存放地检查纳税人应纳税的商品、货物或其他财产，检查扣缴义务人与代扣代缴、代收代缴税款有关的经营情况。

3）责成纳税人、扣缴义务人提供与纳税或代扣代缴、代收代缴税款有关的文件、证明材料和有关资料。

4）询问纳税人、扣缴义务人与纳税或代扣代缴、代收代缴税款有关的问题和情况。

5）到车站、码头、机场、邮政企业及其分支机构检查纳税人托运、邮寄应纳税商品、货物或其他财产的有关单据、凭证和有关资料。

6）经县以上税务局（分局）局长批准，凭全国统一格式的检查存款账户许可证明，查询从事生产、经营的纳税人、扣缴义务人在银行或其他金融机构的存款账户。

9.2.3 税务检查的方法

税务机关进行税务检查，一般采用税务检查、实地调查和税务稽查 3 种方法。

1）税务检查，即对纳税人的会计凭证、账簿、会计报表及银行存款账户等核算资料所反映的纳税情况进行的检查，具体方法包括全查法、抽查法、顺查法、逆查法、比较分析法及控制计算法等。这是税务检查中最常用的方法。

2）实地调查，即对纳税人账外情况进行的现场调查。

3）税务稽查，即对纳税人对税务法律、法规、制度等的贯彻执行情况，纳税人生产经营活动及税务活动的合法性，偷、逃、抗、骗、漏税及滞纳情况进行专项检查的活动。

9.3　税收法律责任

9.3.1　税收法律责任概述

1．税收法律责任的含义

所谓税收法律责任，是指税收法律关系的主体因违反税收法律规范所应承担的法律后果。税收法律责任的确认必须依照税法规定，追究税收法律责任应以税收违法行为的存在为基本前提，必须按照法定的程序进行。明确规定税收法律责任，不仅有利于维护正常的税收征纳秩序，确保国家的税收收入及时、足额入库，而且有利于增强税法的威慑力，为预防和打击税收违法犯罪行为提供有力的法律武器，也有利于维护纳税人的合法权益。

2．税收法律责任要素

关于税收法律责任要素，《税收征管法》及其实施细则、《刑法》均做出了相应的规定。

（1）税收违法行为的主体是征纳双方

税务人员代表税务机关进行税收执法发生违法行为的，除税务人员要承担责任外，税务机关也要承担相应的责任；纳税人或扣缴义务人发生违法行为的，也要承担相应的责任。

（2）税收法律关系主体没有履行纳税义务

税收违法行为包括两种。

1）违法的不作为，即凡是税法要求实施的行为，税收法律关系主体就负有作为的义务，而不履行义务，不做出税法要求的行为，就是违法的不作为。例如，税法要求办理税务登记和纳税申报，纳税人却不按期办理税务登记和纳税申报；又如，税务人员玩忽职守，不征应纳税款等。

2）违法的作为，即凡是税法所禁止的行为，税收法律关系主体就负有不作为的义务，而不履行义务，做出税法所禁止的行为，就是违法的作为。例如，纳税人伪造账簿偷税，税务机关越权决定税收减免等，就是违法的行为。

（3）违反税收法律规定的行为人主观上有过错

这是指税收法律关系主体对自己违反税法的作为有清醒的认识，是故意或过失导致违反税法行为的发生。没有过错的，当事人不承担税收法律责任。

（4）违反税法的行为造成了损害后果，并且违法行为和损害后果之间存在因果关系

这种损害后果应该从广义上理解，既包括纳税主体违反税法对国家税收利益的损害，也包括征税主体违反税法对纳税人合法权益的损害，还包括征纳主体违反税法对国家税收秩序的损害等。

3．税收法律责任的形式

根据税收违法行为的程度不同，税收法律责任的形式主要有行政法律责任和刑事法律责任两种。

（1）行政法律责任

税法中的行政法律责任是由行政违法引起的，用以调整和维护行政法律关系，具有一

定的惩罚性。行政责任包括行政处分和行政处罚两种。根据《公务员法》，对违法违纪应当承担纪律责任的公务员给予的行政处分的种类有警告、记过、记大过、降级、撤职、开除6类。而根据《行政处罚法》的规定，行政处罚包括警告、罚款、没收违法所得、没收非法财物、责令停产停业、暂扣或吊销许可证或执照、行政拘留、其他等。其中，警告是对犯有轻微违反税法行为的当事人的书面告诫，常以“责令限期改正”出现；“罚款”是指税务机关强迫违反税法的当事人在一定的期限内向国家缴纳一定数额金钱的制裁措施，是在税务行政处罚中运用最多的一种处罚形式；“没收违法所得”是指税务机关剥夺违法当事人违法获得所得的所有权，并将其收归国有的制裁措施；“没收非法财物”是指税务机关剥夺违法当事人违法获得财物的所有权，并将其收归国有的制裁措施；“暂扣或吊销许可证或执照”包括对税务登记证的暂扣和吊销，以及停止出口退税、收缴或停止发售发票等。

（2）刑事法律责任

税法中的刑事法律责任是对违反法律情节严重，构成犯罪的责任人给予的刑事制裁。其形式从人身罚到财产罚，从拘役、有期徒刑到死刑。对纳税主体而言，人身罚与财产罚是可以并处的；对征税主体而言，原则上可以处以财产罚，如罚金；对税务机关工作人员而言，则与其他税务犯罪一样承担刑事法律责任。

9.3.2 纳税主体违反税收法律责任的制裁

1. 违反税务管理行为的法律制裁

对于纳税主体（纳税人、扣缴义务人及纳税担保人等）违反税务管理制度，情节轻微，损害较小，不直接影响税款缴纳的违法行为，一般不构成犯罪。对其基本采用行政制裁的手段，如行政罚款等。

1）根据《税收征管法》及其实施细则的规定，纳税主体有下列行为之一的，由税务机关责令其限期改正，可以处以2 000元以下的罚款；情节严重的，处以2 000元以上1万元以下的罚款：未按照规定申报办理税务登记、变更或注销登记的；未按照规定设置、保管账簿或保管记账凭证和有关资料的；未按照规定将财务、会计制度或财务、会计处理办法和会计核算软件报送税务机关备查的；纳税人在规定的保存期限以前擅自损毁账簿、记账凭证和有关资料的；未按规定将其全部银行账号向税务机关报告的；未按规定安装、使用税控装置，或者销毁或擅自改动税控装置的；未按规定办理税务登记证件验证或换证手续的。

2）纳税人不办理税务登记的，由税务机关责令限期改正；逾期不改正的，经税务机关提请，由工商行政管理机关吊销其营业执照。

纳税人未按规定使用税务登记证件的，或者转借、涂改、损毁、买卖、伪造税务登记证件的，处以2 000元以下的罚款；情节严重的，处以2 000元以上1万元以下的罚款。

3）扣缴义务人未按照规定设置、保管代扣代缴、代收代缴税款账簿或保管代扣代缴、代收代缴税款记账凭证及有关资料的，由税务机关责令限期改正，可以处2 000元以下的罚款；情节严重的，可以处2 000元以上10 000元以下的罚款。

4）纳税人未按照规定的期限办理纳税申报和报送纳税资料的，或者扣缴义务人未按照规定的期限向税务机关报送代扣代缴、代收代缴税款报告表和有关资料的，由税务机关责令限期改正，可以处2 000元以下的罚款；情节严重的，可以处2 000元以上10 000元以下的罚款。

2．逃避税务机关追缴欠税行为的法律制裁

1）纳税人欠缴应纳税款，采取转移或隐匿财产的手段，妨碍税务机关追缴欠缴的税款的，由税务机关追缴欠缴的税款、滞纳金，并处以税款 50%以上 5 倍以下的罚款；构成犯罪的，依法追究刑事责任。

2）根据《刑法》第二百零三条的规定，构成逃避欠税罪的，数额在 1 万元以上、不满 10 万元的，处 3 年以下有期徒刑或拘役，并处或单处欠缴税款 1 倍以上 5 倍以下的罚金；数额在 10 万元以上的，处 3 年以上 7 年以下有期徒刑，并处欠缴税款 1 倍以上 5 倍以下的罚金。

3）扣缴义务人应扣未扣、应收未收税款的，由税务机关向纳税人追缴税款，对扣缴义务人处以应扣未扣、应收未收税款 50%以上 3 倍以下的罚款。

3．偷税行为的法律制裁

偷税是指纳税人采取伪造、变造、隐匿、擅自销毁账簿、记账凭证，或者在账簿上多列支出或不列、少列收入，或者经税务机关通知申报而拒不申报或进行虚假的纳税申报的手段，不缴或少缴应纳税款的行为。法律对偷税行为的制裁有以下几方面。

1）纳税人偷税的，由税务机关追缴其不缴或少缴的税款、滞纳金，并处不缴或少缴税款 50%以上 5 倍以下的罚款；构成犯罪的，依法追究刑事责任。

2）扣缴义务人采取上述手段，不缴或少缴已扣、已收税款，由税务机关追缴其不缴或少缴的税款、滞纳金，并处不缴或少缴税款 50%以上 5 倍以下的罚款；构成犯罪的，依法追究刑事责任。

3）纳税人、扣缴义务人编制虚假计税依据的，由税务机关责令限期改正，并处以 5 万元以下的罚款。

4）纳税人不进行纳税申报，不缴或少缴应纳税款的，由税务机关追缴其不缴或少缴的税款、滞纳金，并处不缴或少缴的税款 50%以上 5 倍以下的罚款。

5）根据《刑法》第二百零一条的规定，偷税数额占应纳税额 10%以上不满 30%并且偷税数额在 1 万元以上不满 10 万元的，或者因偷税被税务机关给予二次行政处罚又偷税的，处 3 年以下有期徒刑或拘役，并处偷税数额 1 倍以上 5 倍以下的罚金；偷税数额占应纳税额 30%以上并且偷税数额在 10 万元以上的，处 3 年以上 7 年以下的有期徒刑，并处偷税数额 1 倍以上 5 倍以下的罚金；扣缴义务人采取上述所列手段，不缴或少缴已扣、已收税款，数额占应纳税额 10%以上并且数额在 1 万元以上的，依照上述规定处罚；对多次犯有前两种行为，未经处理的，按照累计数额计算；单位犯有上述违法行为，未构成犯罪的，由税务机关追缴其不缴或少缴的税款，处以不缴或少缴税款 5 倍以下的罚款。构成犯罪的，依上述规定处罚。

4．抗税行为的法律制裁

抗税是指纳税人、扣缴义务人以暴力、威胁方法拒不缴纳税款的行为。

1）对于抗税行为，情节轻微，未构成犯罪的，由税务机关追缴其拒缴的税款、滞纳金，并处以拒缴税款 1 倍以上 5 倍以下的罚款。

2）构成抗税罪的，处 3 年以下有期徒刑或拘役，并处拒缴税款 1 倍以上 5 倍以下的罚金；情节严重的，处 3 年以上 7 年以下有期徒刑，并处拒缴税款 1 倍以上 5 倍以下的罚金。

3）以暴力方法抗税，致人重伤或死亡的，按照伤害罪、杀人罪从重处罚，并处以罚金。

5．骗税行为的法律制裁

骗取出口退税是指纳税人以假报出口或其他欺骗手段，骗取国家出口退税款的行为。

1）纳税人有骗税行为，由税务机关追缴其骗取的出口退税款，并处以骗取税款 1 倍以上 5 倍以下罚金；构成犯罪的，依法追究刑事责任。

2）根据《刑法》第二百零四条的规定，以假报出口或其他欺骗手段，骗取国家出口退税款，数额较大的，处 5 年以下有期徒刑或拘役，并处骗取税款 1 倍以上 5 倍以下的罚金；数额巨大或有其他严重情节的，处 5 年以上 10 年以下有期徒刑，并处骗取税款 1 倍以上 5 倍以下的罚金；数额特别巨大或有其他特别严重情节的，处 10 年以上有期徒刑或无期徒刑，并处骗取税款 1 倍以上 5 倍以下的罚金或没收财产。

3）对骗取国家出口退税款的，税务机关可在规定的期间内停止为其办理出口退税。

6．虚开增值税专用发票的法律制裁

虚开增值税专用发票或虚开用于骗取出口退税、抵扣税款的其他发票，是指有为他人虚开、为自己虚开、让他人为自己虚开、介绍他人虚开行为之一的行为。

1）虚开专用发票，处 3 年以下有期徒刑或拘役，并处 2 万元以上 20 万元以下罚金。

2）虚开的税款数额较大或情节严重的，处 3 年以上 10 年以下有期徒刑，并处 5 万元以上 50 万元以下罚金。

3）虚开的税款数额巨大或有其他特别严重情节的，处 10 年以上有期徒刑或无期徒刑，并处 5 万元以上 50 万元以下罚金或没收财产。

4）骗取国家税款，数额特别巨大，情节特别严重，给国家利益造成特别重大损失的，处无期徒刑或死刑，并处没收财产。

5）单位犯该罪的，对单位判处罚金，并对其直接负责的主管人员和其他直接责任人员处 3 年以下有期徒刑或拘役；虚开税款数额较大或有其他严重情节的，处 3 年以上 10 年以下有期徒刑；虚开的税款数额特别巨大或有其他特别严重情节的，处 10 年以上有期徒刑或无期徒刑。

7．伪造、出售伪造的增值税专用发票行为的法律制裁

1）伪造或出售伪造的增值税专用发票的，处 3 年以下有期徒刑、拘役或管制，并处 2 万元以上 20 万元以下的罚金；数额较大或有其他严重情节的，处 3 年以上 10 年以下有期徒刑，并处 5 万元以上 50 万元以下罚金；数额巨大或有其他特别严重情节的，处 10 年以上有期徒刑或无期徒刑，并处 5 万元以上 50 万元以下的罚金或没收财产。

2）伪造并出售伪造的增值税专用发票，数额特别巨大，情节特别严重，严重破坏经济秩序的，处无期徒刑或死刑，并处没收财产。

3）单位犯该罪的，对单位判处罚金，并对其直接负责的主管人员和其他直接责任人员处 3 年以下有期徒刑、拘役或管制；数额较大或有其他严重情节的，处 3 年以上 10 年以下有期徒刑；数额巨大或有其他特别严重情节的，处 10 年以上有期徒刑或无期徒刑。

8．非法出售增值税专用发票行为的法律制裁

非法出售增值税专用发票的，处 3 年以下有期徒刑、拘役或管制，并处 2 万元以上 20 万元以下的罚金；数额较大的，处 3 年以上 10 年以下有期徒刑，并处 5 万元以上 50 万元以下的罚金；数额巨大的，处 10 年以上有期徒刑或无期徒刑，并处 5 万元以上 50 万元以下的罚金或没收财产。

9．非法购买增值税专用发票或购买伪造的增值税专用发票行为的法律制裁

非法购买增值税专用发票或购买伪造的增值税专用发票的，处 2 年以下有期徒刑或拘役，并处或单处 2 万元以上 20 万元以下的罚金。

10．伪造、擅自制造或出售伪造、擅自制造用于骗取退税、抵税的发票行为的法律制裁

伪造、擅自制造或出售伪造、擅自制造用于骗取退税、抵税的发票的，处 3 年以下有期徒刑、拘役或管制，并处 2 万元以上 20 万元以下的罚金；数额巨大的，处 3 年以上 7 年以下有期徒刑，并处 5 万元以上 50 万元以下的罚金；数额特别巨大的，处 7 年以上有期徒刑，并处 5 万元以上 50 万元以下的罚金或没收财产。非法出售可以用于骗取出口退税、抵扣税款发票的，按上述规定处罚。

11．伪造、擅自制造或出售伪造、擅自制造的其他发票行为的法律制裁

伪造、擅自制造或出售伪造、擅自制造其他发票的，处 2 年以下有期徒刑、拘役或管制，并处或单处 1 万元以上 5 万元以下的罚金，情节严重的，处 2 年以上 7 年以下有期徒刑，并处 5 万元以上 50 万元以下的罚金。非法出售其他发票的，按上述规定处罚。

12．其他税收违法行为的法律责任

1）税务代理人超越代理权限，违反税收法律、行政法规，造成纳税人未缴或少缴税款的，除由纳税人缴纳或补缴应纳税款、滞纳金外，对税务代理人处 2 000 元以下的罚款。

2）纳税人、扣缴义务人在规定期限内不缴或少缴应纳或应解缴的税款，经税务机关责令其限期缴纳，逾期仍未缴纳的，税务机关除依照《税收征管法》的规定，采取强制执行措施追缴其不缴或少缴的税款外，可以处不缴或少缴税款 50%以上 5 倍以下的罚款。纳税人拒绝代扣、代收税款的，扣缴义务人应当向税务机关报告，由税务机关直接向纳税人追缴税款、滞纳金；纳税人拒不缴纳的，依照上述规定执行。

3）非法印制、转借、倒卖、变造或伪造完税凭证的，由税务机关责令改正，处 2 000 元以上 1 万元以下的罚款；情节严重的，处 1 万元以上 5 万元以下的罚款；构成犯罪的，依法追究其刑事责任。

4）银行及其他金融机构未依照《税收征管法》的规定在从事生产经营的纳税人的账户中登录税务登记证件号码，或者未按规定在税务登记证件中登录从事生产经营纳税人的账户账号的，由税务机关责令限期改正，处 2 000 元以上 2 万元以下的罚款；情节严重的，处 2 万元以上 5 万元以下的罚款。

纳税人、扣缴义务人的开户银行或其他金融机构拒绝接受税务机关依法检查纳税人、扣缴义务人存款账户，或者拒绝执行税务机关做出的冻结存款或扣缴税款的决定，或者在接到税务机关的书面通知后帮助纳税人、扣缴义务人转移存款，造成税款流失的，由税务机关处 10 万元以上 50 万元以下的罚款，对直接负责的主管人员或其他直接责任人员处

1 000 元以上 1 万元以下的罚款。

5）为纳税人、扣缴义务人非法提供银行账号、发票、证明或其他方便，导致未缴、少缴税款或骗取国家出口退税款的，税务机关除没收其违法所得外，可以处未缴、少缴或骗取税款 1 倍以下的罚款。

6）税务机关依照《税收征管法》的规定，到车站、码头、机场、邮政企业及其分支机构检查纳税人有关情况，有关单位拒绝的，由税务机关责令改正，可以处 1 万元以下的罚款；情节严重的，处 1 万元以上 5 万元以下的罚款。

7）纳税人、扣缴义务人逃避、拒绝或以其他方式阻挠税务机关检查的，由税务机关责令改正，可以处 1 万元以下的罚款；情节严重的，处 1 万元以上 5 万元以下的罚款。纳税人、扣缴义务人有下列情形之一的，依照上述规定处罚。

① 提供虚假资料，不如实反映情况，或者拒绝提供有关资料的。

② 拒绝或阻止税务机关记录、录音、录像、照相和复制与案件有关的情况和资料的。

③ 在检查期间，纳税人、扣缴义务人转移、隐匿、销毁有关资料的。

④ 有不依法接受检查的其他情形的。

8）从事生产经营的纳税人、扣缴义务人有法律规定的税收违法行为，拒不接受税务机关处理的，税务机关可以收缴其发票或停止向其发售发票。

9.3.3 征税主体违反税收法律责任的制裁

根据《税收征管法》和《刑法》的有关规定，对征税主体税务机关的行政制裁，包括撤销违法决定、行政赔偿等；对税务机关工作人员的行政制裁，一般是行政处分，包括警告、记过、记大过、降级、降职、留用察看、开除等。对于征税主体的刑事制裁，也就是对税务机关工作人员税收犯罪的刑事制裁，主要包括贪污罪、贿赂罪和渎职罪等。其具体规定如下。

1）税务机关违反规定擅自改变税收征收管理范围和税款入库预算级次的，责令限期改正，对直接负责的主管人员和其他直接责任人员依法给予降级或撤职的行政处分。

2）税务人员徇私舞弊，对依法应当移交司法机关追究刑事责任的不移交，情节严重的，依法追究刑事责任。

3）税务人员与纳税人、扣缴义务人勾结，唆使或协助纳税人、扣缴义务人偷税、逃避追缴欠税、骗取出口退税，构成犯罪的，依法追究刑事责任；尚不构成犯罪的，依法给予行政处分。

4）税务机关、税务人员查封、扣押纳税人个人及其所扶养家属维持生活必需的住房和用品的，责令退还，依法给予行政处分；构成犯罪的，依法追究刑事责任。

5）税务人员利用职务上的便利，收受或索取纳税人、扣缴义务人财物或谋取其他不正当利益，构成犯罪的，依法追究刑事责任；尚不构成犯罪的，依法给予行政处分。

6）税务人员徇私舞弊或玩忽职守，不征或少征应征税款，致使国家税收遭受重大损失，构成犯罪的，处 5 年以下有期徒刑或拘役；造成特大损失的，处 5 年以上有期徒刑。尚不构成犯罪的，依法给予行政处分。

7）税务人员滥用职权，故意刁难纳税人、扣缴义务人的，调离税收工作岗位，并依法给予行政处分。

8）税务人员对控告、检举税收违法违纪行为的纳税人、扣缴义务人及其他检举人进行打击报复的，依法给予行政处分；构成犯罪的，依法追究刑事责任。

9）违反法律、行政和法规的规定提前征收、延缓征收或摊派税款的，由其上级机关或行政监察机关责令改正，对直接负责的主管人员和其他直接责任人员依法给予行政处分。

10）违反法律、行政法规的规定，擅自做出税收的开征、停征或减税、免税、退税、补税及其他与税收法律、行政法规相抵触的决定的，除依照《税收征管法》规定撤销其擅自做出的决定外，补征应征未征税款，退还不应征收而征收的税款，并由上级机关追究直接负责的主管人员和其他直接责任人员的行政责任；构成犯罪的，依法追究刑事责任。

11）税务人员私分扣押、查封的商品、货物或其他财产，情节严重，构成犯罪的，依法追究刑事责任；尚不构成犯罪的，依法给予行政处分。

12）税务人员在征收税款或查处税收违法案件时，未按照《税收征管法》的规定进行回避的，对直接负责的主管人员和其他直接责任人员，依法给予行政处分。未按规定为纳税人、扣缴义务人、检举人保密的，对直接负责的主管人员和其他直接负责人员，由其所在单位或有关单位给予行政处分。

13）税务机关的工作人员违反法律、行政法规的规定，在办理发售发票、抵扣税款、出口退税工作中，徇私舞弊，致使国家利益遭受重大损失的，处 5 年以下有期徒刑或拘役；造成特大损失的，处 5 年以上有期徒刑。

复习思考题

一、单项选择题

1．甲企业生产规模较小，账册不健全，财务管理和会计核算水平也比较低，产品零星，税源分散，应该采取的税款征收方式为（　　）。

A．查账征收　　B．查定征收

C．查验征收　　D．定期定额征收

2．下列各项属于税收保全措施的是（　　）。

A．责令纳税人暂停营业，限期缴纳税款

B．书面通知纳税人从开户银行存款中缴纳税款

C．书面通知纳税人开户银行冻结纳税人的金额相当于应纳税款的存款

D．依法拍卖纳税人的价值相当于应纳税款的水平，以拍卖所得抵缴税款

3．个体户王强向税务所长打电话，说如果不答应减免应缴未缴的 2 万元税款，就火烧其房屋，该行为属于（　　）。

A．骗税行为　　B．抗税行为

C．逃避缴纳税款行为　　D．逃税行为

4．对于纳税人编造虚假计税依据的，（　　）。

A．税务机关责令其限期改正，处以 2 000 元以上 10 000 元以下的罚款

B．税务机关责令其限期改正，逾期不改正的，处以 2 000 元以上 10 000 元以下的罚款

C．税务机关责令其限期改正，并处以 50 000 元以下的罚款

D．税务机关责令其限期改正，逾期不改正的，处以 50 000 元以下的罚款

5．当欠缴税款的纳税人无偿转让财产，对国家税收造成损害的，税务机关可以行使（　）。

A．抵押权　　B．留置权

C．代位权　　D．撤销权

二、多项选择题

1．税务机关有权核定纳税人应纳税额的情况有（　）。

A．有逃避缴纳税款、漏税前科的　　B．拒不提供纳税资料的

C．按规定应设立账簿未设立账簿的　　D．虽设立账簿，但账簿混乱的

2．税款的缴纳方式有（　）。

A．加收滞纳金　　B．代收代缴

C．代扣代缴　　D．阻止出境

3．下列各项可以采取查定征收方式征税的有（　）。

A．因逃避缴纳税款被税务机关给予二次处罚再犯的纳税单位或个人

B．对账务不全，但能控制其材料、产量或进销货物的纳税单位或个人

C．外商投资企业的账簿、凭证和报表规范的纳税单位或个人

D．虽设置账簿，但账簿混乱而库存规范的纳税单位或个人

4．下列属于税收强制措施的有（　）。

A．通知银行或其他金融机构从其存款中扣缴税款

B．拍卖扣押、查封的商品、货物或其他财产

C．通知银行或其他金融机构冻结存款

D．扣押、查封商品、货物或其他财产

5．纳税人和扣缴义务人对税务机关的决定，享有（　）。

A．申辩权、陈述权　　B．申请行政复议的权利

C．向法院提起诉讼的权利　　D．要求国家赔偿的权利

三、判断题

1．纳税人、扣缴义务人必须依照主管税务机关的规定缴纳税款、代扣代缴或代收代缴税款。（　）

2．向税务机关缴纳或解缴税款的单位和个人是纳税人。（　）

3．纳税人、扣缴义务对税务机关做出的决定，享有陈述权、申辩权，同时依法享有申请行政复议、提起行政诉讼、拒绝履行决定等权利。（　）

4．税务人员未出示税务检查证和税务通知书，纳税人有权拒绝税务检查。（　）

5．税务机关、税务人员、扣缴义务人都是征管法所说的征收主体。（　）

四、案例分析题

1．某县国税局一分局，于 2013 年 6 月 11 日对辖区内小规模纳税人吴某下达了《限期缴纳税款通知书》，限吴某于 2013 年 6 月 14 日前到该局办税服务厅缴纳所欠税款 350 元。同日由该局两名税务人员将文书送达至吴某经营场所，吴某不在，交在场工作人员签收。6

月 16 日，吴某到县国税局一分局办税服务厅缴税。办税服务厅征收人员告知吴某，其纳税行为已过法定纳税期限，要罚款 5 元。吴某解释说，由于自己前几天回农村务农，耽误了纳税时间，要求征收人员不要罚款，下次改正。征收人员告诉吴某罚款 5 元是该局对此类行为进行处罚的统一规定，而且如果对超过正常纳税期限的行为不进行罚款处理，计算机就无法开出税票。随后，征收人员用计算机开出专用税收通用完税凭证两份，一份是 350 元的完税证，另一份是 5 元钱的罚款证明。吴某交了 355 元钱后离开了办税服务厅。

2013 年 6 月 27 日，吴某根据新《税收征管法》第八十八条的规定，以不服行政处罚为由，向县人民法院起诉，请求依法确认被告做出的行政处罚行为是违法行为，判令被告返还罚款、赔偿精神损失并承担本案诉讼费用。

请对吴某的行为进行分析判断。

2．某市地税局接到群众举报，称该市某酒店有偷税行为。为获取证据，该地税局派税务人员王某等 4 人扮做食客，到该酒店就餐。餐后索要发票，服务人员给开具了一张商业零售发票，且将“饭菜”写成了“烟酒”，当税务人员问是否可以打折时，对方称如果要白条，就可以打折。第二天，王某等 4 人又来到该酒店，称：“我们是市地税局的，有人举报你们酒店有偷税行为。”并出示税务检查证，依法对酒店进行税务检查。检查中，该酒店老板不予配合。检查人员出示了前一天的就餐发票，同时当着老板的面打开吧台抽屉，从中搜出大量该酒店的自制收据和数本商业零售发票。经核实，该酒店擅自印制收据并非法使用商业零售发票，偷逃营业税等地方税收 58 856.74 元，根据《税收征管法》及其有关规定，税务人员依法做出如下处理：补税 58 856.74 元，并处所偷税款 1 倍的罚款，对违反发票管理行为处以 9 000 元的罚款。翌日，该市地税局向该酒店下达了《税务违章处罚通知书》。该酒店不服，遂向当地人民法院提起行政诉讼。

请分析：税务机关的检查行为是否合法？行政处罚是否符合法律形式？

参考文献

[1] 吴晓微．新编税法教程[M]．北京：首都经济贸易大学出版社，2010.

[2] 郭守杰．经济法基础[M]．北京：北京大学出版社，2011.

[3] 财政部会计资格评价中心．经济法基础[M]．北京：经济科学出版社，2011.

[4] 李凤荣，张小静．税法[M]．北京：北京理工大学出版社，2011.

[5] 于洋，张翠珍．新编纳税实务[M]．北京：电子工业出版社，2011.

[6] 关玉红，陈桂华．税法[M]．北京：电子工业出版社，2009.

[7] 全国注册税务师执业资格考试教材编写组．税法（I）[M]．北京：中国税务出版社，2013.

[8] 全国注册税务师执业资格考试教材编写组．税法（Ⅱ）[M]．北京：中国税务出版社，2013.

[9] 王丽花．纳税筹划——21世纪朝阳产业[M]．太原：山西经济出版社，2011.

[10] 邱庆剑，白敬平，邹静．节税工程：颠覆传统纳税筹划[M]．北京：电子工业出版社，2010.

[11] 中国税务网，http://www.ctax.org.cn.

[12] 北京税务律师网，http://www. Tax-lawyer.cn.

[13] 中国会计网，http://www.canet.com.cn.

[14] 新华财经网，http://www.news.cn.

[15] 中国会计网校，http://www.chinaacc.com.cn.

反侵权盗版声明

举报电话：（010）88254396；（010）88258888

传　　真：（010）88254397

E-mail:　　dbqq@phei.com.cn

通信地址：北京市万寿路 173 信箱

　　　　　电子工业出版社总编办公室

邮　　编：100036